权威·前沿·原创

皮书系列为
"十二五""十三五"国家重点图书出版规划项目

智库成果出版与传播平台

陕西蓝皮书

陕西省社会科学院 / 编

陕西精准脱贫研究报告
（2020）

REPORT ON PRECISION-TARGETED POVERTY ALLEVIATION IN SHAANXI (2020)

主 编／司晓宏 白宽犁 罗 丞

图书在版编目(CIP)数据

陕西精准脱贫研究报告.2020/司晓宏,白宽犁,罗丞主编.--北京:社会科学文献出版社,2020.3
(陕西蓝皮书)
ISBN 978-7-5201-5975-3

Ⅰ.①陕… Ⅱ.①司…②白…③罗… Ⅲ.①扶贫-工作概况-研究报告-陕西-2020 Ⅳ.①F127.41

中国版本图书馆CIP数据核字(2020)第012383号

陕西蓝皮书
陕西精准脱贫研究报告(2020)

主　　编／司晓宏　白宽犁　罗　丞
出 版 人／谢寿光
组稿编辑／邓泳红　宋　静
责任编辑／宋　静

出　　版／社会科学文献出版社・皮书出版分社 (010)59367127
　　　　　地址:北京市北三环中路甲29号院华龙大厦　邮编:100029
　　　　　网址:www.ssap.com.cn
发　　行／市场营销中心 (010)59367081　59367083
印　　装／天津千鹤文化传播有限公司

规　　格／开本:787mm×1092mm　1/16
　　　　　印张:18　字数:267千字
版　　次／2020年3月第1版　2020年3月第1次印刷
书　　号／ISBN 978-7-5201-5975-3
定　　价／128.00元

本书如有印装质量问题,请与读者服务中心(010-59367028)联系

▲ 版权所有 翻印必究

陕西蓝皮书编委会

主　　　任　司晓宏
副　主　任　白宽犁　杨　辽　毛　斌
委　　　员　（按姓氏笔画排列）
　　　　　　于宁锴　王长寿　王建康　牛　昉　李继武
　　　　　　吴敏霞　谷孟宾　张艳茜　郭兴全　唐　震
　　　　　　裴成荣
主　　　编　司晓宏　白宽犁　罗　丞
本书执行主编　江小容

主要编撰者简介

司晓宏 陕西省社会科学院党组书记、院长,教育学博士,二级教授,博士生导师,研究领域为教育学原理和教育管理学。主持完成教育部哲学社会科学重大攻关课题、国家社科基金课题等国家和省部级课题13项,获全国高等学校科学研究成果奖(人文社会科学)、陕西省哲学社会科学优秀成果奖等国家和省部级、厅局级科研奖15项。先后在《教育研究》、COMPARE、《光明日报》等报刊发表学术论文80余篇,独立出版《教育管理学论纲》《面向现实的教育关怀》等专著4部,主编教材5部。2017年获陕西省首批"特支计划"哲学社会科学和文化艺术领域领军人才称号。兼任陕西省社科联副主席、陕西省人民政府督学,兼任第一届教育部高等学校教育学类专业教学指导委员会副主任、第二届委员,中国教育学会教育管理学术委员会常务副理事长、中国教育政策研究院兼职教授、陕西省教育理论研究会会长等。

白宽犁 陕西省社会科学院副院长,研究员。研究领域为马克思主义中国化、思想政治教育工作、宣传思想文化工作、社会治理等。在各类报刊发表文章100余篇,编辑出版著作20余部,承担国家社科基金项目1项、其他项目20余项。

罗　丞 陕西省社会科学院农村发展研究所副所长,研究员,管理学博士,美国斯坦福大学访问学者。中国社科农经协作网络大会理事,中国农业技术经济学会理事,陕西省第十三届人大常委会"三农"工作咨询专家,陕西省脱贫攻坚专家咨询委员会专家,当代陕西研究会常务理事。研究领域为区域减贫与农户生计、乡村振兴理论与实践、新型城镇化实践等。主持国家社科基金2项、省部级课题14项，参与完成省部级以上课题20余项；独撰和合著著作5部；发表论文50余篇；完成调研报告等20余篇。研究成果获省部级奖励1次、省政府主要领导肯定性批示3次，学术观点被主流媒体引用或报道40余次。

摘　要

《陕西精准脱贫研究报告（2020）》从总报告、综合、区域和专题四个维度，对过去一年陕西脱贫攻坚实践展开深入研究。总报告系统梳理了过去一年陕西脱贫攻坚取得的成效，深入分析了陕西脱贫攻坚面临的新情况和新问题，提出了高质量完成减贫任务、深化问题整改、总结推广成功经验、巩固拓展脱贫成果、持续改进工作作风等具体对策。综合篇全面剖析了陕西精准扶贫举措，并从宏观层面就完善精准脱贫相关政策，构建稳定脱贫长效机制，巩固脱贫成果，推动精准扶贫和乡村振兴有效衔接，发展壮大农村集体经济，加快精准扶贫大数据平台建设，持续推进产业扶贫等展开论述。区域篇对略阳、镇巴、岚皋、石泉等县以及西安、安康等市推进脱贫攻坚、促进乡村振兴发展的具体实践进行了思考，总结出完善农村土地流转制度体系，建立稳定脱贫防范返贫的长效机制，推进农村集体产权制度改革，创新产业扶贫模式带动贫困地区特色产业规模化发展，促进扶贫方式向"造血式"扶贫转变等经验。专题篇深入探讨从精准扶贫到乡村振兴的关键衔接期陕西面临的突出问题，诸如农业产业整合难，农村特色产业小镇支撑乏力，电商扶贫效果难巩固等，提出完善收入水平略高于建档立卡贫困户群众的健康扶贫政策，推动消费扶贫健康发展，促进农民持续增收等建议，有效防止脱贫后返贫，奠定乡村振兴基础。

关键词：精准扶贫　脱贫攻坚　乡村振兴　陕西

Abstract

Report on Precision-targeted poverty alleviation in Shaanxi (2020) conducted an in-depth study on Shaanxi's poverty eradication practices in the past year from the four dimensions of general situation, synthesis, region and topic. The general report gives a systematic account of poverty alleviation practices in Shaanxi during the past years. It analyzes the new situations and problems currently faced and puts forward some specific countermeasures, such as accomplishing the task of poverty reduction with high quality, deepening the rectifications, summarizing and promoting successful experiences, consolidating achievements and continuing to improve our work style. The comprehensive article analyzes the targeted measures in poverty alleviation of Shaanxi, and discusses from the macro level improve the policies related to targeted poverty alleviation that how to build a long-term mechanism for stable poverty alleviation, effectively link targeted poverty alleviation with rural revitalization, strengthen the rural collective economy accelerate the construction of a targeted big data platform, continue to promote industrial poverty alleviation. The regional article summarizes the specific practices in Lveyang, Langgao, Shiquan county and Ankang, Xi'an city, etc. It induces that we should improve the system of rural land transfer, establish a long-term mechanism to consolidate achievements in poverty alleviation, promote the reform of the rural collective property rights system, innovate the models to promote the large-scale development of special industries in poor areas, and speed up changing the pattern of poverty alleviation. The thematic article has further discussion on the outstanding problems in this critical period, such as the integration of agricultural industry, the lack support of rural characteristic industry towns, and the difficulties of rural e-commerce. It proposes that we should improve the healthy policies for those people whose income level is slightly higher than that of the poor, get a healthy development of consumption, and continue to raise farmers' incomes in order to prevent the poverty-returning and lay the foundation for rural revitalization.

Keywords: Targeted Poverty Alleviation; Shake off Poverty; Rural Revitalization; Shaanxi

目 录

Ⅰ 总报告

B.1 陕西脱贫攻坚的实践与探索…… 陕西省扶贫开发办公室课题组 / 001
  一 陕西脱贫攻坚的实践与成效 ……………………………… / 002
  二 陕西脱贫攻坚面临的困难与问题 ………………………… / 011
  三 下一步脱贫攻坚工作重点 ………………………………… / 013

Ⅱ 综合篇

B.2 关于精准扶贫脱贫攻坚政策的解析与思考 …………… 曹可清 / 016
B.3 建立稳定脱贫机制 有效防止脱贫后返贫
  ——以陕西为例 …………………………… 胡清升 党海燕 / 032
B.4 陕西巩固脱贫成果面临的主要困难及对策研究
  ………………………………… 罗 丞 冯煜雯 赖作莲 / 047
B.5 精准扶贫向乡村振兴迈进的政策衔接研究 …………… 马建飞 / 063
B.6 陕西省发展壮大农村集体经济问题研究
  ……………………………………… 陕西省农业农村厅课题组 / 077
B.7 陕西精准扶贫大数据平台构建研究 …………………… 屈晓东 / 090
B.8 陕西产业扶贫可持续发展研究 ………………………… 赖作莲 / 103

001

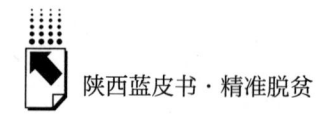

Ⅲ 区域篇

B.9 陕南易地扶贫搬迁地区乡村振兴的现状、问题及对策研究
　　…………………………………… 孙晶晶　任林静　黎　洁 / 117

B.10 深度贫困县如期实现高质量脱贫研究
　　——略阳、镇巴两县脱贫攻坚推进情况调研
　　………………………………………… 李永红　张娟娟 / 133

B.11 岚皋县：深度贫困地区农村集体产权制度改革的实践与启示
　　………………… 张　敏　王建华　杨桂刚　张安平 / 143

B.12 及锋而试：将脱贫攻坚作为县域经济的发展良机
　　——基于对石泉县产业扶贫的调查与思考
　　………………………………………… 何得桂　公晓昱 / 154

B.13 农村产权流转交易面临的主要困境及对策研究
　　——以西安市为例 ………………………………… 江小容 / 164

B.14 贫困山区村产业振兴研究
　　——以安康市瓦铺村为例 ……… 姜　涛　刘　源　周　梅 / 177

Ⅳ 专题篇

B.15 陕西乡村振兴中农业产业整合发展面临的主要问题及对策
　　………………………………… 陕西省社会科学院课题组 / 188

B.16 陕西农村特色产业小镇发展研究 …… 陕西省社会科学院课题组 / 204

B.17 陕西电商扶贫效果评估及巩固提升对策研究 ………… 智　敏 / 218

B.18 乡村振兴背景下陕西公路旅游发展对策研究 ………… 魏　雯 / 231

B.19 收入水平略高于建档立卡贫困户的健康扶贫政策支持研究
　　………………………………………………… 李　巾　聂　翔 / 242

B.20 陕西农民增收的问题与对策研究 …………………… 冯煜雯 / 250

CONTENTS

I General Report

B.1 Current Situation, Challenges and Countermeasures in Poverty Alleviation of Shaanxi

Research Group of Poverty Alleviation and Development Office in Shannxi Province / 001

1. Practices and Effects in Poverty Alleviation / 002
2. Difficulties and Problems in Poverty Alleviation / 011
3. Key Areas for Further Work in Poverty Alleviation / 013

II Comprehensive Reports

B.2 Analysis and Thinking on the Policies in Poverty Alleviation of Shannxi

Cao Keqing / 016

B.3 Analysis of the Stability Mechanism to Effectively Prevent Poverty-returning: Take Shaanxi as an example

Hu Qingsheng, Dang Haiyan / 032

B.4 Main Difficulties and Countermeasures in Consolidating the Achievements of Poverty Alleviation in Shaanxi

Luo Cheng, Feng Yuwen and Lai Zuolian / 047

B.5　Policies Continuous From Targeted Poverty Alleviation to
　　　Rural Revitalization　　　　　　　　　　　　　*Ma Jianfei* / 063
B.6　Development and Expansion of Rural Collective Economy in Shaanxi
　　　　　Research Group of Agriculture and Rural Affairs Office in Shaanxi Province / 077
B.7　Construction of Big Data Platform for Targeted Poverty Alleviation
　　　in Shaanxi　　　　　　　　　　　　　　　　*Qu Xiaodong* / 090
B.8　Sustainable Development of Industry in Poverty Alleviation of Shaanxi
　　　　　　　　　　　　　　　　　　　　　　　　Lai Zuolian / 103

Ⅲ　Regional Reports

B.9　Current Situation, Issues, and Countermeasures of Rural
　　　Revitalization in Poverty Resettlement Program Areas in
　　　Southern Shaanxi　　　　　*Sun Jingjing, Ren Linjing and Li Jie* / 117
B.10　Deep Poverty Counties How to Get Out of Poverty with High
　　　 Quality in Time: Investigates and Surveys in Lveyang and
　　　 Zhenba County　　　　　　　　*Li Yonghong, Zhang Juanjuan* / 133
B.11　Langao County: Practice and Enlightenment of the Rural Collective
　　　 Property Rights System Reform in Deep Poverty-stricken Area
　　　　　　Zhang Min, Wang Jianhua, Yang Guigang and Zhang Anping / 143
B.12　Seizing the Shining Hour: Making Property Alleviation Program as
　　　 Rare Golden Development Opportunity In the County Economy
　　　　　　　　　　　　　　　　　　　　　He Degui, Gong Xiaoyu / 154
B.13　Main Difficulties and Countermeasures of Circulation and Transaction
　　　 of Property Rights in Rural Areas: A Case of Xi'an City
　　　　　　　　　　　　　　　　　　　　　　　　Jiang Xiaorong / 164
B.14　Industry Revitalization in Poor Mountain Villages: A Case of Wapu
　　　 Village in Ankang City　　　*Jiang Tao, Liu Yuan and Zhou Mei* / 177

CONTENTS

Ⅳ Special Reports

B.15 Main Issues and Proposals of Integrating Agricultural Industry of Shaanxi in the Process of Rural Revitalization
Research Group of Shaanxi Academy of Social Sciences / 188

B.16 Developments of Featured Industry Towns in Rural Areas of Shaanxi
Research Group of Shaanxi Academy of Social Sciences / 204

B.17 Evaluation of the Poverty Alleviation Effect of Shaanxi E-Commerce and Its Consolidation Strategies *Zhi Min* / 218

B.18 Countermeasures of Road Tourism Developments in Shaanxi under the Background of Rural Revitalization *Wei Wen* / 231

B.19 Supporting Healthy Policies in Poverty Alleviation of the Group Whose Income Levels are Slightly Higher than that of Registered Poor Households *Li Jin, Nie Xiang* / 242

B.20 Problems and Countermeasures on How to Increase Farmers' Incomes in Shaanxi *Feng Yuwen* / 250

总 报 告
General Report

B.1 陕西脱贫攻坚的实践与探索

陕西省扶贫开发办公室课题组*

摘 要： 党的十八大以来，以习近平同志为核心的党中央把脱贫攻坚摆到更加突出的位置，打响脱贫攻坚战，全党全国上下同心、顽强奋战，取得了重大进展，开创出具有中国特色的扶贫道路。困扰中华民族几千年的绝对贫困问题即将历史性地解决，将为全球减贫事业作出重大贡献。本文贯彻落实习近平总书记关于扶贫工作的重要论述，全面回顾陕西脱贫攻坚的实践与成效，深入分析陕西脱贫攻坚面临的新情况、新问题、新挑战，提出了全面完成各项目标任务、突出强化扶贫长效治本措施、切实做好脱贫成果巩固提升、着力解决突出问题、

---

* 课题组组长：张时明，陕西省扶贫开发办公室党组成员、副主任；课题组副组长：何建军，陕西省扶贫开发办公室副厅级督查专员；课题组成员：李祖鹏，陕西省扶贫开发办公室政策法规处处长；执笔人：王建鹏，陕西省扶贫开发办公室政策法规处干部。

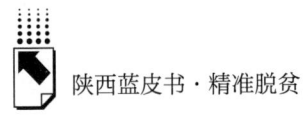

全面总结脱贫攻坚经验的具体对策,在实践层面对陕西打赢脱贫攻坚战进行了分析和研究。

关键词: 脱贫攻坚 扶贫 陕西

决战脱贫攻坚以来,陕西省委、省政府深入学习贯彻习近平新时代中国特色社会主义思想和关于扶贫工作的重要论述,把脱贫攻坚作为重大政治任务、头等大事和第一民生工程,对标对表中央要求,贯彻精准方略,狠抓责任、政策、工作落实,尽锐出战,埋头苦干。自2016年以来,全省累计减贫298.38万人,贫困发生率降至2019年底的0.75%,比攻坚初期降低11.68个百分点;27个贫困县已摘帽,剩余29个贫困县达到退出标准。2019年前三季度,全省贫困地区实现生产总值4402.68亿元,同比增长6.5%,增速高出全省平均水平0.7个百分点;贫困地区农民人均可支配收入达9022元,同比增长11.4%,高出全省平均水平1.5个百分点,全省脱贫攻坚取得决定性进展。

一 陕西脱贫攻坚的实践与成效

2019年,坚持目标导向、问题导向、结果导向,坚持把提高脱贫质量放在首位,聚焦"三精准""三保障""三落实",扎实推进脱贫任务、问题整改、巩固提升等重点工作,深入开展"三比一提升",切实做到尽锐出战,脱贫攻坚工作取得新的进展,工作质量和水平迈上新台阶。

(一)深入学习贯彻习近平总书记关于扶贫工作的重要论述,脱贫攻坚责任体系更加完备

全省上下在习近平总书记关于扶贫工作重要论述的指引下,将打赢脱贫攻坚战作为"不忘初心、牢记使命"主题教育的具体实践,全力以赴,尽

锐出战。

1. 切实提高政治站位

坚持把习近平总书记关于扶贫工作的重要论述作为打赢脱贫攻坚战的根本遵循，作为省委常委会、省政府常务会、省脱贫攻坚领导小组会议等的必学内容，经常学、反复学、及时跟进学。切实把脱贫攻坚作为增强"四个意识"、坚定"四个自信"、做到"两个维护"的现实检验，深刻领会脱贫攻坚对全面建成小康社会的重大意义，坚决贯彻落实中央关于精准扶贫精准脱贫的各项决策部署，切实把思想和行动统一到中央要求上来，进一步增强打赢脱贫攻坚战的政治自觉、思想自觉和行动自觉。

2. 攻坚责任不断夯实

落实"五级书记抓脱贫"工作机制，发挥省脱贫攻坚领导小组牵头抓总作用，书记、省长切实履行"第一责任人"职责，明确其他省级领导对分管领域和地区脱贫攻坚工作负总责，夯实各级党委、政府主体责任和主要领导的"第一责任人"责任。分片区召开陕南、陕北、关中脱贫攻坚推进会，切实加强分类指导。省委书记胡和平先后深入19个贫困县调研指导工作，到贫困发生率最高的紫阳县蹲点调研一周，11次召开专题会研究推进脱贫攻坚重点工作；省长刘国中遍访11个深度贫困县，调研脱贫攻坚15次；省委副书记贺荣、常务副省长梁桂、分管副省长魏增军及其他省级领导多次就分管领域的工作赴一线调研指导推进。

3. 尽锐出战态势强劲

认真贯彻李克强、汪洋、胡春华等中央领导指示批示，在全省贫困县和有脱贫攻坚任务的县（市、区）同步开展以比责任落实、比尽锐出战、比精准举措、提升脱贫质量为主要内容的"三比一提升"行动，3次召开贫困县县委书记脱贫攻坚工作推进会，发挥县委书记"一线总指挥"作用。强化党建引领脱贫攻坚，全面整顿软弱涣散基层党组织，积极推进村党组织书记、村委会主任"一肩挑"，全省"一肩挑"比例从2018年的3.92%提高到91.17%。选优配强一线攻坚力量，严格落实驻村工作队选派管理办法，从省直单位新选派64名优秀年轻干部到村担任第一书记，从全省范围抽调

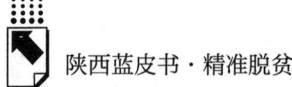

42名干部赴29个拟摘帽县开展帮扶工作,全年选派驻村工作队员3.57万名,其中第一书记1.02万名。推广平利县"总队长制"、镇安县"中心户长"、眉县"擂台赛"等好做法,全省形成比学赶超浓厚氛围。

(二)紧盯年度减贫任务,打好"两不愁三保障"合围战

认真贯彻落实习近平总书记重庆座谈会重要讲话精神,梳理完善行业部门政策标准,制定《关于聚焦"两不愁三保障"切实提高脱贫质量的实施意见》,组织开展"两不愁三保障"突出问题核查整改。"两不愁"已解决,"三保障"和饮水安全突出问题基本解决。

1. 义务教育

强化控辍保学"七长责任制",精准资助建档立卡贫困学生48.1万人,将乡村教师生活补助扩大到所有贫困县,为贫困县招聘特岗教师5545人,累计改善6895所义务教育薄弱学校基本办学条件,基本实现了贫困人口义务教育有保障目标。陕西省学生资助工作连续4年走在全国前列,在全国打赢教育脱贫攻坚战专题培训会上介绍了经验,"全面改薄"工作在财政部专项绩效考评中获得优秀。

2. 基本医疗

将建档立卡贫困人口全部纳入基本医疗、大病保险、医疗救助三重保障框架,全面落实县域内定点医院住院"先诊疗后付费""一站式"结算服务,25种大病患者救治率99.89%,签约服务慢病患者63.3万人,6.3万名大骨节等地方病重度患者建立健康档案并得到有效救治,探索建立陕西"健康云"平台,开展覆盖到村的远程培训和远程诊断。镇巴县健康扶贫"四步筛查"法及慢病签约服务信息化工作得到国家卫健委和国务院扶贫办肯定,安康市"对标百分百 参保全覆盖"的工作成效受到国家医保局肯定,并在全国医疗保障脱贫攻坚工作推进会上介绍经验。

3. 住房安全

推进危房改造扫尾工作,建立完善对象、鉴定、改造、验收四个清单,形成责任闭环的"四清一责任"工作机制,持续推进存量危房清零工作,

2017年以来累计改造危房13.08万户。农村危房改造成果被中宣部作为全国农村危房改造典范列入新中国成立70年周年成就展。"十三五"期间24.9万户84.39万人易地扶贫搬迁安置房已全部竣工，达到入住标准。制定后续扶持"1+7"政策体系，完善安置社区基础公共服务设施配套，推动全面入住，帮助贫困群众挪穷窝、立新业、融入新生活。

4. 安全饮水

召开全省水利扶贫农村饮水安全现场推进会，开展全省农村饮水安全状况排查工作，落实农村安全饮水"三项责任、三项制度"，推广农村饮水工程"量化赋权"管理，建立四级回访监督机制，2019年建成饮水工程4228处，农村安全饮水问题得到基本解决。

5. 兜底保障

将农村低保标准提高到4310元/年，把符合条件的贫困人口按规定程序全部纳入农村低保或特困人员救助供养范围，全省1312个乡镇（街办）全部建立临时救助储备金制度，残疾人"两项补贴"惠及96.3万人。陕西省开展农村低保专项治理的做法被民政部在全国推广。

（三）坚持常态化、精准化、系统化，一体推进各类问题整改

把问题整改工作作为重要政治任务，将中央专项巡视、国家成效考核、国家巡查以及各方面反馈的问题，统筹推进，一体整改。

1. 以上率下抓整改

完善省负总责、市县抓落实的工作格局，成立由省委书记任组长，省长、省委副书记任副组长的整改工作领导小组，省委、省政府主要负责同志牵头整改并承担具体整改任务，各地各部门主要负责同志为整改第一责任人。逐级召开专题民主生活会深入剖析问题根源，逐个问题明确整改责任人压实整改责任。

2. 健全机制抓整改

制定问题排查导则，举一反三开展问题大排查，提级审核市县整改方案。从整改责任、问题交办、跟踪督办、结果运用等环节健全整改机制，建

立问题整改电子台账，实行动态管理和清单管理，对账销号，形成闭环。

3. 突出重点抓整改

紧扣产业扶贫、易地扶贫搬迁、资金使用监管、基层党建和干部作风等突出问题，成立5个工作专班，制定具体整改措施。对思想认识层面的问题，强化教育引导问责；对体制机制层面的问题，研究完善政策制度供给；对推动落实层面的问题，加强考核督导检查，做到整改一件、销号一件。

（四）突出抓好治本措施，着力提升脱贫质量

全力抓好产业就业、扶贫扶志等治本措施，全面改善贫困地区发展条件，进一步提升脱贫质量。

1. 壮大特色产业

实施"3+X"产业扶贫工程，因地制宜发展以苹果、奶山羊、棚室栽培为代表的果业、畜牧业、设施农业3个支柱产业和茶叶、核桃、食用菌、猕猴桃、花椒等区域特色产业，制定56个贫困县优势特色产业菜单，加强市场经营主体培育，总结推广22种模式35个范例，通过以奖代补、先建后补等方式，引导新型经营主体1.4万家参与产业扶贫，把贫困户嵌入产业发展链条，使有劳动能力、发展意愿和发展条件的贫困户每户至少有1个稳定增收的产业项目。千阳县"项目超市"模式被列入中国浦东干部学院创新典型案例。

2. 促进多元就业

拓展多元化的就业扶贫工作格局，新建扶贫车间（社区工厂）526家，新培育就业扶贫基地336个，吸纳贫困劳动力1.12万人就业，公益岗位新上岗4.1万人，有组织劳务输出8.42万人，选聘生态护林员2.04万人。探索推广"村级劳务公司+用工企业主体+贫困劳动力"、培训就业"二合一"等模式，紫阳县"修脚"技能脱贫、宝鸡市中期技能培训、平利县社区工厂助力移民搬迁贫困户脱贫等模式入选世界银行、联合国粮农组织等7家机构评选的首届"全球减贫案例征集活动"最佳案例。

3. 强化扶志扶智

全面推广"扶志六法"、安康新民风建设、铜川市耀州区"八星励志"等做法，召开全省脱贫攻坚奖表彰大会暨先进事迹报告会，对50个先进单位和124名先进个人进行通报表彰。推出付凡平等一批脱贫致富先进典型，不断激发内生动力，全省累计开展集中宣讲1.95万场次，直接受众77万人次，开展实用技术和技能培训4500多期58万余人次，贫困群众自我发展意识和能力明显增强。

4. 改善发展条件

对照中央打赢脱贫攻坚战三年行动计划推进各项工作，全省所有建制村通沥青（水泥）路，具备条件建制村100%通客车；所有贫困村建成标准化卫生室，实现生活用电和动力电、通信光纤和宽带全覆盖，99.8%的贫困村接通4G信号，长期制约贫困地区发展的基础设施短板已基本补齐，发展环境明显改善。

（五）严格落实"四个不摘"要求，持续巩固脱贫成果

坚持把巩固脱贫成果防返贫放在重要位置，细分不同类型，实施精准化巩固措施，确保扶贫对象稳定脱贫。

1. 坚持巩固脱贫成果防返贫

制定印发《巩固脱贫成果防返贫工作导引》，落实"四个不摘"要求，明确贫困户、贫困村、贫困县巩固脱贫成果的具体要求。深入研判返贫风险和隐患，分类落实巩固措施，"四支队伍"等帮扶力量人数不减、力量不散，保持脱贫摘帽后帮扶政策的连续性和工作的稳定性。

2. 建立监测预警机制

充分运用脱贫攻坚大数据平台加强动态监测，扎实开展动态调整和"两摸底一核查"、脱贫人口"回头看"等行动，实现数据信息互联互通、共享共用，建档立卡数据信息质量居全国第一方阵。特别是对可能因病返贫的重点群体，建立专项调度制度，进一步强化医疗保障措施。

3. 持续壮大集体经济

全面完成农村清产核资工作，推进农村集体产权制度改革"百村示范千村试点万村推进"工程，推行"党支部+集体经济+'三变'+贫困户"模式，对有经营性资产的村组，进行确权、赋权、活权；对没有经营性资产的，通过财政资金注入、群众股金投入等方式，组建村集体经济合作社，保障贫困户优先享受资金折股量化和收益分红。全省涌现了榆林赵家峁村等一批"三变"改革典型，贫困村普遍建立集体经济组织，带动贫困户增收能力明显增强。

4. 探索扶贫资产运营管护长效机制

推动市县分类明确扶贫基础设施的管护范围、权属、资金和责任，建立政府主导、市场化运营、多方参与的管理模式，促进扶贫资产长期稳定发挥效益。2019年，全省返贫和致贫人口明显减少，返贫人口较上年减少57.39%，新增贫困人口减少78.53%。

（六）以深度贫困地区和革命老区为重点，不断加大投入力度

始终把深度贫困地区作为工作的重中之重，把革命老区建设摆在突出位置，全力保障脱贫攻坚资金需求。

1. 财政投入继续向脱贫攻坚倾斜

2019年，省、市、县三级共安排财政专项扶贫资金87.8亿元，较上年增长17.37%；其中省级安排36亿元，较上年增长20%。投入政府债135亿元用于脱贫攻坚，整合涉农资金181.3亿元，投放小额信贷21.47亿元。有效落实土地增减挂钩政策，全年交易土地2.68万亩，收益67.54亿元。

2. 聚焦攻克深度贫困堡垒

坚决落实中央"三个新增"要求，自2017年以来，全省累计向11个深度贫困县投入中省财政专项扶贫资金48.78亿元，实施项目28539个。2019年全省投入中省财政专项扶贫资金22.2亿元，较上年增长39.3%；安排苏陕扶贫协作资金11.57亿元，占资金总量的50.7%。组织西安、咸阳、杨凌示范区19个经济强区（开发区）叠加帮扶10个未脱贫的深度贫困县，

将196家省级单位集中在深度贫困县开展驻村包联活动，占总数的1/3。11个深度贫困县累计减贫63.02万人，贫困发生率降至1.02%，深度贫困县镇安"户分三类"、商南"四借四还"等创新性做法在全国全省叫响。

3. 聚焦革命老区建设

认真贯彻习近平总书记在陕甘宁革命老区脱贫致富座谈会上重要讲话精神，把革命老区建设摆在工作的重要位置，累计向革命老区县投入中省财政专项扶贫资金190.18亿元，其中2019年投入65.66亿元，占资金总数的68.29%，较上年增长22.16%。中央专项彩票公益金、陕南发展专项资金和津陕对口协作资金全部用于革命老区。延安革命老区摆脱了绝对贫困，16个革命老区县脱贫摘帽，剩余25个贫困老区县均达到退出标准。

4. 加强资金项目监管

按照"谁管项目、谁使用资金、谁对资金安全负责"的原则，针对扶贫专项资金、涉农整合资金、行业扶贫资金、社会扶贫资金的分配、使用和管理，制定扶贫领域常见问题、风险防范和资金使用负面清单，完善脱贫攻坚项目资金招投标管理，建立健全扶贫资金使用管理台账，全方位、全口径、全过程加强资金监管。

（七）持续巩固大扶贫格局，不断凝聚社会各方合力

持续凝聚攻坚合力，深化完善专项扶贫、行业扶贫、社会扶贫"三位一体"的大扶贫格局，引导社会各界积极参与脱贫攻坚。

1. 苏陕扶贫协作再上台阶

苏陕两省党政代表团先后两次交流互访，陕西全省10个设区市、56个县（区）党政主要负责同志赴江苏结对市县对接工作。江苏全年投入帮扶资金22.78亿元，较上年增长34.47%，支持的1526个项目均已开工，1298个已建成并发挥扶贫效益。引进130家江苏企业来陕投资，落地金额40.78亿元。双方互派挂职干部512名，江苏选派1236名专业技术人才到陕西省交流工作。合作开展培训181期，培训贫困劳动力5605人，就业率62.2%。进一步下沉结对帮扶重心，累计有301个乡镇、386个贫困村、388所学校、

119家医院分别与江苏相关单位建立结对关系并获得实质帮扶。

2. 中央单位定点扶贫力度加大

2019年，37家中央单位省部级以上领导来陕开展扶贫调研133人次，目前在陕挂职扶贫干部86人，直接投入帮扶资金5.16亿元，引进资金4.23亿元，实施扶贫项目746个，帮助销售贫困地区农产品4.64亿元，带动建档立卡户22.5万户，为陕西省脱贫攻坚做出了重要贡献。

3. 特色帮扶体系持续发力

持续打造国企"合力团"、校地结对"双百工程"、优质医疗资源下沉三大特色帮扶体系。9个国企"合力团"实施项目133个，建成投产56个，带动贫困户2.9万户。校地结对"双百工程"建设并认定产学研一体化示范基地和实体项目92个，举行各类教育培训800余场7万余人次，产销对接购买农产品5643.4万元。"同心·追赶超越 助力脱贫攻坚"高校党外人士服务县域经济社会发展活动被中央统战部授予"优秀实践创新奖"。111家三级医院向101家贫困县医院派驻专家1668名，新建临床专科92个，开展新技术培训972项，远程会诊6000多例。

4. 社会力量广泛参与

"万企帮万村""脱贫攻坚青春建功行动""三秦巾帼脱贫行动"等进行得有声有色，7681家民营企业结对帮扶8386个村，累计投入资金43.8亿元，实施项目1.9万个，惠及建档立卡人口105.4万人次；8461家社会组织累计投入资金43.75亿元，帮扶建档立卡户55万余户。中国社会扶贫网全省注册量达478万人（爱心人士358万人），对接贫困需求47万个，成功率达92.9%，多项指标位居全国前列。成功举办"一带一路"减贫国际合作论坛，讲好中国扶贫故事。

（八）坚持从严从实，强化作风建设

强化组织领导，加强作风建设，坚决杜绝扶贫领域形式主义问题，脱贫攻坚各项工作有序推进。

1. 用好考核"指挥棒"

突出脱贫攻坚分值权重和成果运用,将各设区市脱贫攻坚在年度目标责任考核中的权重由5分提高到20分。实行常态化督导,确保问题发现在初始,解决在萌芽,对已出现的错误和偏差,及时现场反馈,督导整改。

2. 落实"三项机制"

用好鼓励激励、容错纠错、能上能下"三项机制"和职务职级并行制度,实行党政干部调整任用与脱贫攻坚成效挂钩制度。完成对10个设区市分管脱贫攻坚工作的领导干部、56个贫困县党政正职领导干部脱贫攻坚专项研判。对中央和省级脱贫攻坚成效考核存在突出问题或问题较多的17个市县、3个省级部门、8个省级参扶单位进行了约谈。

3. 强化作风建设

深化扶贫领域腐败和作风问题专项治理,扎实开展冯新柱案"以案促改"回头看,坚决肃清冯新柱在扶贫领域造成的恶劣影响。认真落实中央《关于解决形式主义突出问题为基层减负的通知》要求和省委"十条措施",取消28个县(区)脱离实际设立的"扶贫工作日",加强扶贫系统信息化建设,大量减少基层填表,统筹督查检查,优化考核指标和方式,取消了季通报、半年点评。

4. 加强干部培训

全年培训各级各类扶贫干部57.4万人次,对全省10个设区市、56个贫困县、40个有脱贫攻坚任务的县(市、区)党委、政府分管负责同志进行系统化、专业化集中培训,进一步提升工作能力和水平。陕西省"构建五大体系、打造扶贫铁军"的扶贫干部培训做法受到中组部、国务院扶贫办肯定。

二 陕西脱贫攻坚面临的困难与问题

决战脱贫攻坚以来,特别是2019年以来,陕西省脱贫攻坚工作取得了显著进展。但也要清醒地看到,随着脱贫攻坚工作的不断深入,当前还面临着一些亟待解决的新情况、新问题、新挑战。

1. 贫困发生率大幅降低，但巩固脱贫成果任务仍然较重

经过大力扶持，陕西省贫困发生率降至目前的0.75%，农村贫困人口减少至10.74万户18.34万人。剩余贫困户中，因病、因残致贫的占59.3%；剩余贫困人口中，丧失劳动能力、无劳动能力和弱（半）劳动能力的占78.44%，技能劳动力不足5‰，"无业可扶、无力脱贫"问题比较突出。部分已脱贫人口自我发展能力不强，外出务工收入占比高，且不稳定。同时，贫困地区教育、医疗等公共服务硬件基本到位，但基层人才匮乏、能力不足的问题仍然存在，巩固脱贫成果的任务仍然比较重。

2. 易地扶贫搬迁建设任务已经完成，但后续帮扶仍需加力

目前，"十三五"易地扶贫搬迁安置房均已竣工。但一些集中安置点附近可利用土地较少，难以满足搬迁户就近发展产业需求；一些安置点因条件限制引进社区工厂难，已建立的社区工厂规模小，吸纳贫困人口就业较少，不能满足搬迁群众就业需求。33个3000人以上集中安置点中，尚有23个配套小学（幼儿园）未建成投入使用，完全满足搬迁群众子女就近上学还需要一段时间。

3. 深度贫困地区脱贫攻坚成效明显，但扶贫工作仍需继续推进

陕西省11个深度贫困县、94%的深度贫困村位于灾害易发区、生态保护区叠加的秦巴山区，自然条件差，面临脱贫攻坚与生态保护双重压力。深度贫困县县域经济发展滞后，地方财政自给能力低，产业基础薄弱，持续发展能力不足，极易因灾导致基础设施损毁。如2019年8月强降雨，导致29户住房、866个建制村道路、862处农村饮水工程不同程度受损。深度贫困地区仍然是最难啃的"硬骨头"，仍然是陕西省脱贫攻坚的主战场，各类帮扶措施需要继续推进。

4. 产业帮扶持续加强，但带贫益贫机制还需完善

随着近几年的大力扶持，很多长效扶贫产业初见成效。但一些地方产业项目"小、弱、散"、规模化标准化品牌化程度低、缺乏龙头企业和"拳头产品"，带贫益贫效益不明显；一些地方立地条件差、人均耕地面积小，容

易受自然灾害、市场波动等影响，部分已脱贫群众收入不够稳定；一些地方就业扶贫项目吸纳贫困劳动力就业的能力不足。需要持之以恒抓好产业就业扶贫，加强技术技能培训，提升群众发展产业、实现就业的能力，增强贫困地区、贫困群众自我"造血"功能。

三　下一步脱贫攻坚工作重点

脱贫攻坚是全面建成小康社会的底线目标，2020年是脱贫攻坚决战决胜、全面收官之年。我们将继续深入学习贯彻习近平总书记关于扶贫工作的重要论述和十九届四中全会精神，深化"不忘初心、牢记使命"主题教育成果，坚持将提高脱贫质量放在首位，坚持目标导向、问题导向和结果导向相统一，坚持开发式扶贫与保障性扶贫相统筹，着力巩固拓展脱贫成果，着力强化产业就业、扶志扶智等治本措施，着力构建解决相对贫困长效机制，尽锐出战，务求全胜，高质量打赢脱贫攻坚战，确保全省贫困群众同全国人民一道同步够格进入全面小康。

1. 全面完成各项目标任务

咬定目标，一鼓作气，对任务重的贫困县进行挂牌督战，坚持"两不愁三保障"标准，坚决完成剩余贫困人口脱贫任务。对标对表三年行动指导意见，对尚未全面完成的目标任务，在2020年的整体工作布局、项目编制、资金分配中予以重点安排，确保贫困地区基本公共服务主要领域指标接近全国平均水平。

2. 突出强化扶贫长效治本措施

深入实施"3+X"产业扶贫工程，大力发展村级集体经济，探索推广行之有效的利益联结模式机制，不断提升产业扶贫的带贫益贫效益，进一步加大消费扶贫工作力度。不断加强就业技能培训，拓展有组织劳务输出的渠道，扩大规模，确保更多贫困群众实现就业脱贫。加强易地扶贫搬迁后续扶持和脱贫攻坚资产管护，确保搬迁群众稳定脱贫。深入开展各类扶贫扶智扶志活动，不断增强贫困群众自我脱贫的意愿和内生动力。加强乡村教师、医

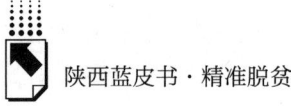

生、致富带头人等基层人才队伍建设，不断增强深度贫困地区持续发展能力。

3. 切实做好脱贫成果巩固提升

严格落实"四个不摘"要求，继续保持政策的连续性、稳定性，严防脱贫摘帽后松劲懈怠。坚持常态化巡回督导和最严格的考核评估，健全完善防返贫监测预警机制，构建解决相对贫困的长效扶贫新机制。深化脱贫攻坚和农村低保两项制度衔接，加强对脱贫不稳定人口和边缘人口的监测预警，及时纳入帮扶，防止返贫和产生新的贫困人口，确保小康路上不落一人，不断增强群众获得感、幸福感。编制"十四五"脱贫攻坚工作规划，做好与乡村振兴战略的有效衔接。

4. 着力解决突出问题

把问题整改贯穿脱贫攻坚工作全过程，结合脱贫攻坚"回头看"，逐村逐户逐项全面排查突出问题。重点排查"三落实"（责任落实、政策落实、工作落实）、"三精准"（识别精准、帮扶精准、退出精准）、"三保障"（义务教育、基本医疗、住房和饮水安全）方面存在的问题，制定有针对性的举措，着力补齐短板弱项，按时整改到位，确保全省脱贫攻坚高质量收官。

5. 全面总结脱贫攻坚经验

脱贫攻坚改变了贫困群众的生活，改变了贫困地区的面貌，让广大贫困地区发生了前所未有的变化。脱贫攻坚中涌现出的很多好经验、好做法，不仅适用于扶贫工作，也适用于乡村振兴等其他工作。需要扎实开展脱贫攻坚普查，全面总结经验，选树一批可信、可学、可用的典型，为建立国家脱贫档案提供陕西案例。加强主流舆论引导，积极宣传脱贫攻坚取得的成就，继续为脱贫攻坚营造良好氛围。

参考文献

习近平：《在解决"两不愁三保障"突出问题座谈会上的讲话》，《求是》2019年第

16 期。

习近平：《摆脱贫困》，福建人民出版社，2016。

中共中央党史和文献研究院：《习近平扶贫论述摘编》，中央文献出版社，2018。

陕西省脱贫攻坚领导小组：《关于聚焦"两不愁三保障"切实提高脱贫质量的实施意见》，2019 年 7 月。

综 合 篇

Comprehensive Reports

B.2
关于精准扶贫脱贫攻坚政策的解析与思考

曹可清*

摘 要： 党的十八大以来，以习近平同志为核心的党中央把脱贫攻坚作为实现第一个百年奋斗目标的重点任务，把贫困人口脱贫作为全面建成小康社会的底线任务和标志性指标，举全党全国全社会之力，全面打响脱贫攻坚战。本文对党中央《关于打赢脱贫攻坚战的决定》等重大部署、精准扶贫精准脱贫基本方略，特别是习近平总书记关于精准扶贫精准脱贫重要论述，打赢脱贫攻坚战诸多政策措施进行解析，对实施"六个精准"、落实"五个一批"，尤其对陕西部署的11项精准扶贫举措进行了剖析，结合省情实际，对全省打赢脱贫攻坚战、

---

* 曹可清，陕西省政府研究室二级巡视员，研究方向为农业农村政策、经济社会发展、乡村振兴。

补齐短板提出思考建议。

关键词： 精准扶贫　脱贫攻坚　政策解析　陕西

党的十八大以来，以习近平同志为核心的党中央把脱贫攻坚工作纳入"五位一体"总体布局和"四个全面"战略布局，作为实现第一个百年奋斗目标的重点任务，把贫困人口脱贫作为全面建成小康社会的底线任务和标志性指标，举全党全国全社会之力，采取超常规举措，全面打响了脱贫攻坚战。尤其是十九大以来，党中央充分发挥政治优势和制度优势，把脱贫攻坚摆到治国理政的突出位置，构筑了全社会扶贫攻坚的强大合力，建立了中国特色的脱贫攻坚制度体系，为全球减贫事业贡献了中国智慧和中国方案，谱写了人类反贫困史上的辉煌篇章。

一　中央精准扶贫脱贫攻坚工作的重大部署

2015年2月13日和6月18日，习近平总书记分别在延安和贵州召开陕甘宁革命老区脱贫致富座谈会和部分省区市党委主要负责同志座谈会。同年11月，中共中央、国务院印发《关于打赢脱贫攻坚战的决定》（以下简称《决定》），成为指导当时和此后一个时期脱贫攻坚的纲要性文件。2016年7月20日，习近平总书记在银川主持召开东西部扶贫协作座谈会，指出要坚持精准扶贫、精准脱贫，把帮扶资金和项目重点向贫困村、贫困群众倾斜，扶到点上、扶到根上。2017年12月，中共中央办公厅、国务院办公厅印发了《关于支持深度贫困地区脱贫攻坚的实施意见》（以下简称《实施意见》），就攻克坚中之坚、解决难中之难、坚决打赢脱贫攻坚战作出部署安排。2018年2月12日，习近平总书记在成都主持召开打好精准脱贫攻坚战座谈会。同年8月，中共中央、国务院印发《关于打赢脱贫攻坚战三年行动的指导意见》（以下简称《指导意见》），就如何集中力量解决深度贫困地区脱贫问题、强化脱贫攻坚巩固提升行动支撑保障、改善脱贫攻坚工作的领导等提出具体要求。2019年4月16日，习近平总书记在重庆主持召开解决"两不愁三保障"突出问题座谈会，要求各地区各部门务必统一思想，着力解决"两不愁三保障"突出问题，扎实做好今明两年脱贫攻坚工作。

这一系列文件和重要讲话，既是全国上下打赢脱贫攻坚战的基本遵循，又是近年来我国脱贫攻坚工作的纲领性文件。文件和讲话明确了精准扶贫、精准脱贫以及打好打赢脱贫攻坚战各项工作任务的时间表、路线图，为全国各级、各地党委政府乃至行政村"两委"贯彻落实和推进脱贫攻坚工作指明了方向。为全面贯彻落实系列文件及重要讲话精神，2015~2017年，陕西省委、省政府，陕西省脱贫攻坚领导小组、指挥部及其办公室，陕西省扶贫办等部门，相继出台21份关于精准扶贫精准脱贫、30份关于深度贫困地区脱贫攻坚的指导性文件。2018年，陕西省出台36份指导脱贫攻坚的文件。这些文件紧紧围绕中央《决定》《实施意见》《指导意见》等的任务要求，认真部署安排并落实当期的脱贫攻坚工作。

二 中省关于精准扶贫精准脱贫的总体要求

中省关于精准扶贫精准脱贫的总体要求，即顶层设计，涉及三个方面。

（一）总体要求

2015年，中央《决定》提出的总体要求是，深入贯彻习近平总书记系列重要讲话精神，围绕"四个全面"战略布局，把精准扶贫精准脱贫作为基本方略，咬定青山不放松，采取超常规举措，拿出过硬办法，举全党全社会之力，坚决打赢脱贫攻坚战[①]。2018年，中央三年行动《指导意见》在《决定》基础上，作了政策上的延展和深化，提出"全面把握打赢脱贫攻坚战三年行动的总体要求"。

---

① 《中共中央 国务院关于打赢脱贫攻坚战的决定》，2015。

2018年，《中共陕西省委　陕西省人民政府关于打赢脱贫攻坚战三年行动的实施意见》，全面贯彻落实中央《决定》《指导意见》《实施意见》精神，提出陕西打赢脱贫攻坚战三年行动的指导思想，即以习近平新时代中国特色社会主义思想为指导，坚持精准扶贫精准脱贫基本方略，坚持现行扶贫标准，坚持把提高脱贫质量放在首位，坚持扶贫同扶志、扶智相结合，坚持开发式扶贫和保障性扶贫相统筹，坚持大扶贫工作格局，聚焦深度贫困地区和特殊困难群体，按照省负总责、市县抓落实的工作机制，突出问题导向，优化政策供给，下足绣花功夫，着力激发贫困人口内生动力，着力夯实贫困人口脱贫基础，着力加强扶贫领域作风建设，确保到2020年贫困地区和贫困群众同全国一道进入全面小康社会①。

（二）总体目标

2015年，中央《决定》提出的总体目标是，到2020年稳定实现农村贫困人口不愁吃、不愁穿，义务教育、基本医疗和住房安全有保障。实现贫困地区农民人均可支配收入增长幅度高于全国平均水平，基本公共服务主要领域指标接近全国平均水平。确保我国现行标准下农村贫困人口实现脱贫，贫困县全部摘帽，解决区域性整体贫困。②

2018年，中央三年行动《指导意见》根据近年来全国脱贫攻坚实施情况，把《决定》的总体目标细化提升为"三年行动的任务目标"。即到2020年，一是通过发展生产脱贫一批，易地搬迁脱贫一批，生态补偿脱贫一批，发展教育脱贫一批，社会保障兜底一批等"五个一批"，因地制宜综合施策，确保现行标准下农村贫困人口实现脱贫，消除绝对贫困。二是通过实施"六个精准"等政策举措，确保贫困县全部摘帽，解决区域性整体贫困。三是实现贫困地区基本公共服务主要领域指标接近全国平均水平③。

陕西全面贯彻落实党中央、国务院决策部署。2018年，省委三年行动

---

① 《中共陕西省委　陕西省人民政府关于打赢脱贫攻坚战三年行动的实施意见》，2018。
② 《中共中央　国务院关于打赢脱贫攻坚战的决定》，2015。
③ 《中共中央　国务院关于打赢脱贫攻坚战三年行动的指导意见》，2018。

陕西蓝皮书·精准脱贫

《实施意见》提出，实现贫困地区基本公共服务主要领域指标接近全国平均水平，贫困地区具备条件的乡镇和建制村通硬化路，贫困村全部实现通动力电，全面解决贫困人口住房和饮水安全问题，贫困村达到人居环境干净整洁基本要求，切实解决义务教育阶段学生因贫失学辍学问题，基本养老保险和基本医疗保险、大病保险实现贫困人口全覆盖，最低生活保障实现应保尽保，贫困地区和革命老区发展环境明显改善等8项目标任务，全面打赢脱贫攻坚战，如期完成全面脱贫任务①，到2020年实现并解决"两不愁三保障"问题。

（三）基本原则

2015年，《中共中央 国务院关于打赢脱贫攻坚战的决定》提出坚持六条原则。一是坚持党的领导，夯实组织基础。强调严格执行脱贫攻坚一把手负责制，省、市、县、乡、村五级书记一起抓，切实加强贫困地区农村基层党组织建设，使其成为带领群众脱贫致富的坚强战斗堡垒。二是坚持政府主导，增强社会合力。构建专项扶贫、行业扶贫、社会扶贫互为补充的大扶贫格局。三是坚持精准扶贫，提高扶贫成效。强调扶贫开发贵在精准，重在精准，必须解决好扶持谁、谁来扶、怎么扶的问题，做到扶真贫、真扶贫、真脱贫，提高扶贫成果的可持续性，让贫困人口有更多的获得感。四是坚持保护生态，实现绿色发展。牢固树立"绿水青山就是金山银山"理念，强调扶贫开发不能以牺牲生态为代价，要探索生态脱贫新路子，让贫困人口从生态建设与修复中得到更多实惠。五是坚持群众主体，激发内生动力。推进开发式扶贫，处理好国家、社会帮扶和贫困地区自身努力的关系，充分调动贫困地区干部群众积极性和创造性，注重扶贫先扶智，增强贫困人口自我发展能力。六是坚持因地制宜，创新体制机制。强调要突出问题导向，创新扶贫开发路径，由"大水漫灌"式向"精准滴灌"式转变；扶贫资源由多头分散向

---

① 《中共陕西省委 陕西省人民政府关于打赢脱贫攻坚战三年行动的实施意见》，2018。

统筹集中转变；创新扶贫开发模式，由偏重"输血"向注重"造血"转变①；创新扶贫考评体系，注重由侧重考核地区生产总值向主要考核脱贫成效转变。

从 2015 年中央《决定》的基本原则，到 2018 年中央三年行动《指导意见》的工作要求，精准扶贫脱贫攻坚政策实施力度不断加大，要求更加严格。

2018 年，《中共中央 国务院关于打赢脱贫攻坚战三年行动的指导意见》还提出了"七个坚持"，即坚持严格执行现行扶贫标准，坚持精准扶贫精准脱贫基本方略，坚持把提高脱贫质量放在首位，坚持扶贫同扶智相结合，坚持开发式扶贫和保障性扶贫相统筹，坚持脱贫攻坚与锤炼作风锻炼队伍相统一，坚持调动全社会扶贫的积极性。②

三 对精准扶贫精准脱贫方略的认知和理解

（一）精准扶贫精准脱贫基本方略内涵丰富

从内涵上讲，精准扶贫精准脱贫基本方略主要有五层含义。一是强调了贵在精准、重在精准，成败之举在于精准，这既是认识论，也是方法论。二是强调了访真贫、扶真贫、真扶贫、真脱贫，对致贫的病因进行"把脉问诊"，追根溯源，找准"穷根"。这体现了一切从实际出发、实事求是的思想路线。三是核心内容为"六个精准"。强调要因人因地施策，因贫困原因施策，因贫困类型施策，区别不同情况，运用"靶向治疗"，拔除"穷根"。四是激发贫困地区和贫困群众的内生动力，将扶贫与扶智、扶志紧密结合，纠偏"等靠要"思想，激活脱贫的"原动力"，强调贫困群众是脱贫的内因，应发挥其根本性作用。五是强调广泛动员全社会力量共同参与，构建大扶贫格局，系统治贫，合力攻坚。③

---

① 《中共中央 国务院关于打赢脱贫攻坚战的决定》，2015。
② 《中共中央 国务院关于打赢脱贫攻坚战三年行动的指导意见》，2018。
③ 《深入把握精准扶贫精准脱贫基本方略》，《人民日报》2019 年 5 月 3 日。

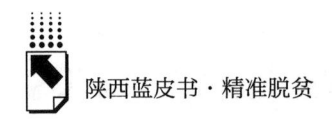

（二）坚持中央统筹、省负总责、市县抓落实的工作机制

陕西始终坚持精准扶贫精准脱贫方略，坚决贯彻中央统筹、省负总责、市县抓落实的工作机制，按照省负总责、市县抓落实的工作机制，构建责任清晰、各负其责、合力攻坚的责任体系，推行脱贫攻坚责任制。

《陕西省脱贫攻坚责任制实施细则》提出，省脱贫攻坚领导小组负责全省脱贫攻坚综合协调工作，建立健全工作推进机制，组织落实贫困县考核机制、约束机制、退出机制。省扶贫办（脱贫办）承担省脱贫攻坚领导小组及指挥部日常工作，建立健全农村贫困统计监测。省级"八办两组"及有关部门负责制定协同攻坚政策措施，履行牵头职责，推动工作落实。省委、省政府还建立了省级现任领导联系包抓脱贫攻坚工作制度，每人包抓一个深度贫困县或片区贫困县。

市级党委、政府对辖区脱贫攻坚政策落实、项目实施、资金使用管理、目标任务完成等工作负全责。负责制定本市脱贫攻坚规划和年度计划并组织实施，督促县级党委、政府抓好落实。市级党委、政府主要负责人是第一责任人。

县级党委、政府承担主体责任。负责制订辖区脱贫攻坚实施规划和年度计划，优化配置各类资源要素，指导乡（镇）、行政村制定精准扶贫精准脱贫实施方案，组织落实各项政策措施。

（三）坚持严格执行现行扶贫标准

主要针对全国范围一些地方拔高扶贫标准，对贫困户做了一些不切合实际的承诺，设置的地方性考核指标明显超出"两不愁三保障"标准。党中央明确指出，如果各级制定的"两不愁三保障"标准被突破，就会造成社会新的不公平，就会有很多贫困户不愿意脱贫、不愿意摘帽。同时，若随意拔高标准，就会加大脱贫攻坚的难度，加大财政负担，强调这种做法是不可持续的。

（四）着力抓好"六个精准"措施落实

这是精准扶贫精准脱贫方略的核心内容。一是扶持对象精准，是指核准建档立卡贫困村贫困户，对扶贫对象实行针对性扶持、动态化管理，做到底数清、任务清、责任清。二是项目安排精准，是指科学编制扶贫项目规划，确定实施内容、投资规模、进度安排、受益对象、责任分解等，做到项目规划到户、脱贫效果到户。三是资金使用精准，是指扶贫资金切块到县，以县为主体加大资金整合使用力度，把资金精准投放到村到户，增强针对性和实效性。四是措施到户精准，是指坚持问题导向，根据扶贫对象脱贫需求，因村因户施策，因致贫原因施策，因贫困类型施策，产业发展扶持到村到户，生产生活条件改善到村到户，致富能力提升到村到户。五是驻村帮扶精准，是指因村派驻工作队，选派第一书记，针对扶贫工作薄弱环节落实举措，干部联户包扶，脱贫责任到人。六是脱贫成效精准[①]，是指完善扶贫开发工作考核评价体系，建立县、村、户减贫档案，逐级签订责任书，逐级分年验收脱贫成效，确保逐村逐户实实在在脱贫。

四　中省精准扶贫脱贫攻坚的扶持政策解析

2015 年中央发布的《决定》，从 10 个方面提出打赢脱贫攻坚战的政策举措；2017 年中办、国办发布的《实施意见》，提出从 9 个方面支持深度贫困地区解决深度贫困问题；2018 年中央三年行动《指导意见》，提出了强化到村、到户、到人的精准帮扶 10 项举措，保持了精准扶贫脱贫攻坚措施的连续性。陕西全面贯彻落实中央文件精神，提出了补齐基础设施短板、健全贫困退出机制、强化支持保障体系等指导性意见。

（一）精准扶贫脱贫攻坚的扶持政策

根据中央《决定》《指导意见》《实施意见》任务要求，陕西全面贯彻落实习近平总书记十八大以来关于精准扶贫精准脱贫的重要论述，以及中央农村工作会议、扶贫开发工作会议、中央一号文件和中央六次精准扶贫座谈

---

① 《中共中央　国务院关于打赢脱贫攻坚战三年行动的指导意见》，2018。

会议精神，制定并着力实施了 11 项扶持政策。

1. 发展特色产业脱贫

发展特色产业脱贫主要是指发展农林产业扶贫、旅游扶贫、电商扶贫、科技扶贫等产业脱贫。正如习近平总书记指出的"产业扶贫是稳定脱贫的根本之策"。实践证明，发展特色产业是贫困地区增加农民收入、促进农民脱贫致富的重要基础和前提。2015 年中央《决定》、2017 年《实施意见》、2018 年三年行动《指导意见》明确提出，要加大产业扶贫力度，深入实施贫困地区特色产业提升工程，因地制宜加快发展对贫困户增收带动作用明显的种植业、养殖业、林草业、农产品加工业、特色手工业、休闲农业和乡村旅游，积极培育和推广有市场、有品牌、有效益的特色产品。支持有条件的贫困县创办一二三产业融合发展扶贫产业园①，等等。

陕西省委、省政府贯彻落实中央《决定》《指导意见》的《实施意见》提出，要扎实推进产业扶贫。一是结合壮大县域经济、培育县域主导产业、推进农业供给侧结构性改革，深入实施特色产业提升工程，着力打造"3 + X"特色产业体系，实施产业扶贫项目和"3 + X"扶贫工程。"3"是指"3 个千亿产业"，即以国家级、省级龙头企业为支点，培育一批集加工、销售于一体的行业龙头，发展千亿级苹果为重点的果业、千亿级奶山羊为重点的畜牧业、千亿级棚室栽培为代表的设施农业。"X"是指各地因地制宜做优做强茶叶、猕猴桃、核桃、花椒、红枣、蚕桑等特色产业。二是创新产业发展奖补方式。鼓励各市县从实际出发，利用扶贫资金、涉农整合资金发展长期稳定、带贫益贫作用明显的特色产业。三是完善新型经营主体与贫困村、贫困户利益联结和脱贫带动机制，增强贫困户受益的持续性和稳定性②。四是推动小农户与大市场的深度对接，形成持续稳定的销售市场和流通渠道，打造国际品牌。此外，开展电商扶贫，有序推进光伏扶贫，着力打造一批田园观光类、民俗风情类、农业体验类、民宿度假类等特色鲜明的旅游名村、

---

① 《中共中央 国务院关于打赢脱贫攻坚战的决定》，2015。
② 《中共陕西省委 陕西省人民政府关于打赢脱贫攻坚战三年行动的实施意见》，2018。

主题园区和特色城镇。

2019年,中省一号文件对发展壮大乡村产业,拓宽农民增收渠道作出部署。一是发展乡村特色产业增加收入;二是发展现代农产品加工业增收;三是发展乡村新型服务业增收;四是实施农产品出村进城工程增收;五是抓好农村劳动力转移就业增收。着力健全农村一二三产业融合发展利益联结机制,让农民更多分享产业增值收益。引导广大贫困村贫困户采取自主创业、多户联合、合作社带领、龙头企业引领等多种方式发展特色产业,已成为陕西推进精准扶贫脱贫攻坚工作的重要抓手。

2. 推进就业扶贫

围绕组织开展职业培训和促进转移就业等方式,开展系列就业扶贫行动。省委《实施意见》提出,一是坚持就地就近就业,确保有劳动力的贫困家庭至少1人稳定就业,尤其是要安置无法离乡、无业可扶、无力脱贫的"三无"贫困劳动力就地就近就业。二是全省各级党政机关、事业单位要优先安置符合条件的贫困家庭劳动力就业,城镇公益性岗位要适度向贫困劳动力放开。三是鼓励各类国有和民营企业等优先聘用符合条件的贫困家庭劳动力[①]。四是鼓励以创业带动就业,积极培育"返乡创业带头人"和"贫困村创业致富带头人"创业就业。五是落实好苏陕劳务协作协议,组织一批贫困劳动力在江苏实现稳定就业。六是实施技能脱贫专项行动,打造具有地域特点、社会认可的特色劳务品牌。就业扶贫政策在实施过程中,逐步明确应坚持有计划、有组织地做好劳务输出,组织贫困家庭劳动力就地就近务工。设置的公益性岗位,优先安置贫困家庭劳动力就业。

3. 实施易地搬迁脱贫

对"一方水土养不起一方人"的地区建档立卡贫困人口实施易地扶贫搬迁,实现搬得出、稳得住、能脱贫。陕西贯彻落实中央《决定》《指导意见》的《实施意见》提出,一是严格执行国家易地扶贫搬迁政策及搬迁户住房建设面积、自筹资金红线要求。二是2020年完成"十三五"规划的搬

---

① 《中共陕西省委 陕西省人民政府关于打赢脱贫攻坚战三年行动的实施意见》,2018。

迁和入住任务，确保具备搬迁安置条件的贫困人口应搬尽搬，逐步实施同步搬迁。三是以岗定搬、以业定迁，统筹各项措施，确保搬迁户搬得出、稳得住、能脱贫。四是结合行政村规划布局调整，鼓励实施整村整组搬迁。五是结合实施乡村振兴战略压茬推进易地扶贫搬迁。全省借鉴安康市移民搬迁安置社区建设"扶贫工厂"做法，推广白河县山上建园区、山下建社区，以及镇安县"一户一策、一人一法"的精准帮扶等做法，确保有劳动力的搬迁家庭就业有岗位，创业有门路，增收有渠道。

4. 结合生态保护脱贫

从生态保护修复、生态保护补偿机制两个方面，提出实施重要生态扶贫工程和生态保护补偿方式，使贫困群众通过参与生态保护来实现增收脱贫。陕西三年行动《实施意见》提出，一是创新生态扶贫机制，完善公益林生态效益补偿机制，确保及时、足额兑现贫困人口参与工程建设的补偿资金。二是采取以工代赈等方式，组织贫困人口参与生态工程建设，获得劳务收入。三是开展生态公益岗位扶贫，选聘符合条件的建档立卡贫困人口转化为生态护林员。到2020年，全省聘用生态护林员3万人，带动9万贫困人口稳定脱贫。

5. 着力加强教育脱贫

从基础教育、职业教育和降低贫困家庭就学负担等方面，开展一系列行动计划，采取具体措施，逐步消除贫困地区贫困户子女因学致贫问题，阻断贫困代际传递。陕西三年行动《实施意见》提出，以保障义务教育为核心，全面落实教育扶贫政策。一是完善控辍保学动态监测机制，确保贫困家庭义务教育学生不因贫困失学辍学。二是对义务教育阶段因病不能正常入学的送教上门。三是健全建档立卡贫困家庭学生从学前一年到大学的精准资助政策。四是鼓励引导社会团体、爱心企业和团体通过捐赠、奖励、公益培训等方式扶贫[1]。全省上下应贯彻落实好中省关于贫困户家庭子女享受教育扶贫政策，让贫困家庭的孩子们上得起学，从根本上改变贫困这一根本性问题。

---

[1]《中共陕西省委 陕西省人民政府关于打赢脱贫攻坚战三年行动的实施意见》，2018。

6. 深入实施健康扶贫工程

从医疗卫生服务、医疗保障、疾病防控和公共卫生等方面，加快推进基本公共卫生服务均等化，有效缓解因病致贫返贫问题。结合省情实际，一是必须坚持一手抓精准施治减存量，一手抓疾病预防控增量，确保贫困人口100%参加城乡居民基本医疗保险和大病保险。二是完善贫困人口城乡居民基本医疗保险、大病保险、医疗救助及补充医疗保障政策体系，将贫困人口全部纳入医疗保障范围。三是降低贫困人口就医负担，尤其是对城乡居民基本医疗保险和大病保险支付后自负费用仍有困难的，加大医疗救助和其他保障政策帮扶力度。四是全面落实农村贫困人口县域内定点医疗机构住院治疗先诊疗后付费制度。①

7. 加快推进农村危房改造

陕西省委贯彻中央三年行动《实施意见》明确提出，要扎实推进农村危房改造。从简化农村危房鉴定程序，规范对象认定办法，严格执行国家关于建档立卡贫困户D级危房拆除重建面积标准，改造一户，销档一户，确保2019年底全面完成建档立卡贫困户等4类重点对象危房改造任务②。

8. 探索资产收益扶贫

陕西省《实施意见》提出，一是探索将财政资金和其他涉农资金投入设施农业、养殖、光伏、水电、乡村旅游等项目形成的资产，折股量化给贫困村和贫困户。二是投资形成的资产可由村集体、合作社或其他经营主体统一经营，③ 贫困户享受收益。三是建立健全收益分配机制，确保资产收益及时回馈持股贫困户。四是支持农民合作社和其他经营主体通过土地托管、牲畜托养、吸收农民土地经营权入股等方式，带动贫困户增收。

9. 开展贫困残疾人脱贫行动

陕西省委、省政府要求，要扎实推进助残脱贫措施落实。一是将符合条件的建档立卡贫困残疾人纳入农村低保和城乡医疗救助范围。二是落实困难

---

① 《中共陕西省委　陕西省人民政府关于打赢脱贫攻坚战三年行动的实施意见》，2018。
② 《中共陕西省委　陕西省人民政府关于打赢脱贫攻坚战三年行动的实施意见》，2018。
③ 《中共中央　国务院关于打赢脱贫攻坚战的决定》，2015。

残疾人生活补贴和重度残疾人护理补贴制度。三是实施残疾人精准康复服务项目，优先为有需求的贫困残疾人提供基本康复服务和辅助器具适配服务。四是优先实施贫困家庭残障儿童康复救助。[①] 五是帮助贫困家庭残疾儿童接受义务教育。

10. 开展扶贫扶志行动

开展扶贫扶志行动，激发贫困群众内生动力。一是推广安康市创立的"扶志六法"，坚持自治、法治、德治，系统解决脱贫攻坚进程中"争当贫困户""等靠要"和内生动力不足等问题。二是充分发挥贫困群众脱贫主体作用，强化正向激励。三是支持有劳动能力的贫困群众发展产业、转移就业、参与公益事业。四是破除陈规陋习。将不履行赡养义务、虚报冒领扶贫资金、严重违反公序良俗等行为人列入失信名单，惩戒失信。

11. 综合性兜底保障性扶贫

筑牢社会保障安全网，从社会救助、社会保险、社会福利制度、基本养老保障等方面，强化社会保障兜底措施，解决特殊困难群体和弱势群体的脱贫问题。省委《实施意见》提出，要扎实推进综合保障性扶贫。一是统筹各类保障措施，重点为完全丧失劳动能力和部分丧失劳动能力且无法依靠产业就业帮扶脱贫的贫困人口，提供兜底保障。二是健全完善农村低保标准动态调整机制，将符合条件且无法依靠产业就业帮扶脱贫的贫困人口，全部纳入农村低保范围，应保尽保。三是完善特困人员救助供养制度，将"三无"人员（无劳动能力、无生活来源、无法定赡养抚养扶养义务人）、乡村老年人、残疾人，以及未满16周岁的未成年人，全部纳入特困人员救助供养范围，应救尽救，应养尽养。四是加强和改进临时救助工作。五是健全农村留守儿童、老年人关爱服务体系。

（二）加快补齐贫困地区基础设施短板

陕西省委、省政府提出，一是加快实施交通扶贫行动。力争2020年实

---

① 《陕西省民政厅关于印发〈深度贫困地区民政系统脱贫攻坚工作方案〉的通知》，2017。

现包括贫困县在内的所有县（区）实现县县通高速，所有具备条件的建制村通客车。二是大力推进水利扶贫行动。到2020年全面解决贫困人口饮水安全问题。加快实施贫困县农村饮水安全巩固提升工程，着力提高农村集中供水率、自来水普及率、供水保证率、水质达标率。三是大力实施电力和网络扶贫行动。2020年实现大电网延伸覆盖至全部县城，确保所有农户正常使用生活用电、贫困村正常使用动力电；基本实现建档立卡贫困村4G网络全覆盖。四是大力推进贫困地区农村人居环境整治，重点推进农村生活垃圾治理、卫生厕所改造。

（三）建立健全脱贫攻坚支撑保障体系

1. 加大财政扶贫力度

一是省级财政专项扶贫资金每年增长20%以上，全年投入高于中央财政专项扶贫资金增幅。市县建立与脱贫攻坚需求和财力相适应的投入增长机制。二是深度贫困地区在脱贫攻坚期内，每年中省财政专项扶贫资金在正常增幅基础上再提高20%。省级部门向11个深度贫困县切块下达涉农整合资金增幅高于上年10%。三是涉农资金在"按需而整"的前提下做到"应整尽整"。省上对纳入整合范围的财政资金继续切块到市县。攻坚期内，每个深度贫困村涉农整合资金投入不低于500万元。苏陕扶贫协作专项资金优先支持深度贫困县。四是实施扶贫资金监管、绩效评价及正向激励机制。

2. 加大金融扶贫支持力度

一是建立健全金融支持产业发展与带动贫困户脱贫的挂钩机制和扶持政策。二是落实扶贫小额信贷政策。三是支持贫困地区开发特色农业险种，探索发展价格保险、产值保险、"保险+期货"等新型险种。四是开展金融扶贫绩效评估，确保金融扶贫政策有效落实。

3. 完善扶贫开发用地政策

一是新增建设用地计划、增减挂钩节余指标调剂计划、工矿废弃地复垦利用计划向贫困地区倾斜。二是每年对贫困县专项安排一定数量建设用地计划。三是贫困地区建设用地增减挂钩节余指标和工矿废弃地复垦利用结余指标，允许在省域内调剂使用。深度贫困县开展城乡建设用地增减挂钩不受指标规模限制，纳入跨省、跨市调剂范围。

4. 发挥科技和人才支撑作用

通过各种渠道解决贫困地区科技人员急需问题。

（四）健全贫困退出机制

夯实各级责任，提高脱贫质量，严格按照贫困户、贫困村、贫困县的退出标准、条件和程序有序退出。

五 贯彻精准脱贫方略打赢脱贫攻坚战的思考及建议

陕西脱贫攻坚工作取得阶段性重大成果。截至2018年底，累计有27个贫困县实现脱贫摘帽，贫困发生率下降至3.18%，但全省还有77.55万贫困人口，2019年有29个贫困县需要脱贫摘帽、56.5万人口需要脱贫。其中，深度贫困县还有10个，贫困人口为11.43万户29.26万人，脱贫攻坚任务十分繁重。

脱贫攻坚是一项系统工程，也是当前最为紧迫、最大的政治任务和底线任务，更是各级各部门的共同责任。对此，全省上下必须统一思想认识，正视中央脱贫攻坚专项巡视和成效考核发现的突出问题和共性问题，认识上再深化，问题上再聚焦，措施上再精准，作风上再强化，坚决打好打赢脱贫攻坚战。

一是扎实推进省负总责、市县抓落实的工作推进机制。按照省上"一部八办三组"脱贫攻坚工作推进体系及机制，构建责任清晰、各负其责、合力攻坚的责任体系，全面推行脱贫攻坚责任制。尤其是应充分发挥贫困县县委、县政府的脱贫攻坚"一线指挥部"的"一线总指挥"作用。

二是坚持问题导向和目标导向相统一、过程管理和目标管理相统一，常态化精准化系统化推进问题整改，加大整改力度，确保整改到位，不留死角。

三是扎实推进"六个精准",大力实施"五个一批",全面落实11项脱贫攻坚政策举措。

四是坚决做到"四个不摘",保持政策的稳定性。着力攻克深度贫困,切实解决好"两不愁三保障"突出问题,全面完成脱贫攻坚目标任务。

五是进一步巩固脱贫攻坚成果,建立健全防止因病致贫返贫的长效机制。

B.3
建立稳定脱贫机制 有效防止脱贫后返贫
——以陕西为例

胡清升 党海燕[*]

摘　要： 目前，全国和陕西的脱贫均已接近尾声，脱贫攻坚工作已进入最为关键的攻坚期。由于陕西深度贫困地区产业基础薄弱，未脱贫人口中因病因残因灾以及孤寡老人的占比较高，临界贫困问题及"悬崖效应"仍不同程度存在，部分贫困人口脱贫基础不牢，后期扶贫工作应更加重视脱贫稳定性的问题，迫切需要通过有效对策解决贫困人口脱贫后返贫的问题。对此，脱贫攻坚需要与现行政策措施相结合，强化体制机制建设，如建立常态化返贫工作预警监测机制，逐步完善分类救助政策，巩固强化兜底保障体系等，同时，把产业扶贫作为主攻方向，推动精准扶贫与拓展农业功能结合，进一步激发贫困人口内生动力。

关键词： 贫困人口　稳定脱贫　脱贫长效机制　陕西

党的十八大以来，党中央、国务院在全国范围内实施精准扶贫和精准脱贫，一场轰轰烈烈的脱贫攻坚战全面打响。消除贫困是全面建成小康社会的

---

[*] 胡清升，陕西省统计局总统计师、高级统计师，西安财经大学兼职硕士研究生导师，研究方向为经济、统计分析；党海燕，陕西省统计局科研所所长，高级统计师，目前挂职省扶贫办，研究方向为统计科研及数据分析。

基础和重要内容，在现行标准下，2020年实现农村贫困人口全部脱贫、贫困县全部摘帽，是我们党向全国人民立下的军令状，这个目标将使我国提前10年实现联合国2030年可持续发展议程确定的减贫目标。自2012年以来的6年时间里，中国贫困人口从9899万人减少到2018年底的1660万人，减少了8239万人，下降83.2%，年均减贫人口达1373万人。伴随农村贫困人口的大幅减少，贫困地区农民生活质量也发生明显改善，生产生活条件不断提高，这标志着我国的脱贫攻坚战已取得阶段性重要胜利。当前，在脱贫攻坚战的决胜时期，各级党委政府应更加重视脱贫稳定性问题，把防止返贫和贫困人口脱贫摆在同等重要的位置，尤其针对已脱贫人口，一定要持续巩固各项扶贫政策，加快建立稳定的脱贫长效机制，确保贫困群众实现高质量脱贫和稳定增收，有效防止边脱贫边返贫现象。本文以陕西为例，实证分析建立稳定脱贫长效机制的重要意义及对策建议，以期为党委政府决策提供参考。

一 建立稳定脱贫长效机制的重要意义

所谓稳定脱贫，实质上是一种更高层次的脱离贫困，是指贫困群众观念更新、自身发展动力充足、收入持续稳定，贫困村基础设施完善，社会保障体系健全，村舍人居环境明显改善，已脱贫群众的获得感不断提升的良好互动局面。脱贫后返贫主要受三方面因素影响。一是能力提升不够。在目标与任务的双重压力下，一些地方倾向于实行短期成效显著的物质投入式帮扶，把精准扶贫变成精准救济，对造成贫困的根源不做认真分析，不注重贫困人口自我发展能力建设和实用专业技术培训。有的贫困人口由于自身认识不足，也不愿意接受技术培训。二是灾病因素困扰。部分深度贫困地区生态环境脆弱，地质灾害频发，有的贫困地区因生产生活环境恶劣以及生活习惯问题导致地方病流行，容易出现"一旦受灾、快速致贫，一人生病、全家返贫"现象。三是存在"福利依赖"思想。部分帮扶单位在扶贫工作中对贫困户不加区分地给钱给物、大包大揽，有的地方甚至出现了扶贫资源过度供给的情况，客观上助长了部分贫困户的惰性和"等、靠、要"思想。防止脱贫后返贫，不仅需要立足当前，切实解决突出问题，更需要着眼长远，建立健全体制机制。

全面建成小康社会、实现第一个百年奋斗目标，最艰巨的任务是脱贫攻坚，这是一个最大的短板，也是一个标志性指标，稳定脱贫是脱贫攻坚的决定性一环。实现贫困人口稳定脱贫，是指贫困人口在实现"两不愁三保障"[①]的基础上，有基本稳定的经济收入，不会再返贫。这就要求在对贫困人口进行脱贫验收时，除了评估贫困人口的收入水平，还需要评估其收入来源的可靠性和稳定性。如果贫困人口的收入主要来源于各种临时性补贴，就不能算稳定脱贫，必须要有持续性的自我发展的能力，才能减少各类风险的冲击，尤其是要有制度性的社会保障措施来保证收入的稳定性和可持续性。因此，构建稳定脱贫的长效机制，不仅能够消除绝对贫困，有效促进贫困地区经济社会的稳定健康发展，而且也能够阻断贫困代际传递。同时，贫困具有长期性和动态变化的特征，构建稳定脱贫的长效机制，不仅可以提升打赢脱贫攻坚战的质量，还有助于2020年我国全面建成小康社会后，贫困地区经济社会的可持续稳定发展，减少相对贫困，从而实现全面建成小康社会。

二 陕西脱贫后返贫情况

党的十八大以来，陕西省委、省政府始终将脱贫攻坚作为头等重大政治任务和第一件民生工程，坚持精准扶贫精准脱贫方略，在现行国家扶贫标准下，全省农村贫困人口由2012年末的147.93万户483万人减少到2018年末的33.79万户77.55万人，贫困人口减少了114.14万户405.45万人，年均减少19.02万户67.58万人；贫困发生率由17.5%下降到3.18%，累计下降14.32个百分点，年均下降2.39个百分点。从贫困人口整体规模和贫困发生率上看，陕西与全国扶贫开发工作基本同步，减贫效果十分显著，全

---

① 到2020年稳定实现农村贫困人口不愁吃、不愁穿，农村贫困人口义务教育、基本医疗、住房安全有保障。

省脱贫攻坚工作取得了决定性进展,为全国的反贫困工作作出了重大贡献,也提供了有力支持。随着脱贫攻坚战不断深入,脱贫政策精准化不断提高,全省返贫人口逐年减少,脱贫质量稳步提升,返贫原因也呈现新的特点。

(一)精准脱贫质量稳步提高,返贫人口及比重逐年减少

扶贫相关数据显示,自2015年以来,除2016年受"双标"统一问题及贫困户数据清洗影响,返贫人口较大外,其他年份全省在脱贫难度不断提高的情况下,建档立卡返贫人口均大幅下降,整体呈现返贫人口不断减少的态势。2018年,全省返贫户556户,返贫1535人,比2017年分别下降88.0%和86.6%;比2015年的返贫户30288户,返贫97885人,年均下降24.5%和24.6%(见表1)。

表1 2015~2018年陕西省建档立卡贫困户返贫情况

单位:户,人

年份	2015	2016	2017	2018
返贫户数	30288	40526	4646	556
返贫人数	97885	122646	11434	1535

(二)因病、因残、因学、因灾、缺水、缺土地、缺技术、缺劳动力、缺资金成为返贫主要因素

2015~2018年,因上述九项因素而返贫的占当年返贫人口九成多,由于实施精准帮扶方略,返贫原因也呈现新特点、新变化。一是因病、因残返贫始终是返贫的主要原因,其中因病返贫一直居返贫因素首位。2018年,全省因病返贫214户,占比38.49%;因残返贫91户,占比16.37%。由于患病或残疾的返贫户,占全省返贫户的54.86%,因此进一步加强脱贫后患病人员及残疾人家庭的帮扶保障措施,是避免或解决历年脱贫户返贫的重要措施。二是因缺资金、缺技术返贫占比快速下降。数据显示,因缺资金、缺技术返贫户数占比由2015年的20.02%和17.95%,分别下降到2018年的

3.96%和8.27%。随着全省各项帮扶措施的全力推进，贫困户能按需求便捷获得贷款，技术培训也深入每一个贫困户，贫困户自身的"造血"功能不断增强。三是缺劳动力返贫占比呈上升趋势。数据显示，因缺劳动力而返贫的占比由2015年的9.96%，上升到2018年的19.42%，在2018年返贫原因中位居第2。随着各项扶贫政策的不断深入落实，有较强劳动能力的贫困人口已经基本实现稳定脱贫，剩余的贫困人口多是年老体弱的弱势群体，要在政策制定、项目资金安排等方面重点支持，妥善解决这部分特殊贫困人群的困难，是稳定脱贫的保障。四是缺土地、缺水返贫占比较小。自2015年以来，陕西省因缺土地、缺水返贫占比一直较小，2018年，因缺土地、缺水返贫的占比均为0.18%，与2015年的0.68%和0.35%相比，变化幅度不大（见表2）。

表2 2015~2018年全省建档立卡返贫户返贫原因一览

单位：户，%

返贫类型	2015年 户数	2015年 占比	2016年 户数	2016年 占比	2017年 户数	2017年 占比	2018年 户数	2018年 占比
全省合计	30288		40526		4646		556	
因病	8756	28.91	12358	30.49	1110	23.89	214	38.49
因残	3048	10.06	6287	15.51	728	15.67	91	16.37
因学	1336	4.41	2064	5.09	171	3.68	13	2.34
因灾	664	2.19	755	1.86	434	9.34	33	5.94
缺土地	205	0.68	122	0.3	9	0.19	1	0.18
缺水	105	0.35	56	0.14	3	0.06	1	0.18
缺技术	5436	17.95	4100	10.12	335	7.21	46	8.27
缺劳动力	3018	9.96	4353	10.74	1266	27.25	108	19.42
缺资金	6064	20.02	6420	15.84	271	5.83	22	3.96
其他	1656	5.47	4011	9.91	319	6.88	27	4.85

（三）三大区域返贫特征较为明显

一是关中、陕北、陕南地区返贫人口总体呈现快速下降趋势。其中关中、陕北返贫人口占当年全省返贫人口比重快速下降，陕南返贫人口占比呈现上升态势，2018年陕南返贫人口总户数占全省返贫人口总户数的82.91%，成为返贫的主要地区。二是关中、陕北、陕南返贫原因略有差异。2017年、2018年，关中、陕北返贫原因中因病、因残返贫始终位居第一、第二；陕南2017年、2018年返贫原因中前三位是因病、因残、缺劳动力，分别占返贫总户数的71.75%和78.27%，除因病、因残返贫外，陕南因缺劳力而返贫的问题更为突出（见表3）。

表3 2015~2018年三大片区建档立卡返贫户返贫情况一览

单位：户

返贫类型	2015年			2016年			2017年			2018年		
	关中	陕北	陕南	关中	陕北	陕南	关中	陕北	陕南	关中	陕北	陕南
返贫总数	13075	6489	10724	10469	15644	14413	1001	426	3219	40	55	461
因病	3752	2105	2636	3820	5703	2835	363	120	627	18	29	167
因残	1394	706	948	2371	2801	1115	235	82	411	9	10	72
因学	532	219	585	469	773	822	55	33	83	0	2	11
因灾	208	228	228	104	375	276	33	18	383	0	1	32
缺土地	93	83	29	16	82	24	1	0	8	0	0	1
缺水	83	7	15	8	14	34	0	0	3	0	0	1
缺技术	2575	916	1945	1025	1120	1955	104	44	187	7	7	32
缺劳动力	1149	826	1043	1031	2309	1013	127	72	1067	3	2	103
缺资金	2560	1161	2343	1164	2137	3119	57	49	165	1	3	18

从上述情况看，我们应该清醒地认识到，随着全国和全省脱贫规模越来越大，已脱贫人口中肯定会存在一部分收入水平不高、自我积累比较少、自我发展能力不够强、脱贫的基础不够牢固、返贫风险仍然比较大的情况，这需要引起各级党委政府的高度重视和警惕，如果不解决这部分人的稳定脱贫问题，全面摆脱贫困就无从谈起，脱贫攻坚的效果也将大打折扣。如何稳定脱贫，建立长效脱贫机制，将是当前和今后一个时期摆在脱贫攻坚工作中的一道难题和重大挑战。

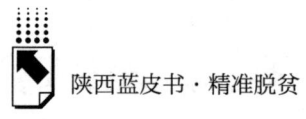

三 建立稳定脱贫长效机制的相关建议

当前，全国和陕西的脱贫均已接近尾声，脱贫攻坚工作已进入最为关键的攻坚期。但部分已脱贫人口仍然存在基础不够牢固，有返贫风险的问题；未脱贫人口中，因病因残因灾以及孤寡老人的占比较高，临界贫困问题及"悬崖效应"仍不同程度存在；个别深度贫困地区，产业发展基础薄弱，人才、科技、医疗、教育等方面的制约因素仍然存在，脱贫攻坚工作存在一定程度的不稳定性。扶贫工作应更加重视脱贫稳定性的问题，从而有效保证脱贫人口不返贫并可持续发展。为此，各级政府部门必须进一步加快研究建立稳定脱贫长效机制，聚焦重点群体、重点区域，分类施策，确保脱贫攻坚取得全面胜利。结合当前脱贫攻坚工作实际，并主要参考陕西存在的困难和问题，特提出以下建议。

整体思路：坚持系统思维，综合施策，标本兼治，通过建立完善稳定脱贫长效工作机制，确保2020年全部贫困人口脱贫摘帽后，成果全面巩固，质量持续提高，返贫有效防止，持续促进广大农村群众特别是贫困群体稳定增收致富，乡村振兴全面推进发展。

（一）脱贫攻坚要与现行政策措施相结合

脱贫攻坚是一项庞大的系统工程，需要各地、各部门协同作战，否则无法从根本上解决贫困问题，必须整合各类要素、各类资源，相互支持、相互配合形成有机整体，并找准载体，从而实现稳定的、可持续的脱贫。

1. 稳政策

要坚决执行"脱贫不脱政策"的工作要求，政策层面要留出一定的巩固期。要严格执行国家扶贫标准，既不能降低脱贫标准而影响扶贫工作质量；也不能擅自提高脱贫标准而影响扶贫效果，要在政策层面保持一定时期的相对稳定。如脱贫建档立卡人员还是属于贫困户，应能继续享受扶贫相关政策，而且脱贫后还要有巩固提升阶段，需要政策继续帮扶，直至达到稳定脱贫状态。

2. 兴乡村

"没有农村地区的脱贫，就没有乡村振兴"，贫困村是乡村振兴的艰中之艰、难中之难。要把乡村振兴作为农村地区发展与脱贫攻坚的重要措施，通过扎实推动乡村振兴战略，带动脱贫攻坚目标的实现；通过全面实施脱贫攻坚目标，促进乡村振兴的发展，形成互相促进、互为支撑的良性循环。要以产业发展为重点，合理布局重大项目，培育壮大优势产业，在提升整体发展水平中增加群众收入，取得脱贫攻坚实效。

3. 补短板

各地区、各部门要深入研究本地区、本部门脱贫攻坚工作的问题和短板，深入分析不同贫困群体的致贫原因和脱贫需求，坚持问题导向，针对不同问题和短板，综合施策，分类施策，用好各类社会保障救助措施，使各项政策措施的实施效果最大化。特别要关注因病返贫致贫现象，进一步加大大病救助和保障的力度，强化各项医疗救助措施，全面推广签约家庭医生制度，不断扩大医保药品的使用范围等，努力为贫困人口看病就医提供方便，减少贫困户医疗实际支出，切实解决看病难、看病贵问题。同时，也要支持更多贫困家庭依靠教育改变贫困面貌，提高劳动附加值，从而彻底阻断贫困代际传递。

（二）强化脱贫攻坚体制机制建设

经过长时间的努力，我国已经建立了相对完善的精准扶贫体制机制，但是随着脱贫攻坚工作的不断深入和拓展，有些制度规定已明显无法适应并满足稳定脱贫的任务要求，因此，需要进一步完善脱贫攻坚体制机制，为长期稳定脱贫提供制度保障。

1. 建立常态化返贫工作预警监测机制

一是由扶贫部门组织牵头，充分发挥脱贫攻坚大数据平台作用，进一步加强与教育、卫生、民政、住建、水利、林业等部门数据的共建共享、互联互通，建立返贫风险预警机制，对有致贫和返贫风险的"边缘户"和"脱贫监测户"实施动态监测跟踪，如发现有致贫或返贫迹象，立即启动应急机制，有针对性地采取帮扶措施，遏制其致贫或返贫。二是全覆盖常态化开展"回头看""回头帮"。建立基层跟踪回访制度，巩固脱贫攻坚取得的阶段性成果，继续激发贫困群众内生动力，切实防止返贫。三是持续加大贫困地区公共服务和基础设施建设。坚持推进贫困地区的水、电、路、气、房和环境建设，继续实施各项民生工程，保障脱贫人口的住房、基本教育、医疗卫生和就业。总之，就是要坚持脱贫攻坚和防止返贫并举，坚持脱贫不脱帮扶、脱贫不脱政策、脱贫不脱项目、脱贫不脱监管，稳定脱贫成果，帮助贫困人口走上自我发展的道路，提高脱贫减贫质量。

2. 进一步完善分类救助政策

一是继续实施健康扶贫政策，完善基本医保、大病保险等相结合的医疗保障体系，特别是对患大病和慢性病的贫困人口，要进行分类救助，通过降低住院起付线、提高大病保险报销比例等措施，实施更加精准的扶贫，让"一人得大病，全家陷贫困"的现象不再发生。二是完善教育扶贫政策，加大教育扶贫实施力度，全面落实贫困家庭学生补助政策，扩大贫困学生资助范围，提高资助金额，防止因学致贫、因学返贫现象发生。

3. 巩固强化兜底保障体系

要将兜底保障作为脱贫攻坚的最基本防线，进一步整合农村低保政策和有关扶贫政策，形成统一、衔接的政策体系；进一步完善各项社会救助政策体系，强化社会保障的稳定脱贫机制。目前的贫困人口中，因病、因残、高龄老人等特困群体占比较高，大多数需要依靠特惠性的兜底政策才能脱贫。一要建立综合保障体系对特殊群体实施兜底式扶贫。二要不断完善社会保障体系，逐年提高农民的基础养老金、低保线、五保线和医疗保障水平。三要做好低保和特困人员包括生活困难的老年人、重度残疾人、重病患者等的基本生活保障。四要强化政策兜底，对不能用就业帮助或产业扶持脱贫的人口，由政府实行政策兜底，保障其基本生活。

4. 切实提高脱贫质量

为确保2020年圆满完成脱贫攻坚任务，避免低质量脱贫情况发生，应在脱贫质量上下足功夫。一是坚决执行国家退出标准，对贫困户脱贫、贫困村退出、贫困县摘帽进行严格验收，杜绝"数字脱贫"。二是合理配置人员力量。要进一步完善脱贫攻坚工作机制，确保扶贫工作人员不散、工作不断、力度不减。要坚持第一书记制度，为贫困村选派好、用好第一书记；坚持驻村工作队制度，进一步加强驻村工作队力量，协助村两委全面推进帮扶责任和各项帮扶措施的落实，保证所有贫困人口有人管、有人扶、有人帮。同时，出台相关保障措施，加大脱贫退出督查巡查力度，确保脱贫退出更加规范精准、更加稳定高质量。

5. 研究解决新问题

要紧跟脱贫攻坚形势变化，不断加大对收入水平略高于建档立卡贫困户群体缺乏政策支持等新问题的研究解决力度，提高临界群体整体抗风险能力，提升脱贫质量，降低返贫比例。

（三）产业发展是实现稳定脱贫的根本之策

习近平总书记指出："发展产业是实现脱贫的根本之策。要因地制宜，把培育产业作为推动脱贫攻坚的根本出路。"脱贫攻坚的核心是扶持产业、推动产业发展。扶贫工作的关键是要抓住产业培育这个核心问题，把产业培育作为脱贫攻坚的重要抓手，把拓展农业功能和精准扶贫结合起来，把市场主体和贫困群众结合起来，建立利益联结的互利互惠机制，让老百姓，特别是贫困群众在拓展农业功能中得到实惠，在产业发展中分享收益，依靠产业的不断壮大，推动农村经济的持续发展，保障农民收入不断增长、贫困户实现真正脱贫。

1. 科学谋划产业扶贫项目

从根本上说，脱贫攻坚主要靠产业发展。没有产业的发展，就没有持续、稳固的脱贫。脱贫攻坚的关键是选准、选好产业。脱贫攻坚中选择产业要把握几点原则。一要充分考虑当地自然条件和资源禀赋，坚持宜商则商、宜工则工、宜农则农，坚决不搞跟风开发。针对贫困村的实际，实行"一村一品""一村一业"的产业扶贫政策，通过扶持，形成特色优势产业群、产业链。二要坚持"布局区域化、经营产业化、生产标准化、发展规模化"的发展思路，引导广大农民特别是贫困群众大力发展既有优势资源，又符合市场需求的优势产业；同时，要科学规划、合理布局，推动关联产业聚集，形成配套优势、规模优势。三要充分考虑当地种养习惯和产业基础，不断升级不适应市场需要的老产业，创新发展新业态、新产业。四要高度关注贫困人口参与程度较高、受益面较广的产业扶贫项目，从规划、政策、资金等方面对特色主导产业加以扶持和引导。同时，因势利导，大力发展农产品加工业，不断增加贫困人口非农产业收入。

2. 培育新型农业市场主体

贫困地区的脱贫攻坚，必须依靠发展和培育具有较强市场竞争能力、具有一定超前技术水平、具有较高带动意愿和能力的新型农业市场主体。要通过新型农业市场主体不断吸纳贫困人口，为贫困人口提供成熟、稳定的就业机会，稳定增加贫困人口收入，提高贫困人口脱贫致富能力。一要立足本地实际，发展和培育龙头企业。要在精选项目的基础上，加大政策引导、人力和资金扶持等，努力发展和培育符合当地产业布局、有利于发挥区域优势的龙头骨干企业，带动相关企业集群发展。二要充分发挥好龙头企业的带动优势，推动农户与龙头企业的融合合作，吸收贫困人口参与龙头企业和优势产业的发展，带动贫困地区整体加快发展。三要进一步优化营商环境。要通过不断加大营商环境治理，打造优良的创业和发展环境，吸引优势龙头企业落地生根，吸引本地流出务工人员、本地毕业大学生等能人回乡创业，促进县域经济发展。

3. 建立健全利益联结机制

发展产业扶贫不同于在贫困地区发展产业，其关键是要打造扶贫产业和贫困人口利益共同体，通过建立扶贫产业和贫困人口之间的利益关联机制，使扶贫产业和贫困人口共生共荣，同发展、共致富，实现企业稳定发展，贫困群众稳定增收、稳定脱贫。脱贫攻坚是一场艰苦的歼灭战，产业扶贫必须坚持持之以恒、久久为功，必须坚持科学规划、市场运作、互利共赢。要关注各方利益的均衡，要在贫困户与龙头企业、合作社等市场主体之间建立科学的运作机制，既要处理好龙头企业、合作社等市场主体与贫困人口之间的利益关系；又要尊重市场、坚持公平，依法保障龙头企业、合作社等市场主体的生产经营权和受益权，实现龙头企业、合作社等市场主体和贫困人口的合作共赢。

4. 加快农村"三变"改革步伐

资产收益是贫困人口收入的重要来源，具有长期、稳定、可持续的特点。贫困群众一般都有固定的土地、林地、闲置房产等资产，但其资产的利用、增值能力较差，无法带来可观的有效收入。要利用市场化、股权化的方式，引导贫困人口将自有资产、扶贫资金等流转出来，以股权的方式投入扶贫产业、重点龙头企业、合作社等，从而在企业经营中得到稳定、可持续的股权收益。一要推动互助资金和合作社的充分融合。利用"三变"改革之机，把互助资金以"股份"的形式注入合作社，既可保障合作社的资金来源，降低合作社融资成本；又可保证贫困户有持续、稳定的收入来源。二要加快推广"新型农业市场主体+合作社+基地+龙头企业"的产业扶贫模式，将贫困户带入新型农业市场主体、合作社、龙头企业等市场主体的利益链；同时，制定老、弱、病、残等特殊贫困群体的利益补偿机制，关注特定弱势群体的利益，实现利益均衡，形成收益动力机制。三要形成鼓励脱贫的机制。制定奖励、激励政策，鼓励达到脱贫标准的人员主动脱贫，激发贫困群众脱贫致富的内生动力。

5. 提升产业扶贫质量和水平

提升产业扶贫脱贫质量和水平是提升脱贫攻坚整体质量和水平的关键。实践证明，在一定程度上说，产业扶贫质量决定脱贫攻坚的质量和水平。一要调整和升级产业扶贫结构，进一步提升贫困地区特色产业增收的比例。二要尽可能延长扶贫产业链，提升产业附加值，这是质量提升的基础。三要克服扶贫产业选择短期化行为，避免很多贫困地区产业扶贫中，因脱贫攻坚任务所迫，而选择短期化的扶贫项目和产业，造成产业发展后劲不足，脱贫的质量低，稳定性差。同时，还要千方百计地提升产业扶贫的易贫度和参与度，克服产业发展了，减贫效果低于经济发展速度或者贫困人口的收入和能

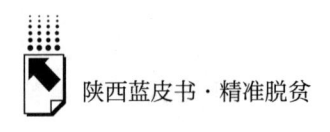

力提升低于给非贫困人口带来好处的问题。

6. 建立长效保障服务机制

一要充分调动政府、金融机构、科研机构、企业等各级社会力量参与到产业扶贫工作中,形成多方联动的产业扶贫机制,以确保产业扶贫项目建得好、管得好、稳得住,可持续。二要实施有针对性的产业扶持。充分利用贫困地区的地域优势、资源禀赋、生态环境、人文历史等特点,因地制宜发展产业,针对不同产业,实施个性化产业扶持政策。三要建立新型产业融合发展机制。积极推动"农业生产+农产品加工+包装+营销"的产业一体化发展模式,拓宽农民增收渠道。四要建立科学合理的农业补贴政策、扶贫产业项目贷款政策等,结合"三变"改革,探索将贫困户的农业补贴、扶贫产业项目贷款整合为扶贫产业的"股份",以实现各项扶贫政策的综合效益最大化。

(四)激发贫困人口内生动力

贫困群众是脱贫的主体,其主观意愿对于稳定脱贫起着至关重要的作用,只有这个群体自身的积极性和创造力迸发出来,全面脱贫才能早日实现,贫困问题也才能得到根本解决。

1. 提高贫困人口素质

扶贫先扶志,治穷先治愚。各级政府和部门应因地制宜、因人施教,加强对贫困地区贫困人口的基本文化素质和劳动技能培训,把好的农业技术引进来、推广好、发展好,提高贫困人口种养水平,增强其自我积累、自我发展的能力。通过培训和开发,提升贫困人口综合素质和脱贫意愿,使他们由被动救济到主动脱贫,由不会脱贫到有能力脱贫。同时,大力实施贫困农民工培训计划,提升贫困人口的实际就业能力,拓展就业渠道,提升就业机会,努力实现贫困人口中的富余劳动力再就业。

2. 志智双扶激发动力

通过培育新风、正面激励、反向约束、"授渔"工程等多种形式,坚决破除陈规陋习,综合整治不良风气,全面提升贫困群众劳动技能,增强脱贫增收本领，引导克服"等靠要赖懒"思想，激发贫困群众内生动力，变"要我脱贫"为"我要脱贫"，切实增强主动脱贫的积极性。

3. 强化政策宣传引导

一是加大政策宣讲力度。有针对性地加强对精准扶贫以及脱贫政策的宣讲，用通俗易懂的语言，以广播、电视、文化墙、宣传画等传统媒体以及微信微博等新媒体为载体，加强政策宣讲，让党的扶贫政策入脑入心。二是树立正能量典型。让身边人讲身边事，用身边事教育身边人，让贫困群众学有榜样，赶有方向，激发他们脱贫致富的信心。三是通过小品、快板等群众喜闻乐见的文艺演出形式，进一步加强扶贫政策的宣传，既丰富贫困群众的精神生活，也提高扶贫政策的知晓度。

4. 筑牢稳定脱贫机制

要通过正确引导，激发贫困群众的主人翁意识，使其从被动脱贫变主动脱贫，降低贫困群众对脱贫攻坚政策的依赖性。要不断健全完善基层党组织，提升基层党组织的战斗堡垒作用，把会管理、懂经济、熟悉农村、了解农民的干部充实到农村基层领导岗位上来，充分发挥"第一书记"和帮扶责任人的作用，发挥好优秀基层党员领导干部在脱贫攻坚中的引领作用、表率作用和先锋模范作用。

5. 提升乡村治理能力

贫困地区的脱贫攻坚更需要融合乡村振兴战略。乡村振兴战略，精准脱贫是基础，发展产业是巩固成果，建设美丽和谐乡村、强化乡村自治能力是最终目的。要完成上述目标，都需要强有力的人才队伍做支撑，要依靠农民自身，不断增强群众发展生产的信心和参与治理的积极性。同时，要强化对群众自力更生意识的引导和培育，提高勤劳致富传统文化思想的传承，并注重知识教育与传统文化等扶贫脱贫内在动力机制融合建设，从而促进贫困群众思想观念转变，自我发展和生产能力提高，保证脱贫成效长久稳固，贫困村落真正实现乡村振兴。

"路漫漫其修远兮，吾将上下而求索"，脱贫攻坚越往后，越是难啃的"硬骨头"，脱贫难度越大。在后期脱贫攻坚工作中，我们一方面要稳扎稳打，一步一个脚印，切实保证各项脱贫攻坚政策措施落到实处，让更多贫困户享受到政策红利，从而早日脱贫；另一方面，对已脱贫人口要坚持扶上马再送一程，让他们的"造血"功能持续稳固强大，从而实现彻底脱贫。"积少成多，风雨兴焉"，让我们从一点一滴做起，从一户一户抓起，积小胜为大胜，全面打赢脱贫攻坚战，早日实现广大农村全面脱贫和乡村振兴。

参考文献

中共中央党史和文献研究院：《习近平扶贫论述摘编》，中央文献出版社，2018。

刘永富：《中国减贫成绩单：40年减贫七亿多人》，改革开放与中国扶贫国际论坛，2018年11月1日。

江泽林：《精准方略下的稳定脱贫》，《中国农村经济》2018年第11期。

李小云：《脱贫摘帽重在不返贫》，《人民日报》2018年8月26日第5版。

黄承伟：《建立健全稳定脱贫长效机制》，中国扶贫，2019年1月15日。

廖海亚：《建立健全稳定脱贫长效机制》，《人民日报》2019年2月14日。

李永红、张娟娟：《产业扶贫是稳定脱贫的根本之策》，《陕西日报》2019年6月10日。

《一图读懂新中国70年减贫成绩单》，《经济日报》2019年10月3日。

B.4
陕西巩固脱贫成果面临的主要困难及对策研究[*]

罗丞 冯煜雯 赖作莲[**]

摘 要： 陕西脱贫攻坚已经进入决战决胜阶段，随着摘帽贫困县的逐渐增多，巩固提升脱贫成果成为不可回避的重大任务。陕西巩固提升脱贫成果面临的主要困难包括疾病、灾害成为返贫和新增贫困的主要推手，边缘人口存在陷入贫困的风险，产业和就业增收不稳定，村集体经济带动脱贫增收的能力比较薄弱，基础设施支撑作用不足以及地方财政压力大。下一阶段，陕西应当在打牢产业就业基础、管好用好基础设施、大力发展农村集体经济、强化稳定脱贫内生动力和化解地方财政压力等方面持续发力。同时，继续认真落实保障性政策，强化要素保障，建立完善预警监测和分类帮扶机制，加强领导，完善考核，巩固提升脱贫攻坚成果。

关键词： 脱贫成果 脱贫攻坚 陕西

---

[*] 本文为国家社会科学基金项目"西部地区农村脱贫人口可持续生计研究"（项目号为17BRK003）和陕西经济社会发展研究重大课题"贫困县摘帽后巩固脱贫成果面临的主要困难及对策"（项目号为19SXZD09）阶段性成果。
[**] 罗丞，陕西省社会科学院农村发展研究所副所长，研究员，研究方向为区域减贫与农户生计、乡村振兴理论与实践；冯煜雯，陕西省社会科学院农村发展研究所助理研究员，博士，研究方向为管理科学与工程；赖作莲，陕西省社会科学院农村发展研究所副研究员，博士，研究方向为农业经济管理。

当前，脱贫攻坚已进入决战决胜阶段。2017年，陕西延长、横山、定边、佛坪4个贫困县（区）首批实现脱贫摘帽，退出贫困县序列，使全省贫困县数量第一次出现净减少。2018年，长武、宜川、镇坪等23个县（区）达到脱贫退出条件，退出贫困县。按计划，全省剩余29个贫困县将于2019年底全部退出。随着摘帽贫困县的逐渐增多，巩固提升脱贫成果已经成为不可回避的重大任务。

一 陕西巩固提升脱贫成果的基本态势

（一）脱贫攻坚取得决定性进展

农村贫困人口大幅度减少，贫困发生率显著下降。2014年全省建档立卡贫困人口141.98万户460万人，贫困发生率17.65%。经过四年的持续努力，2018年贫困人口下降至33.79万户77.55万人，贫困发生率降至3.18%。除汉中、安康、商洛三市贫困发生率还高于3%外，其他市和杨凌示范区均已低于3%。

贫困地区群众收入大幅提高。2018年，全省贫困户人均纯收入5500元，已远超过家庭年人均纯收入3100元的扶贫标准；脱贫户人均纯收入达到7200元，已相当于全省农村居民人均可支配收入的64.21%。脱贫攻坚不仅直接提高了贫困人口的收入，而且促进非贫困人口的收入增长。2018年，全省贫困地区农村居民人均可支配收入10267元，是2014年的1.47倍，年均增长10.2%，比全省农村居民增速快1.16个百分点。

（二）巩固提升脱贫成果已经成为紧迫任务

从增量来看。返贫人口、新增贫困人口对打赢脱贫攻坚战构成严重挑战。在每年实现大规模减贫的同时，仍有部分脱贫人口返贫和新增贫困人口。2017年全省返贫4646户11434人，新增贫困人口10741户

29114 人；2018 年全省返贫 556 户 1539 人，新增贫困人口 3732 户 8547 人。

从存量来看，2012～2018 年，全省已脱贫 405 万人，但这其中还有部分群众脱贫状态并不稳定，迫切需要后续跟踪帮扶。

从思想认识来看，部分地区对巩固提升脱贫攻坚成果重要性的认识还不到位，有的县在摘帽后，存有松口气、歇歇脚、"一脱了之"的倾向。

（三）疾病、灾害、残疾和缺劳力成为返贫和新增贫困的主要原因

2018 年，全省返贫农户 556 户。按照原因依次排序为，因病返贫 322 户（占比 57.91%），因灾返贫 132 户（占比 23.74%），因残返贫 71 户（占比 12.77%），缺劳力返贫 15 户（占比 2.7%），因学返贫 11 户（占比 1.98%），缺技术返贫 3 户（占比 0.54%），交通条件落后和自身发展能力不足返贫各 1 户（占比 0.18%），疾病、灾害、残疾和缺劳力成为返贫的主要原因（见图 1）。

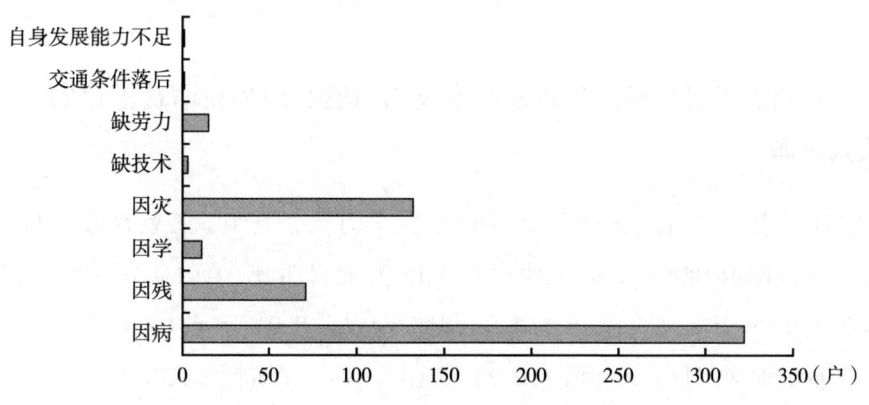

图 1　2018 年全省返贫户返贫原因情况

2018 年，全省新识别贫困农户 3732 户。按照原因依次排序为，因病致贫 1232 户（占比 33.01%），缺劳力致贫 870 户（占比 23.31%），因残致贫

691户（占比18.52%），因灾致贫304户（占比8.15%），交通条件落后致贫292户（占比7.82%），缺技术致贫152户（占比4.07%），缺资金78户（占比2.09%），因学致贫55户（占比1.47%），自身发展能力不足致贫29户（占比0.78%），其他原因致贫23户（占比0.62%），缺土地和灌溉（饮用）水致贫各3户（占比0.08%），疾病、缺劳力、残疾、灾害、交通条件落后和缺技术成为新识别贫困的主要原因（见图2）。

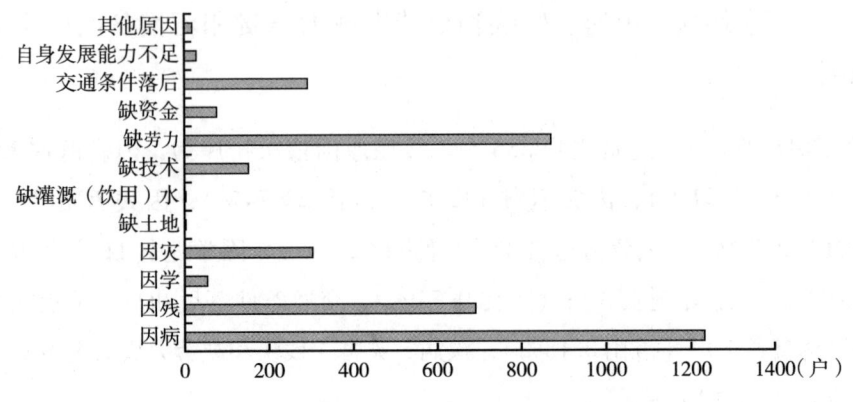

图2 2018年全省新识别贫困户致贫原因情况

（四）工资性收入和转移性收入成为返贫户和新增贫困户的主要收入来源

2018年，全省返贫户人均年收入0.47万元，其中，工资性收入0.22万元（占比46.80%），转移性收入0.15万元（占比31.91%），生产经营性收入0.09万元（占比19.15%），财产性收入0.01万元（占比2.13%）。全省新识别贫困户人均年收入0.38万元，其中，工资性收入0.17万元（占比44.74%），转移性收入0.14万元（占比36.84%），生产经营性收入0.06万元（占比15.79%），财产性收入0.01万元（占比2.63%）。工资性收入和转移性收入成为返贫户和新增贫困户的主要收入来源，财产性收入较少（占比不足5%）（见图3）。

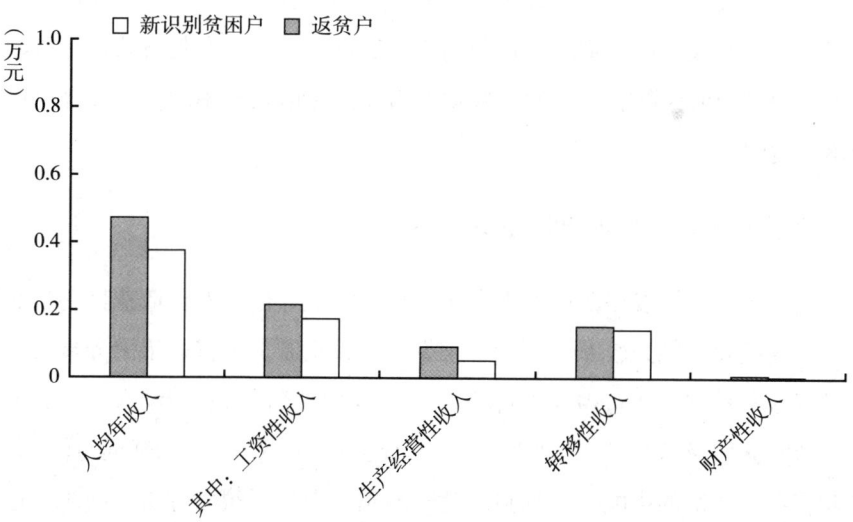

图3 2018年全省返贫户和新识别贫困户收入来源

二 陕西巩固提升脱贫成果面临的主要困难

(一)疾病、灾害成为返贫和新增贫困的主要原因

2018年全省因病致贫按贫困户统计占比18.86%,按返贫人口统计为58.09%,按新增贫困人口统计为34.16%,疾病对返贫、新增贫困的影响最为突出。随着脱贫攻坚工作的深入推进,全省因灾致贫的比重逐渐降低,但是对于返贫户和新增贫困户而言仍然是位居第二和第四的致贫原因。2018年,全省贫困户中因灾致贫占比1.42%,在返贫人口中因灾返贫的比例却高达23.74%,新增贫困人口中因灾致贫的比例也高达8.15%。

(二)收入略高于贫困线未纳入建档立卡的边缘人口存在陷入贫困的风险

在现行脱贫攻坚政策体系下,各种政策、资金支持主要针对建档立卡贫困户，而对收入略高于贫困线未纳入建档立卡的边缘人口，即使遭遇疾病、灾祸等意外事故，已面临陷入贫困的严重风险，也无法在其被认定为贫困户之前，得到及时帮扶，从而使一些本有希望避免陷入贫困的群众，最终成为新增贫困户。

（三）产业、就业增收还不稳定

脱贫攻坚扶持发展的产业中大多为农业产业，但是农业产业抵御自然灾害和市场风险的能力较差。例如，苹果产业带动脱贫致富效果十分显著，但苹果产区容易遭受冰雹霜冻等自然灾害。部分农产品价格波动大直接影响增收，镇安县白及价格2015年为200元/斤，而2018年仅为30元/斤。养殖产业容易受疫情的影响，非洲猪瘟就对养猪业造成了很大冲击。同时，还存在产业结构较单一、同质化趋向明显，产业竞争力弱等问题，势必影响产业持续发展。

由于工资性收入在贫困户中占比较高，但外出务工收入直接受制于宏观经济发展状况，近几年的经济波动已经对务工收入造成不利影响。此外，随着市场形势逆转，在当地发展起来的纺织、电子产品加工行业的社区工厂吸纳的就业人数也在下降。

（四）基础设施支撑作用不足

一些镇村公路由于建设标准偏低，路面狭窄，既影响通行，又使道路容易因车辆多和负荷重而损坏。部分地区镇村公路不同程度存在"油返砂"、塌陷等问题。受农村电力线路供电能力的限制，虽然农户生活用电基本可以保证，但是一些村的动力电还无法正常使用。一些偏远地区，网络还没有完全覆盖，信号较差；因自然灾害诱发基础设施损毁问题突出，特别是陕南山大沟深，地形构造复杂，立地条件差，汛期洪涝、滑坡、泥石流等地质灾害频发，贫困山区修好的道路、饮水设施、电力电网设施随时可能遭受损坏。值得特别重视的是，基础设施后期维护、管理运行费用较高，但目前尚没有足够的基础设施管护资金。

（五）村集体经济带动脱贫增收的能力还较薄弱

目前贫困村集体经济普遍发展薄弱，还难以起到对群众增收的带动作用。贫困村成立的互助资金协会和集体经济合作组织，全部为财政注册资金，缺乏自我运营能力。大多数村缺乏有魄力的带头人、富有前景的产业项目和必要的资金支持，发展村集体经济难度大。

（六）地方财政压力大

目前，陕西省各贫困地区地方财力薄弱，从贫困县到摘帽县，各县在发展扶贫产业、基础设施建设等方面，资金投入很大，面临着还欠账的巨大压力。以延长县为例，扶投公司实施 83 个贫困村基础设施建设项目向国家开发银行贷款 4 亿元，偿还本息压力大。此外，县级财政扶贫配套资金往往无法落实，可持续脱贫财政难以维系。

三　陕西巩固提升脱贫攻坚成果的实践探索

近年来，全省多数县（区）能够坚持"两手抓"，一手抓脱贫攻坚，一手抓巩固提升脱贫攻坚成果，因地制宜，大胆创新，探索出了一些行之有效的经验做法。

（一）把医疗卫生作为巩固脱贫基本保障

针对因病、因残致贫返贫人群，因人施策，兜底补短，从根本上阻断贫困蔓延。一是强化医疗扶贫。汉滨区全面实施"团队签约、责任到人、挂牌公示、上门服务"的健康扶贫模式。宜川县为贫困户购买"五大保险"，全面推行"1+1+1"（与 1 家社区医院、1 家县级医院、1 家市级医院签约）健康扶贫模式。二是对丧失劳动能力和"鳏、寡、孤、独、痴、残"六类特殊人群实行兜底保障，全面做好摸底排查、分析研判、动态调整。三是创新综合保障措施。宜川县在防止返贫工作中推行了"助农保"农业生产综合保险，镇安县为农户购买了农业综合保险，有效提升了农民家庭经营的抗风险能力。

（二）把发展产业提升质量作为稳定增收根本保证

结合当前脱贫目标与长远经济发展，因地制宜，因时制宜，推动特色产业蓬勃发展。一是推进"3+X"特色产业，加快苹果"北扩西进"，猕猴桃"东扩南移"，打造沿黄公路、富阎一体、榆林大漠、延安山地和秦巴山区"五大设施板块"，支持以良种繁殖、奶源基地和乳品加工为主的羊乳全产业链建设。二是采取党支部、企业、基地、合作社+贫困户等多种形式，带动贫困户发展产业。通过股份合作、订单帮扶、生产托管等方式，推动贫困户与经营主体建立稳定、紧密、互利的利益联结关系。汉滨区探索出"村有四式、户有八法"产业帮扶模式。平利县明确"四个强化""四个挂钩"，实现市场主体发展壮大与贫困户脱贫致富互利双赢。三是开发农业多功能，拓展新产业新业态，推进旅游、电商、光伏与农业产业深度融合，搭建县、镇、村三级电子商务服务体系。汉滨区设立集积分兑换、便民购物、网上代购代销、农资提供、信息咨询等功能于一体的电商服务中心，有效缓解了群众的卖难买难。

（三）把就业创业作为巩固脱贫重要手段

坚持把就业扶贫作为长效脱贫和巩固脱贫成果的主要手段，充分发挥民营企业、扶贫基地、社区工厂等的带动作用，保障符合条件且有劳动能力的建档立卡贫困户每户至少有1人稳定就业。一是建立社区工厂，让贫困群众实现就地就近就业。安康市建成集群化毛绒玩具产业重要加工基地，让1672名贫困人口实现就业。二是劳务输出、技能培训促进就业增收。紫阳县建立贫困劳动力输入与输出地协作机制，建立跨区域劳动力供求信息采集和发布制度，实现人力资源信息共享，打通务工就业直通车。三是设置公益性岗位。针对无法离乡、无业可扶、无力脱贫的贫困劳动力，建立"三无人员+公益性岗位"安置就业模式。

(四) 把贫困村组道路建设作为巩固脱贫基础支撑

汉滨区抢抓"四好农村路"建设历史机遇，加快贫困村组道路建设，把绿水青山转变成金山银山，将资源优势转换成经济优势。一是筹集资金，破解村组道路建设瓶颈。整合涉农扶贫资金，积极向银行贷款支持村组公路建设，累计筹集专项用于贫困村组道路建设资金6.7亿元。二是优化管理，创新项目推进建设机制。坚持提前着手，及早核定项目，及早下达投资计划；坚持项目统一设计，工程打捆招标，质量统一检测；实行差别化资金补助，镇办统筹调控使用追补资金；采取"限时限地开采、限点限价供应"办法，破解原材料供不应求、价格虚高的瓶颈。三是创新机制，护好公路建设成果。开发公益性岗位1132个，全面推行"公益性岗位+公路养护"模式。建立路政、运政、交警、安监等部门联合执法的路产路权保护机制，严厉打击侵占、破坏公路建设成果的涉路违法行为。

(五) 把壮大集体经济作为巩固脱贫主要抓手

通过"联村党委+""党支部+"等模式，积极推进农村资源变资产、资金变股金、农民变股民。加快农村集体产权制度改革，开展农村集体经济"破零"行动，建立村级集体经济稳定增长长效机制。通过土地流转、托管托养和土地经营权入股等方式，带动贫困户增收。汉滨区针对无资源、无资产又地处偏远的集体经济薄弱村，探索出异地置业扶贫新模式，镇安县实行"三带四联"脱贫机制，长武县实行"三变三补"光伏扶贫模式。

(六) 把工作机制创新作为巩固脱贫关键一步

为了巩固脱贫成果、防止返贫，各地规范和严格脱贫退出标准和程序，严守陕脱贫发〔2017〕21号规定的"五个不得退出"，坚持"三个不脱"，脱贫不脱政策、脱贫不脱帮扶、脱贫不脱责任。镇安县实施"户分三类、精准帮扶"，汉滨区实行更加严格的"九不脱"，横山区设定三级预警，将返贫级别划分为"红、黄、蓝"三个等级，根据预警级别进行"帮、扶、引"三类救助;平利县实施贫困户"红、黄、绿"清单制度,发现问题由镇党委书记带队逐户逐项整改,直至整改到位变为绿色。

四 巩固提升陕西脱贫成果的措施与建议

巩固脱贫攻坚成果工作,必须坚持以下基本原则。一是提升质量是前提。严格执行"两不愁三保障"要求,确保返贫人口和新增贫困人口不愁吃和不愁穿,保障他们的后代接受九年义务教育,保障他们基本医疗需求、基本居住条件和饮水安全,既不降低标准,也不吊高胃口。二是落实"四个不摘"政策是基础。对已摘帽县和出列村不摘责任、不摘政策、不摘帮扶、不摘监管。对2014年以来,尤其是脱贫攻坚战以来的脱贫户要严格落实"攻坚期内脱贫不脱政策",做到政策落实不改变、结对帮扶不脱钩、收入监测不间断。三是建立创新机制是关键。要强化带贫益贫长效机制,认真落实保障性政策,提升扶志扶智实效,强化稳定脱贫支撑条件和组织基础,建立防止返贫长效机制。形成完善"造血"功能、改造"输血"机制、健全"失血"救助的工作格局,确保贫困现象不反弹,脱贫群众不返贫。四是完善政策是保障。在做好防止返贫工作的同时,要及时把控制新增贫困纳入议事日程,合理确定收入水平略高于建档立卡贫困户标准,建立多部门联动的快速识别、反应和处置机制,补齐政策短板,不能顾此失彼。

(一)具体措施

1. 进一步打牢产业就业基础,增加稳定脱贫收入来源

继续推进农业供给侧结构性改革,大力实施农业特色产业"3 + X"工程,夯实扶贫产业发展基础。强化分类指导,大力支持秦巴山片区、六盘山片区、吕梁山片区和白于山片区培育壮大能够发挥资源优势、比较明晰、贫困户深度参与的区域性特色产业。支持脱贫户配套生产经营设施,建设高标准种养业基地,实现长短结合特色产业项目全覆盖。加大对龙头企业、专业合作社等新型经营主体扶持力度,增强带贫益贫的能动性。支持带贫主体组

织推行"借还+"等模式,与集体经济、农户建立紧密的利益联结机制。积极培育优质农产品品牌,加大电商扶贫力度,大力推广"农超对接、农企对接、农社对接、农校对接",建立农产品稳定的销售渠道。通过发展各种形式农业社会化服务,实现小农户与现代农业发展有机衔接。坚持生态优先、绿色发展,充分利用经济薄弱地区自然、生态和文化资源,挖掘农业多种功能,推进农业与生态、旅游、文化、健康养老等产业深度融合,培育壮大新产业、新业态,加快形成农村一二三产业融合发展的现代产业体系。

以解决目前劳务输出组织化程度不高、就业能力不强和务工收入低为重点,确保有劳动力的贫困家庭至少1人稳定就业。加强有组织劳务输出,发挥苏陕扶贫协作和大行业、大企业吸纳劳动力的优势,完善劳务输出精准对接机制,使有组织劳务输出达到劳务输出总量的一半以上。打通职业教育与普通教育、继续教育的衔接通道,加大有针对性实用技能培训。人社、农业农村、扶贫等部门联合组织开展好"订单培训",确保更多务工人员掌握技术含量相对较高的实用技能,帮助他们掌握"一技之长"。推广实训基地做法,把农业技术培训办到田间地头、果园、大棚、猪舍、牛舍、羊舍,把就业技能培训办到工厂车间。积极拓展就业渠道,建立多元就业体系,进一步拓展本地企业吸纳、能人大户带动等就业渠道。强化易地扶贫搬迁后续措施,大力兴办社区工厂、扶贫车间,培育就业扶贫基地,妥善解决搬迁群众稳定就业,确保搬迁劳动力具备就业能力和就业条件。坚持创业带动就业,支持各地依托现有场地和各类园区建立农民工创业园区,鼓励农民工返乡创业、当地能人就地创业、贫困(低收入)劳动力自主创业,不断拓宽就业渠道。开发更多公益性岗位,优先安置残疾或不便远出的低收入群体,确保就近就地就业比例大幅提高。

2. 管好用好基础设施,构建稳定脱贫支撑条件

坚持规划先行,继续实施贫困地区农村道路畅通工程,解决行路难、运输难的问题。加快实施贫困县农村饮水安全巩固提升工程,着力提高农村集中供水率、自来水普及率、供水保证率、水质达标率,全力保障贫困地区群众饮水安全。加快贫困地区电力基础设施改造升级,全面提升农网供电能

力。加快贫困地区农村信息化建设，实现贫困村宽带网络全覆盖。统筹推进教育、卫生、体育、文化等公共服务设施建设，推动贫困地区基本公共服务均等化。有条件的地区可统筹考虑，整合资源对基础设施和公共服务薄弱的非贫困村给予适当帮扶和支持。

建立以各级财政为主体，以涉农整合资金和财政专项扶贫资金为主要来源，以村级集体经济积累和社会捐助等为补充的村级基础设施管护专项资金，主要用于农村公共基础设施的维修、养护，确保资金正常运行。

加强基础设施运营和维护，确保基础设施产权清晰、权责明确、制度保障、管护到位，实现建得起、用得上、不废弃、长受益的目标。按照"行业主管、镇办组织、村组实施"的思路，形成"县、镇、村"三级管护机制。县级行业主管部门要结合行业实际，按照省市行业主管部门制定的工程管护制度办法，进一步研究制定县级农村基础设施和公共设施管护实施细则，细化管护措施，明确管护责任。镇（街道）要把设施管护工作与项目建设同谋划、同部署，层层落实管护责任，明确专人负责辖区内基础设施和公共设施的管护，逐级建立项目工程管护组织和管护队伍，指导村级建立管护工作台账。基础设施建设和管护投入要继续坚持向陕南地区倾斜。

3. 深化农村产权制度改革，大力发展农村集体经济，培育稳定脱贫新动能

深化拓展资源变资产、资金变股金、农民变股东"三变"改革，推广"联村党委+"模式，鼓励支持富村带穷村，共同奔小康。要把发展集体经济与推进农村产权制度改革紧密结合起来，在把集体资源资产和国家财政投入项目量化到户到人时，要给村集体留出不少于30%的股份。支持农民合作社等经营主体通过土地流转、托管托养和土地经营权入股等方式，带动贫困户增收，确保贫困群众获得收益和共享发展机会。

财政要加大对新型农村集体经济的扶持力度，推广县级财政给村级集体经济投入启动资金的做法。在不改变用途的情况下，财政专项扶贫资金和其他涉农资金投入设施农业、养殖、光伏、水电、乡村旅游等项目形成的资产，具备条件的可折股量化给贫困村和贫困户。发挥村集体经济在产业化经营中的桥梁纽带和带贫益贫作用，支持集体经济组织以参股配股等形式，壮

大资本金，增强生产经营能力，兴办公共福利事业，发挥扶持保障功能，提升基层组织组织力、执行力和社会治理能力。

4. 坚持扶志扶智结合，强化稳定脱贫内生动力

继续深化"扶志六法"和"明理、感恩、诚信、自强"教育，形成勤劳致富、脱贫光荣的浓厚氛围。大力开展各类评比竞赛活动，积极宣传扶贫成效和脱贫典型，引导贫困群众增强主体意识，逐步摆脱对扶贫政策的单纯依赖，激发贫困人口脱贫不返贫、追求美好生活的主观愿望。

完善正向激励机制，实行"多干多支持"，采取生产奖补、劳务补助、以工代赈等方式，激发群众主动作为、勤劳致富动力。实行反向约束，对"因懒致贫、因赌致贫、因子女不赡养老人致贫"等问题，建立失德、失信、失孝负面清单，加强教育引导，必要时采取司法干预，帮助其走上勤劳致富之路。

5. 多举措化解地方财政压力

一是进一步整合涉农扶贫资金，让有限资金发挥更大效力。与此同步，资金审计也应由项目导向向区域和产业发展转变。二是尽快发行全国扶贫专项债券，所得收益主要用于脱贫攻坚和提升巩固脱贫成果。三是尽快构建全国统一集体建设用地指标市场，加速东西部集体建设用地指标交易流通，贫困地区集体建设用地所得收益全部用于脱贫攻坚和巩固提升脱贫成果。四是探索建立（省级）贫困地区发展合作基金，由省政府、各贫困县区（包含脱贫摘帽县区）联合成立地区发展合作基金，用于弥补各贫困县区和脱贫摘帽县区在发展产业、基础设施时由财政、信贷投入不足所形成的缺口。

（二）政策建议

1. 精准界定巩固提升对象

持续关注脱贫摘帽贫困户，在脱贫攻坚期内使其继续享受扶持政策，扶持产业就业，加大扶贫扶志力度，做好临时救助工作，有效防止因灾、因病返贫。稳定脱贫基础，确保脱贫质量。同时，要严格贫困退出标准，严守"五个不得退出"，对收入略高于当年贫困线，"两不愁三保障"还没有稳定

实现的贫困户，一律不退。为保证绝对贫困问题一去不再复返，建议2020年脱贫攻坚任务完成之后，专门设定一个成果巩固期，期限可暂定5年（2021~2025年）。

高度重视因脱贫质量不高返贫的贫困户（2016年以来）和因产业基础不牢、务工收入不稳定、收入水平较低，或因病、因残、因灾等生活陷入困境的新增贫困户。对返贫户，要强调落实好现有政策，完善措施，进一步加大帮扶力度。对新增贫困户，一是要合理确定预警收入标准。建议将年人均纯收入4000元设定为收入水平略高于建档立卡贫困户标准，一旦非贫困户收入低于该标准，即刻启动新增贫困户扶持预案。二是要建立多部门联动的快速反应和处置机制，当发生大病、灾祸等紧急情况时，实行政策统筹及时介入，最大限度地"点对点"精准帮扶，有效防止出现新的贫困发生。

2. 认真落实保障性政策

稳定实施社会保障体系，全面实现农村最低生活保障制度与扶贫开发政策有效衔接，逐步提高保障水平。落实养老保险政策，确保脱贫户养老保险全覆盖。对"无业可扶、无力脱贫"的残疾人、孤寡老人等特殊贫困群体提供基本保障。加大临时救助、慈善救助等社会救助力度，对受灾人口给予及时充分的救助帮扶。

坚持健康扶贫两手抓，统筹落实"减存量""控增量"政策措施，完善"四重保障机制"，改善贫困人口生活方式和条件，减少医疗支出。完善健康信息管理系统，用大数据精准监测农户健康状况，预防因病返贫问题的发生。

持续抓好控辍保学工作，精准资助各学段贫困家庭学生。以建档立卡贫困家庭学生为重点，健全从学前一年到大学的精准资助政策。继续推进贫困地区义务教育薄弱学校改造工作，重点加强乡镇寄宿制学校和乡村小规模学校建设，确保所有义务教育学校达到基本办学条件。

3. 强化要素保障

建立与脱贫攻坚任务相适应的财政扶贫资金增长机制，财政性扶贫资金主要用于产业奖补、产业基础设施建设上，也可投入村集体经济作为股份，形成积累，优先支持贫困（低收入）农户发展和收益分配。

规范扶贫小额信贷发放和续贷，适度提高不良贷款容忍度。针对贫困（低收入）农户需求特点，灵活确定扶贫小额贷款期限，合理确定贷款额度，在风险可控的前提下办理无返本续贷业务或展期业务。创新发展保险、期货产品和服务，鼓励保险机构建立健全针对贫困（低收入）农户的保险保障体系，扩大涉农保险保障范围。推广宜川县"助农保"农业生产综合保险经验，降低返贫风险和低收入户陷入贫困的风险。

适应工商资本和其他新型经营主体规模化流转土地的需求，制定优惠政策，加快土地流转和适度规模经营发展。允许农民与市民合作建房。在贫困县和摘帽县率先推广高陵区农民家庭承包地经营权、房屋财产权抵押贷款试点经验。

4. 建立完善预警监测、分类帮扶机制

建立致贫返贫预警监测机制。以省脱贫攻坚大数据平台为基础，整合卫健、教育、民政、应急、公安、自然资源、住建、水利等部门数据信息，依靠驻村扶贫工作队、包村干部、"第一书记"和村两委"四支队伍"力量，对已脱贫人口"两不愁三保障"情况实时跟踪，建立监测预警机制。借鉴横山区设定三级预警，实行分级管理的做法，确保将返贫户和新增贫困户及时纳入帮扶对象。

以县为单位制定已脱贫人口分类管理标准，依据监测预警信息确定已返贫和需巩固提升对象清单，逐一分析返贫原因和提升路径，有针对性地实施精准帮扶。对不可抗力造成收入显著下降支出大幅增加的非贫困户，实施临时救助、产业补助、保险赔偿等综合措施，既解决短期生活困境，又帮其长期稳定增收，确保其稳定脱贫。

5. 加强领导，完善考核，做好衔接

坚持"一手抓持续攻坚、一手抓成果巩固"，把巩固脱贫成果摆在与脱贫攻坚同等重要的位置，制定行业成果巩固方案，明确任务清单，抓好督导落实，确保任务细化到量、具体到点、落实到人。

完善考核办法，对非贫困县、摘帽县重点考核脱贫成果巩固工作成效，考核指标要围绕巩固脱贫成果、有效防止返贫进行设计，将返贫发生率作为加强监督考核的重要指标。充分发挥人大、政协、民主党派的作用，加强对扶贫脱贫、防止返贫工作的民主监督力度。严格督查考核结果运用，对巩固脱贫成果工作推进慢、措施不落实、未完成年度目标任务、出现大规模返贫的市县，实行一票否决。

乡村振兴要把脱贫摘帽县作为重点优先扶持。乡村振兴的项目安排、资金投入、政策举措，要优先支持退出村发展和脱贫人口增收。通过扶贫产业的持续发展、贫困群众的持续增收，为产业兴旺、农民富裕奠定坚实基础。推广运用脱贫攻坚的好经验、好做法、好路子，为乡村振兴提供有力借鉴。

参考文献

罗丞、冯煜雯：《解决相对贫困　走共同富裕道路》，《陕西日报》2019年11月22日。

B.5
精准扶贫向乡村振兴迈进的政策衔接研究

马建飞[*]

摘　要： 2020~2021年，是"十三五"和"十四五"的节点，是我国第一个"一百年"战略的完成时间，也是精准扶贫到乡村振兴的关键衔接期。"三农"政策面临从精准扶贫向乡村振兴调整、转变。本文在分析前期工作基础和面临新趋势的基础上，提出八方面的政策完善建议，以完成脱贫攻坚任务，奠定乡村振兴基础。

关键词： 精准扶贫　乡村振兴　政策研究

2015年，我国精准扶贫工作正式启动，计划于2020年实现全部脱贫。2017年，党的十九大提出乡村振兴战略，并分为三步走战略。因此，从2017年到2020年，是精准扶贫与乡村振兴的衔接期、过渡期、转换期。"三农"政策面临从精准扶贫向乡村振兴转变，必须在分析新趋势的基础上，提出完善政策的重点工作，达成完成脱贫攻坚任务、奠定乡村振兴基础的目标。

一　逐步提高扶贫标准

改革开放以来，我国共颁布了三个扶贫标准，分别是1978年标准、

---

[*] 马建飞，陕西省社会科学院农村发展研究所副研究员，硕士，研究方向为农村贫困及发展。

2008年标准和2010年标准。如图1所示,虽然绝对值不断增加,但相对于经济发展来看,扶贫标准事实上在降低。现行扶贫标准为2010年不变价格2300元,换算为2011年价格是2536元。世界银行目前执行的1.9美元/(人·天)(2011年不变价)的极端贫困标准线,按1美元=3.696元人民币的购买力平价指数,换算成人民币为2011年2564元。考虑到自有住房租金折算,以及农村消费价格略低的因素,我国目前扶贫标准稍高于国际极端贫困标准。

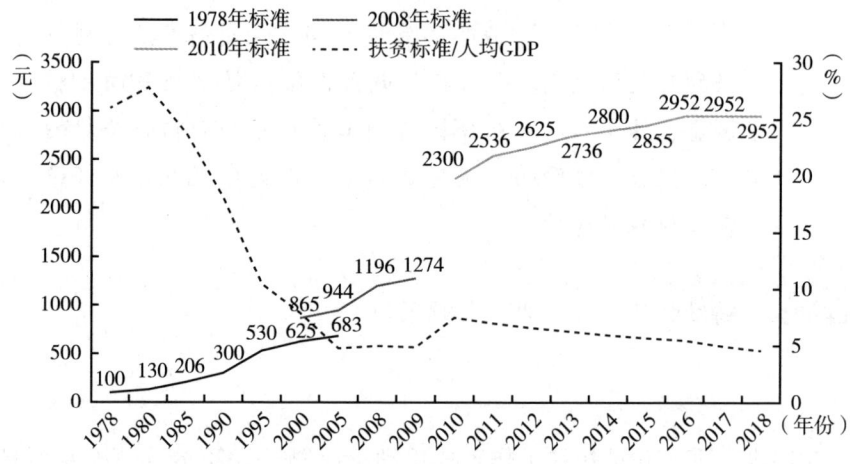

图1 1978~2018年我国绝对扶贫标准的变化

然而,世界银行极端贫困标准线的测算基准是15个最穷国的平均标准,我国已经是中等偏上收入国家,扶贫标准应该以发展中国家贫困标准中位数测算的一般贫困标准3.1美元较为合理,按照购买力平价折算为2011年人民币约为4182元,远高出我国现行标准(见表1)。

"十三五"末,现行标准下贫困人口脱贫之后,应该逐步提高扶贫标准。不仅绝对标准需要提高,相对标准(扶贫标准相对于人均生产总值)也应该不断提高。2018年我国扶贫标准只有人均生产总值的4.57%,约是农村居民人均可支配收入的20.2%。在提高扶贫标准之后,将会出现大量相对贫困人口,乡村振兴阶段扶贫任务依然艰巨。

表1 世界银行采用的国际贫困标准

序号	发布年份	价格基期年份	极端贫困标准 数值(美元/天·人)	极端贫困标准 测算方法	一般贫困标准 数值(美元/天·人)	一般贫困标准 测算方法
1	1990	1985	1.01	12个最穷国的最高标准	—	—
2	1994	1993	1.08	10个最穷国的平均标准	—	—
3	2008	2005	1.25	15个最穷国的平均标准	2.0	发展中国家贫困标准中位数
4	2015	2011	1.90	15个最穷国的平均标准	3.1	发展中国家贫困标准中位数

二 减弱贫困二元分割

"十三五"时期，我国从涓滴理论（Trickle-down）指导下的普惠扶贫转向瞄准理论（Targeting）下的精准扶贫。然而，从世界范围来看，瞄准理论一般用于残疾人等特定群体，或者是地域瞄准（Geographic Targeting），我国如此大规模的瞄准扶贫尚属世界首创。通过精准识别，区分贫困户和非贫困户，在理论上和实践上都是一个难题。

精准识别较为困难的原因较多。一是收入具有动态性。非贫困户也会由于农产品收成和价格、就业失业、意外事故等偶发事而跌入贫困线下，动态调整的工作量较大。二是识别中存在信息不对称难题。由于农民收入调查的困难，陕西省采用精准识别的"九条红线"，用资产代替收入，这就必然引入误差。而且贫困地区农民现金收入较低，处于自给自足经济模式，用现金收入衡量贫困程度也不准确。三是有学者发现精准识别中的"精英俘获"现象。其主要原因是村民评议大会作为精准识别中关键性的环节，会受到政治地位、宗族势力、个人权威等因素的影响。

对于贫困户的补贴方式，理论上应该是如图2左侧所示，达到两个原则性标准：一是补贴额度应该是阶梯式的，贫困户补贴之后收入水平大体相同；二是贫困户补贴后的收入水平，不能高于自力更生者即非贫困户的收入水平。由于差额补贴方式在实施上的复杂与困难，精准扶贫采取了等额的补贴方式，虽然未能达成"公平"的目标，但是保护了基础的"效率"，是可接受的。但是，需要警惕同时破坏公平与效率的过度补贴。即贫困户补贴后的收入水平，高于非贫困户的收入水平，造成了事实上的不公平，损害了劳动者的积极性。

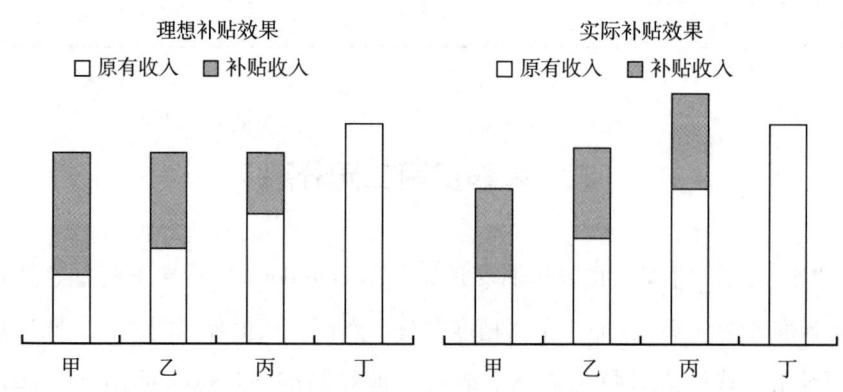

图2 精准扶贫的效果示意

非贫困户存在不满情绪是普遍现象。陕西的调研数据也证明，贫困户相较于非贫困户，建档立卡贫困户相较于未建档立卡贫困户，扶贫政策的满意度都要更高（见图3）。其一，虽然经历了"九条红线""回头看""数据清洗"等诸多程序进行精准识别，但未能进入建档立卡户的农户必然有不满情绪。其二，一些收入较好的农民多是因为勤奋生产、外出打工，反而无法享受国家的优惠政策，造成了心理不平衡。其三，二元分类方法造成的群体割裂、泾渭分明的扶持政策必然会导致另外一部分群体不满。例如，产业到户直补资金，有的县域达到每户 1 万元的上限标准，非建档立卡户有的实际收入水平相差不大却不能享受补贴，引发了强烈的妒忌心理。过度的扶贫政策还提升了贫困户的"优越感"，增强了后续政策的心理预期，已经出现贫困户不愿意如期脱贫的现象。

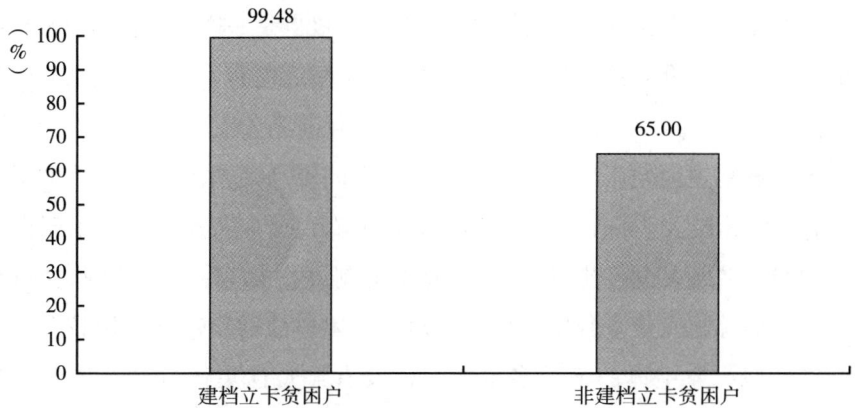

图3　陕西省农民对建档立卡工作满意度调查

注：问卷为问：您对于已经完成的精准扶贫"建档立卡"工作是否满意？"非建档立卡贫困户"是指精准扶贫工作中，没有被列入建档立卡贫困户的其他农民。在有效回答中，"建档立卡贫困户"192 个样本，"非建档立卡贫困户"20 个样本。

资料来源：2016 年本课题组问卷调查数据。

因此，在乡村振兴阶段，扶贫政策设计应关注二元分类法造成的群体割裂，以及优惠政策产生的不公平。一是针对非贫困户制定衔接优惠政策，特别是产业到户奖补政策，力度可以小于贫困户，降低非贫困户的不满率。通过衔接补贴政策，减少扶贫定额补贴对于农村效率的破坏，减轻农民争当贫困户的内在压力。二是防止过度扶助政策不仅破坏效率机制甚至破坏公平机制。扶贫优惠政策对于达到"两不愁三保障"的目标必须有直接作用，招聘、招考、招生等间接作用的倾斜政策应该慎重。公共服务机构和媒体宣传应该避免"贫困户优先""贫困户绿色通道"这样的用语，不能造成"贫困户光荣"的舆论氛围。

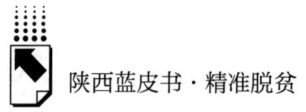

三 稳定脱贫产业发展

产业脱贫是缓慢的过程。即便贫困发生率较低、区域经济发展水平较高的地区，贫困人口数量与脱贫时间并不呈现完全负相关关系。即使只有一个贫困户，发展产业实现稳定脱贫所需的时间应该也是一样的。贫困户劳动技能的增长，产业的投资、生产、营销，收入水平的提高、稳定，均需要较长的时间。

集中连片贫困地区，产业发展存在诸多的不利因素。一是自然资源未能转化为致富能力，陕南秦巴山区拥有部分有色金属资源，但是由于南水北调中线水源地环境保护要求，均处于限制开发状态；陕北资源富裕县域，由于能源化工产业封闭性较强，对于贫困户的增收带动作用较弱。二是缺乏新型产业主体，绝大多数贫困村没有经营性集体资产、产业合作社，缺乏具有带动作用的农业龙头企业。目前的中小型农业经营企业，多数是前些年被关停的矿山企业、房地产行业萎缩后的建筑施工企业转行进入的，缺乏农业生产的经验，处于艰难经营地步。三是工业企业的项目招商、立项、征地、基建、投产、调试耗时较长，难以作为完成2020年扶贫任务的主要力量。

产业发展是实现乡村振兴的核心措施。一是大力发展社区工厂。当前移民搬迁集中安置点，亟须解决产业配套难题。而分散化的社区工厂，由于生活成本较外出务工低，劳动力成本因而也较经济发达地区低，是实现社区贫困户和企业双赢的产业组织方式。二是以省供销集团为核心建设秦巴山区天然食品销售平台。秦岭山区拥有大量的天然、绿色食品，目前这些特色资源开发都是各自为政，缺乏整体性、规模性、集约性。销售平台可以统一品牌标识，统一质量标准，统一广告宣传，与天猫、京东等电商合作建立秦巴山区馆。三是要改变企业结对帮扶机制（见图4）。建立项目对接平台，各贫困县将招商引资项目在平台上发布，所有扶贫企业在其中选择自己感兴趣的产业项目，在平台上选择的投资不限地域均可作为企业的扶贫成绩。四是建立农户与现代农业的利益联结机制,通过产权融合等方式把农户嵌入产业链中,并支持龙头企业发展壮大,增强盈利能力,从而带动农民收入持续快速增长。

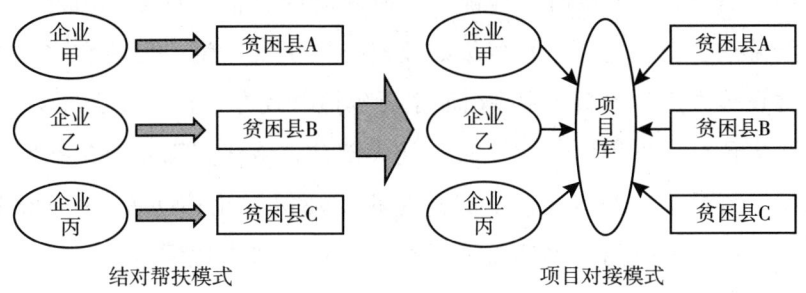

图 4 企业结对扶贫机制创新

四 均衡村镇财政投资

按照国家相关政策,贫困村识别原则上按照"一高一低一无"的标准进行。即行政村贫困发生率比全省贫困发生率高 1 倍以上,行政村 2013 年全村农民人均纯收入低于全省平均水平 60%,行政村无集体经济收入。并采取规模控制方式,陕西等西部 12 省(区、市)原则上控制在 30% 左右,各省将贫困村识别规模逐级分解到乡镇。在识别标准中,贫困村的核心指标是贫困发生率。这就造成一个不合理的现象:一些贫困人口绝对数量较多的行政村,由于贫困发生率较低而不能被认定为贫困村;一些贫困人口绝对数量较少的行政村,由于贫困发生率较高而被认定为贫困村。也就是说,非贫困村中贫困人口的数量可能会超过一些贫困村。

目前的脱贫攻坚主要瞄准于区域性深度贫困问题,对于贫困县、贫困村的扶持力度较大。2020 年,陕西省要确保 7323 个贫困村全部退出,贫困村基础设施日趋完善,公共服务主要领域指标接近全省平均水平。并提出了贫困村建设的九大工程,涵盖了路、水、电、邮、污、田等基础设施建设,和学前教育、妇女互助、养老服务和殡葬服务公共服务设施建设,部分标准已经超出镇级建设标准。2017年陕西省又认定了11个深度贫困县和500个深度贫困村，扶贫政策进一步倾斜。

与此同时，中央政府还提出了县级政府统筹整合资金使用的扶贫政策，统筹整合资金范围包括各级财政安排用于农业生产发展和农村基础设施建设等方面的资金。中央层面主要包括财政专项扶贫资金等19项资金和中央预算内投资用于"三农"建设部分，省级层面主要包括农林渔牧专项、科技推广培训、基础设施建设、环保绿化补助等35项资金项目。统筹整合的范围几乎涵盖了所有的财政转移支付项目，也就是贫困县的绝大部分财政收入。由于存在贫困村基础设施建设的脱贫考核压力，财政资金整合之后以贫困村为主要投入目标，非贫困村存在被整体性忽视的风险。

2018年陕西农民工[①]人数小幅度增长，总量达753.8万人，其中外出农民工[②]536.5万人，证明农村的空心化问题较为严重。农村的空心化包括两个层面：一是地理意义，包括耕地撂荒、住房空置等；二是经济意义，大批能力较强的青壮年劳力进城，只剩下老弱妇孺守望。国家各级政策对于贫困村支持力度不断加大，并整合县级财政资金倾斜，在各项政策的叠加影响下，贫困村财政投入资金的经济、社会边际效率将会快速下降。

而当前农村基础设施建设普遍薄弱。特别是一些人口聚集较多的一般镇，亟待完善道路、给排水、废水处理、医疗教育等基础设施和公共服务设施建设，在财政资金整合使用并向贫困村倾斜的政策影响下建设进度将会更进一步滞后。一些只剩少量人口的贫困村，却要按照贫困村摘帽的标准完善各项基础设施建设，造成事实上的极大浪费。陕西省委政研室的调研报告也指出："一些同地域的贫困村和非贫困村、贫困户和非贫困户，差距其实并不是很大。如果一哄而上，把多种兜底扶贫政策叠加到一个村或一户，一方面会造成依赖心理，另一方面也会挫伤非贫困村和其他群众的发展积极性，

---

① 指全年非农从业在6个月及以上的农村劳动力。
② 指在户籍所在地的乡镇以外范围从业的农民工。

引发新的社会矛盾。"

随着农业发展，山区的碎片化耕地产出效益较低，应当逐步退耕还林，村庄实现自然废弃、搬迁。平原地区的小规模村庄，也会逐步退出居住、生活功能，而成为纯粹的"生产车间"，农业人口也会向镇域集中。因此，在乡村振兴阶段，基础设施建设投入应当具有前瞻性，预测到未来人口迁徙的变化，以居住人口规模为主要标准，避免浪费。

五　妥善处理居住需求

陕西省"十三五"期间要完成易地扶贫搬迁建档立卡贫困人口35.5万户，占到全省建档立卡贫困户105.73万户的33.58%，"易地"扶贫搬迁的比率较高。而农村的空心化及其自然废弃需要较长的时间，随着现有高龄农村人口的死亡，将逐步实现这一过程。易地扶贫搬迁工作加快了这一进程，打破了社会自然演化的规律，破坏了时序发展上的平衡，必然会产生诸多问题。

无论是生态环境恶劣的白于山区，还是道路交通条件较差的秦巴山区，贫困户的搬迁意愿并不强烈。已经建成的搬迁小区，平时入住率也较低（见图5）。总结其原因，大概有四点。一是多数贫困户仍然从事农业生产，邻近耕地居住方便劳作。贫困户往往农忙时节到旧宅劳作，过年农闲时间才到安置点居住。二是新房子需要留给子女未来结婚使用，目前全家依然居住在老宅而新房空置，而且可能一直空置较长的时间。三是缺乏自信的贫困户，担心搬迁至集中安置点后生活成本提高难以承受。虽然目前正在推进低保户的低保标准和扶贫标准两线合一，实行兜底扶贫；但是非低保户收入水平要达到贫困线以上，存在一定的不确定性，许多贫困户对于集中安置点生活仍然心存疑虑。四是对于故土的心理依恋。年龄大了容易恋旧，或者说年老之后失去了面对变化的勇气。我国对于移民方案的评估更多关注于经济收入水平，忽视了移民搬迁带来的心理适应问题。此时要引入社会工作者，注重心理关怀，帮助搬迁贫困户度过心理适应期。

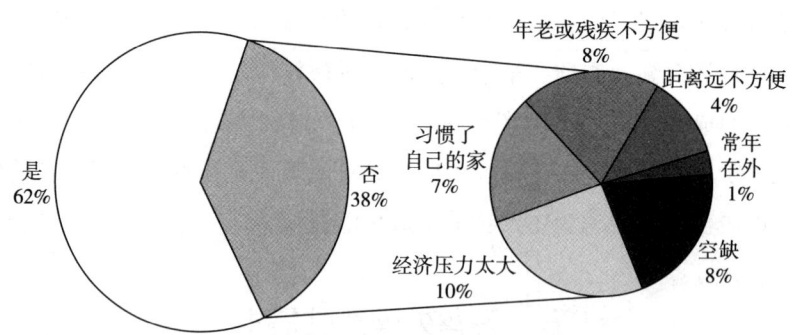

图 5　陕西省贫困户搬迁意愿调查

注：问卷为问：按照目前国家政策，您是否愿意搬迁至集中安置点？如果否，为什么？在有效回答中，回答"否"的问卷，对原因进行了聚类分析，剔除了5个"无安置点"、6个"现住房安全"个案。

资料来源：2016年本课题组问卷调查数据。

连片贫困地区特别是秦巴山区，平地较少，集中安置点选址非常困难，要找到一块适于分散易地安置的新址也殊为不易。危房改造费用较低，贫困户也易于接受，也同样能够实现贫困户的住房安全。应充分尊重群众意愿，尊重社会发展规律，除了严重缺水、滑坡危险区外，应该易地搬迁与危房改造工作并重。特别是渭北地区等饮水、土地、交通条件较好的地区，更应该以危房改造为主。

目前精准扶贫阶段的易地扶贫搬迁和危房改造任务已经全部下达、开工，缺乏政策调整的空间。但是，在2020年后的乡村振兴阶段，在文明乡村建设中，应该加大危房改造补贴力度，补贴的标准不仅仅局限于提升住房的安全性，还应该包括燃料、厕所、取暖、洗浴等居住条件的改善。

六　降低事故返贫风险

从入户调查结果来看，精准扶贫建档立卡户长期贫困的主要原因，一是先天肢体、智力残疾，二是疾病、事故造成的劳动能力丧失，二者合计占贫困人口总数的近40%。农村普遍使用的拖拉机、旋耕机、收割机、插秧机等小型化、简易化农业生产机械危险性较高，操作人员缺乏严格培训与安全管理措施，人身伤害事故频发。因而建立农民工伤保险，防止农业生产人身伤害事故致贫、返贫极为迫切（见图6）。

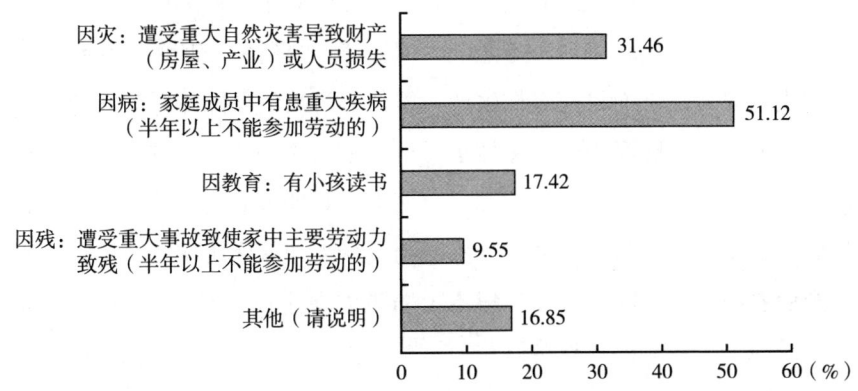

图6　陕西省贫困户意外事件调查

注：问卷为问：最近三年，您家是否有以下原因造成重大损失或负债的（可多选）？问卷共有有效回答178个。在其他选项中，回答"劳动力失踪（孤儿）"4个，回答"年龄大无劳动能力"3个。

资料来源：2016年本课题组问卷调查数据。

我国正在建立精准扶贫建档立卡户基本医疗保险、大病保险、重大疾病补充商业保险和民政医疗救助"四重保障"制度，基本解决了因病致贫的问题。但是，目前人身伤害事故只能报销医疗费用，无法获得误工补贴、护理费、伤残补助等工伤保险相关待遇。如果存在生产事故的责任方，新型农村合作医疗保险不予报销相关医疗费用，事故责任方若无赔偿能力将导致受害方无法及时获得治疗。从事农业生产的男性劳动力，往往是家中的"顶梁柱"，一旦发生意外事故导致劳动能力丧失，如果发生妻子离家出走剩下老弱无人照料的惨剧，将埋下社会隐患。另外，发生意外事故后，由于责任方逃逸、无赔偿能力，经常出现事故受害方封堵交警队、政府大门的不稳定事件。

丧失劳动能力后，农民只能依赖农村低保和残疾人补贴生活。以陕西省为例，农村低保标准为每月187.5元，18周岁以上残疾人补贴每月60元，一级残疾人护理补贴每月120元，均与现实需求相差甚远。我国的商业保险市场发展时间较短，效率较低，人身意外伤害保险缴费高而保障水平低，并且存在复杂的特别约定条款。部分农村地区推广的人身意外伤害保险，死亡赔付只有1万~3万元，伤残赔付更低，远远不能对冲事故风险。

社会保障的目标，是对冲事故的风险，使"事件"前后的生活水平不至于发生较大变化。而目前农村生产人身伤害事故的保障体系建设滞后，即使采用精准扶贫的兜底措施，保障水平也达不到这一要求。贫困地区的群众收入水平较低，抗风险能力较差，更应该进行意外事故的保险防范。而农民工伤保险的缺失，是目前城乡社会保障制度最大的差别所在。在乡村振兴阶段，开展农民工伤保险，可以从根本上防范农业生产人身伤害事故的风险，防止农民因丧失劳动能力致贫返贫。

七　完善主体互利机制

精准扶贫工作由于时间短、任务重，具有全民动员的性质，成为各级政府的核心工作。产业扶贫的主要模式是在党组织带领下，由各类经营主体带动贫困户增收。中国共产党具有为人民群众谋福利的根本属性，具有无私性。但是，直接带动贫困户脱贫致富的各级经营主体，作为经济组织，盈利是其根本诉求。而在现实扶贫工作中，一些扶贫模式强调企业的社会责任，而忽视了企业的盈利本质，违背了市场经济下合作共赢的规律。如果企业的盈利下降甚至亏损，这些企业扶贫模式也必将不可持续。

在贫困村的脱贫指标中，要求"有集体经济或合作组织、互助资金组织"。但是农业合作社目前的运作并不乐观，大多数挂牌之后没有实质性的经营活动。这是因为目前合作社的机制存在缺陷。一是产品同质性。目前的产业合作社，均是由经营相同产品的不同农户组成，通过技术共享、市场共享达成规模经济。同质产品具有一定的竞争性，在当前产品销售压力较大的市场供求格局下，竞争关系成为主要关系。二是社员的异质性。目前合作社广泛采用的能人带动型,一般是由几个能力较强的"大户"进行市场开拓,其他农户处于搭便车的地位。在合作社的启动阶段,市场宣传、产品标识设计、供应链建设、管理体系建设均需要大量的资金投入。缺乏各个参与主体共担成本的约束机制,其他农户的搭便车行为往往会导致合作社的无效率合作,虎头蛇尾。

在贫困户与扶贫企业的合作中,各方应该是共赢博弈而不是零和博弈。在企业和贫困户之间发展互惠的经济关系,建立符合经济规律的利益联结机制,打造坚实的利益共同体。避免贫困户不劳而获,淡化资本性收入。强调以按劳分配机制为基础,通过提升贫困户劳动能力,为企业创造更多的价值,实现贫困户收入的稳定提升。

八 加强扶贫队伍建设

党政系统的扶贫力量,一是"五级书记",即省、市、县、乡、村五级党组织书记;二是驻村工作队,包括扶贫第一书记,由包村的单位委派并采用轮换制;三是包户扶贫干部,主要由各级行政机关、事业单位、国有企业人员担任。其中的基层核心力量是驻村工作队。

在乡村振兴阶段,应该汲取精准扶贫阶段工作经验,延续驻村工作队帮扶模式,完善驻村扶贫干部的选拔、管理、考核、使用。一是扶贫干部的选任,要选择年富力强、勇于开拓的年轻同志,避免任用已届退休年龄、工作积极性不强的干部。二是加强扶贫干部的培训。扶贫干部来自各行各业,对于扶贫的政策熟悉程度不同。例如,贫困户基本医疗保险、大病保险、重大疾病补充商业保险和民政医疗救助"四重保障"制度,疾病的保障范围、报销的流程、需要的文件,均需要专业的培训。调研发现,有贫困户因不熟悉流程部分费用无法报销的案例。三是完善"三项机制"。扶贫干部远离父母子女、经常加班加点、工作环境艰苦,目前惩罚多而激励少,打击了干部的工作积极性。要补齐激励机制、容错机制的短板,扶贫干部的考核要重激励、轻惩罚。四是要发挥基层扶贫部门和扶贫干部的积极主动性,把扶贫干

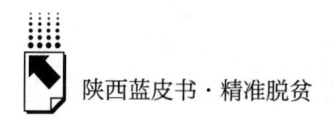

部当"人"而不是"工具"使用。基层干部更了解实际情况,在政策设计上避免过于刚性化,给扶贫干部留出一定创新扶贫举措的权力。

参考文献

鲜祖德、王萍萍、吴伟:《中国农村贫困标准与贫困监测》,《统计研究》2016 年第 9 期。

国家统计局:《扶贫开发成就举世瞩目 脱贫攻坚取得决定性进展——改革开放 40 年经济社会发展成就系列报告之五》,http://www.stats.gov.cn/ztjc/ztfx/ggkf40n/201809/t20180903_1620407.html。

The World Bank,Poverty Database,https://data.worldbank.org/topic/poverty.

蒋丽丽:《贫困脆弱性理论与政策研究新进展》,《经济学动态》2017 年第 6 期。

胡联、汪三贵:《我国建档立卡面临精英俘获的挑战吗?》,《管理世界》2017 年第 1 期。

曹军会、何得桂、朱玉春:《农民对精准扶贫政策的满意度及影响因素分析》,《西北农林科技大学学报(社会科学版)》2017 年第 4 期。

陕西省扶贫开发办公室、陕西省统计局、国家统计局陕西调查总队:《陕西省农村扶贫开发建档立卡工作方案》(陕扶办发〔2014〕16 号),http://www.yongshou.gov.cn/html/gov/16/zcfgfp/76549/76549.html。

国务院:《关于印发"十三五"脱贫攻坚规划的通知》(国发〔2016〕64 号),http://www.gov.cn/zhengce/content/2016-12/02/content_5142197.htm。

陕西省人民政府办公厅:《关于支持贫困县开展统筹整合使用财政涉农资金试点的实施意见》(陕政办发〔2016〕84 号),http://www.shaanxi.gov.cn/gk/zfwj/51092.htm。

国家统计局陕西调查总队:《2018 年陕西农民工监测报告——基于农民工"输出地"调查》,http://www.nbs-sosn.cn/index.aspx?menuid=4&type=articleinfo&lanmuid=18&infoid=3058&language=cn。

姜绍静、罗泮:《空心村问题研究进展与成果综述》,《中国人口资源与环境》2014 年第 6 期。

陕西省委政研室陕西传媒网联合调研组:《下足"绣花"功携手奔小康》,《陕西日报》2018 年 1 月 15 日。

中共陕西省委办公厅、陕西省人民政府办公厅:《陕西省贫困退出实施意见》(陕办字〔2016〕72 号),《陕西日报》2016 年 10 月 17 日。

李健、张米安、顾拾金:《社会企业助力扶贫攻坚:机制设计与模式创新》,《中国行政管理》2017 年 7 月。

B.6
陕西省发展壮大农村集体经济问题研究

陕西省农业农村厅课题组*

摘　要： 发展壮大农村集体经济是推动农业现代化、促进农村经济社会发展和完善乡村治理的需要。本报告根据陕西农村集体经济的基础情况和发展现状，分析集体经济发展滞后的原因，结合集体产权制度改革成效，提出相应对策和建议。

关键词： 农村产权制度　农村集体经济　陕西

党的十一届三中全会以来，我国农村形成的"统分结合、双层经营"的基本经营制度，极大地解放了农村生产力，调动了农民主体的积极性，促进了农业和农村经济的发展与繁荣。但随着农村经济社会的发展，日渐弱化的农村集体经济既不利于农业农村现代化的实现，也不利于全面建成小康社会目标和乡村振兴战略的实现。为此，2015年农业部开始集体经济试点，印发了《扶持村级集体经济发展试点的指导意见》，开启农村集体产权制度改革的新纪元，对于统筹城乡发展、脱贫攻坚、全面建成小康社会和实现乡村振兴具有重大意义。陕西地处西部，属内陆省份，

---

* 课题组组长：郑维国，陕西省农业农村厅党组成员、副厅长，研究方向为农业农村政策；课题组成员：张旭锋，陕西省农业农村厅合作经济指导处处长，研究方向为农民合作社、乡村治理；吴彩鑫，陕西省现代农业培训中心副主任，研究方向为农村合作经济发展；李群，陕西省农业农村厅政策与改革处副处长，研究方向为农村改革与政策研究；庹书炜，陕西省农业农村厅合作经济指导处干部，研究方向为农村集体经济组织；马岚，陕西省农村合作经济工作站办公室主任，研究方向为乡村治理；王雁军，陕西省现代农业培训中心高级讲师，研究方向为农村人才培育。

经济发展相对落后，农村集体经济发展尤其缓慢。近年来，陕西省委、省政府高度重视农村集体经济发展，把农村集体产权制度改革作为深化农村改革的重要内容，作为实现追赶超越、打好脱贫攻坚战的重要抓手，统筹安排部署，积极稳妥推进，工作成效初显。现就陕西农村集体经济的基本情况、发展现状、存在问题做一分析，并结合改革实践，提出发展壮大农村集体经济的对策和建议。

一 农村集体经济的内涵

农村集体经济是集体成员利用集体所有的资源要素，通过合作与联合实现共同发展的一种经济形态，是社会主义公有制经济的重要形式。它以生产资料的农民集体所有制为根本特征，生产资料属本集体成员集体所有，经营收益为集体成员平等享有。以经济效益最大化为目标，为集体成员谋利益，服务集体成员，带领集体成员实现共同富裕。

目前，农村集体经济的经营主体主要有村组股份（经济）合作社、有限责任公司、股份合作制企业、专业合作社等，其中，村组股份（经济）合作社是农村集体资产的经营管理主体，代表成员行使集体所有权，是农村集体经济的投资主体。经营形式有产业园区、田园综合体、特色小镇等。

二 陕西农村集体经济基础薄弱

陕西省农村集体经济发展总体薄弱，相对来说，城中村、城郊村的经营性资产较多，集体经济发展较快，但广大农村集体经济"空壳村"还大量存在，具体表现为集体经济组织数量、经营性资产、村集体经济组织收益少，村集体经济实力弱。

（一）集体经济组织数量少，发挥作用有限

全省镇、村、组三级建有集体经济组织的比例偏低，集体经济组织职能

多由村委会代行。据2017年农经年报统计，全省有行政村19229个，村民小组133091个。其中，村集体经济组织5498个，仅占行政村总数的28.6%；组集体经济组织12564个，仅占村民小组总数的9.4%。由村委会代行村集体经济组织职能的村13731个，占行政村总数的71.4%，而且实际运行的少之又少，难以发挥作用。

（二）集体资产未有效盘活，资源作用无法显现

2014~2017年全省农民财产净收入分别是120元、152元、159元和185元，占比分别是农民人均可支配收入的1.5%、1.8%、1.7%和1.8%，财产净收入占比低，说明增长的空间和潜力很大，农村集体资产的作用亟待充分挖掘。目前，全省集体所有的农用地总面积为16152.1万亩，其中耕地5529.5万亩，园地770.5万亩，林地8308.0万亩，草地966.5万亩，养殖水面35.9万亩，其他土地541.8万亩。这些资源性资产大多闲置未激活，"靠山吃山、靠水吃水"的优势未发挥出来。多数村集体资产以非经营性资产居多，经营性资产数量少或没有。2017年全国村集体经济组织各类账面资产3.4万亿元，村均586.7万元，陕西村集体经济组织各类账面资产229.5亿元，村均119.4万元，分别仅占全国平均水平的0.67%和20.4%。全国村集体经济组织净资产2.1万亿元，村均350.4万元，陕西村集体经济组织净资产164.1亿元，村均85.3万元，分别仅占全国平均水平的0.8%和24.3%。大量闲置资源在农村经济的发展中没有发挥应有的作用。

（三）村集体经济实力弱，盈利能力差

与全国平均水平相比，集体经济组织整体经营收益偏少，有经营收入的村比例偏低。2017年全国村集体经营收入1494.7亿元，村均25.6万元，陕西村集体经营性收入36.9亿元，村均19.2万元，分别占全国平均水平的2.5%和75%。全国当年无收益的村占行政村的44.7%，而陕西占比57.6%。从省内看，村集体经济普遍薄弱，盈利能力不强。有收益的村只有

8155个,仅占行政村的42.4%。其中,5万元以下的村4615个,占行政村的24.0%;经营收益5万~10万元、10万~50万元、50万~100万元、100万元以上的村分别为1733个、1162个、290个和355个,分别占行政村总数的9.0%、6.0%、1.5%、1.8%。近六成村没有收益,10万元以下收益的村占90.6%。

(四)集体经济发展不平衡,地区差异明显

关中、陕北和陕南的资源禀赋、经济发展程度等差别较大,集体经济也存在发展不平衡不充分的问题。2017年全省经营性收入36.9亿元,关中、陕北和陕南分别是28.40亿元、6.64亿元和1.85亿元,关中占比高达77%,而关中范围内,仅西安市又占比35.7%。全省经营性收入在10万元以上的村1807个,关中985个,占54.5%。在同一个市内,城郊村、城中村与纯农业村的集体经济差别也很大。资源条件好、有能人带动的村集体经济发展较快,人均年收入超过10万元,而大部分行政村自身"造血"功能不足,村财入不敷出现象比较普遍。

三 农村集体经济发展滞后原因复杂

改革开放以来,陕西省农村集体经济取得了一定程度的发展,集体经济实现形式多样,但总体来讲集体经济基础薄弱,发展滞后,存在众多问题,综合分析,有以下原因。

(一)思想认识存在偏差

1. 统分结合双层经营体制中重"分"不重"统"

家庭联产承包责任制确立了以家庭承包经营为基础、统分结合的双层经营体制,形成了我国农村的基本经济制度,实现了家庭经营与集体统一经营相结合的良性发展。但长期以来,农村集体经济"分"得彻底,"统"得不足,统分结合双层经营体制出现一层厚一层薄。重个体发展,忽视集体积

累,一定程度上导致了"小农经济"的回归,出现了农村基层党组织软弱涣散无力、农民组织化程度降低、土地碎片化严重、农村集体资源资产流失、干群关系紧张和微腐败等一系列问题。

2. 集体意识弱化

农民是集农村集体资产资源的所有者、农村劳动者和小私有者于一身的特殊群体。人民公社这种政经合一的体制解体后,随着农村生产力的不断发展、经济改革的不断深入和市场经济的快速发展,集体意识逐渐弱化和淡化,集体经济发展的参与度和热情不高。

3. 思想不统一,缺乏正确认识

基层干部大多对发展壮大农村集体经济的意义和重要性认识不清,对如何发展农村集体经济有畏难情绪,对发展集体经济缺乏信心。有些群众集体观念淡漠,对发展个体私营经济劲头足,对发展集体经济缺乏积极性,甚至有的对集体事务漠不关心,不闻不问,不管不顾,等等,这些错误的认识,严重制约了农村集体经济的发展。

(二)农村集体经济管理体制机制不健全

1. 会计制度落实不力

国家2004年颁布了《村集体经济组织会计制度》,但实施家庭联产承包责任制后,绝大多数村无集体经济组织,由村委会代行其职能,而村委会主要对本村属于农民集体拥有的财产与土地进行依法管理,财务管理主要对全村公益性与社会性的收支进行管理和使用,不注重发展农村集体经济,因而村集体经济组织会计制度没有得到真正落实。

2. 农村集体经济组织治理结构不健全

在国家启动农村集体产权制度改革前,农村集体经济组织法人地位没有得到确认,不具备法人资格难以独立参加社会经济活动,现有政策法规对于集体经济组织治理结构的规定也较为简单,对其组织架构、议事规则、内控制度、监督管理、运行机制、风险防范、收益分配及管理者产生、任职条件与程序、责权利等都没有明确规范,大量没有建立村集体经济组织的村委会代行集体经济组织职能，一定程度上鼓励了这种政经不分的现象，村委会干部直接对集体资产进行管理，使集体经济组织被虚化，严重阻碍了农村集体经济发展。

3.村集体资产产权不明晰

由于农村集体资产的形成时间长、形态多样、构成复杂，绝大多数村集体资产并没有进行过确权登记，又没有严格执行会计核算，大多数村的集体资产底数不清，是一笔糊涂账，导致资产权属不清、流失严重。

（三）集体缺乏积累，难以持续发展

受体制机制、人员素质、思想观念、历史遗留等主客观因素制约，缺乏有效开发村集体资源的手段，守着金山银山"喝凉风"现象；农村土地等归集体所有的资源产生的收益"分光用光"现象；村级集体经济组织财务管理不完善导致集体资金管理混乱，肥了干部穷了集体现象；过度重"分"造成积累不足形成的"空壳村"现象；承担过多公共服务职能的"管家婆"现象和沉重历史债务等，都造成了农村集体经济发展资金严重不足，持续发展困难。

（四）引领农村集体经济发展人才缺乏

实践中，凡是集体经济发展好的村，一定有一个好的领头人，目前农村能带动农民致富的"领头雁"相当缺乏。一是部分村干部因循守旧，缺乏开拓创新精神，跟不上时代发展的脉搏，适应不了市场经济发展大势，能力不足，缺乏发展集体经济的能力。二是人才数量少流失多。由于城乡二元结构的长期壁垒，出现了农村人才向城市的单向流动，造成农村人才队伍源头不足、后继乏力。三是年龄与学历层次不合理。目前农村人才大多年龄偏大，平均在50岁左右，且多数没有受过系统的高等教育，知识结构单一，不能适应发展集体经济的要求。即使有高学历的年轻人参与村集体经济建设，热情程度也是呈现两极分化的情况。从集体经济发展现状来看，无论是边远的纯农业村，还是经济发达的城郊村或城中村，凡是集体经济发展好的

村、必然都有能人带动，能人效益是发展集体经济的关键，而实际中懂经济、重发展、善管理、能带领群众致富的复合型人才少之又少。

四 农村集体产权制度改革稳步推进

2016年12月26日，党中央、国务院印发了《关于稳步推进农村集体产权制度改革的意见》，陕西在全国率先出台了《关于稳步推进农村集体产权制度改革的实施意见》，明确了改革任务和要求，提出了时间表和路线图，全省上下齐心协力，围绕安排部署、建立体制、宣传培训和试点探索等工作，创新工作举措，强化督导落实，改革稳步推进，为发展壮大集体经济打下坚实基础。

（一）构建政策体系

陕西省委、省政府实施意见出台后，省农业厅制定了推动"资源变资产、资金变股金、农民变股东"的工作导引，出台了《关于精准理解和落实农村集体产权制度改革政策的指导意见》，指导基层准确理解改革，精准落实政策。及时下发农村集体资产清产核资实施方案和工作细则，明确路径和方法；总结归纳清产核资过程中出现的问题，形成《农村集体资产清产核资具体问题处理意见》；为规范组织登记和发展集体经济，出台了《登记赋码管理办法》《扶持壮大村级集体经济的实施意见》，政策体系基本形成。

（二）加强宣传培训指导

通过举办论坛、专题座谈、督导调研、参观考察、汇编文件、组织培训、制作标语、媒体宣传等多种方式，全面宣传讲解政策。陕西省委深改办召开新闻发布会，解读农村集体产权制度改革政策。省广播电视台"秦风热线"推出农村集体产权制度改革专题节目，结合"脱贫攻坚看产业"系列报道宣传先进典型。《农民日报》《陕西日报》等中省主流媒体报道600余次。编印《文件汇编》《案例选编》《工作手册》5000余册，编发《陕西农业情况通报》34期,组建30人的省级宣讲指导团,联合各市成立分团,包市包县指导培训。截至2018年12月底,各级召开专题会议、举办培训1498次,编印各类政策宣讲资料及培训辅导材料10万余册,组织外出考察观摩活动600余次,参加人数达到1.8万余人次。

(三)积极推进试点示范

全省共有18个国家改革试点单位,其中西安市高陵区是2015年国家股份权能改革试点区;渭南市华州区、榆林市榆阳区是2016年国家农村集体产权制度改革试点县区;西安、杨凌、韩城3个市(区)及宝鸡市陇县、岐山县、咸阳市淳化县、铜川市印台区、渭南市合阳县、白水县、延安市宝塔区、吴起县、榆林市府谷县、汉中市城固县、安康市岚皋县、商洛市丹凤县等12个县(区)是2018年国家整市整县试点单位,目前均已完成试点任务。把"三变"改革与农村集体产权制度改革统筹推进,2017年选择100个贫困村实施"百村示范"工程,安排专项资金3700万元,并配备专门指导人员,指导推进改革。2018年,选择1101个村开展"千村试点"行动,安排专项资金8000万元,重点支持深度贫困县和脱贫摘帽县发展集体经济。2019年,在"百村示范、千村试点"的基础上,实施"万村推进"行动,成为全国整省推进省,力争到2020年应改可改行政村全覆盖。同时市县也确定各自的试点村,通过多点布局,连点成面,最终形成全省改革的燎原之势。

(四)厘清模糊认识

全面厘清"三变"与农村集体产权制度改革的关系。为推进产业扶贫,各地借鉴贵州省六盘水市"资源变资产、资金变股金、农民变股东"开展"三变",形成了以"三变"促"产改"的良好局面。为解决基层干部对"三变"与"产改"的一些模糊认识,通过广泛深入调研,厘清二者关系,对"三变"改革的内涵和外延进行了新的诠释。广义上讲,"三变"改革就是农村集体产权制度改革,与农村集体产权制度改革是一致的、统一的,包括农村集体产权制度改革的整个过程和全部内容。狭义上讲,"三变"改革分"小三变"和"大三变"。"小三变"是指在农村集体产权制度改革中，进行集体资产清产核资、成员身份确定和股权设置，将农村集体资源性资产、经营性资产、资金和财政投入资金等资产量化为成员股份或份额，实现了"资源变资产、资金变股金、农民变股东"，是集体资产对内权益的"三变"，在集体经济组织内部进行的制度性改革，具有封闭性和排他性。"大三变"是指农村集体产权制度改革后成立的（股份）经济合作社，通过农业开发、生产服务、资产租赁、联合发展、股份合作等多种形式，与专业合作社、农业产业化龙头企业等新型经营主体和市场主体对接，盘活集体资源，发展壮大集体经济，这是集体资产对外合作发展的"三变"，是对外进行的市场性行为，具有开放性和非排他性。

（五）加大扶持力度

陕西省委、省政府要求，财政、扶贫、农业等专项资金可以注入农村集体经济组织，支持发展壮大集体经济。省财政厅、农业厅、扶贫办联合下发《财政专项扶贫资金和涉农整合资金使用管理工作导引》《关于支持贫困村发展壮大集体经济的指导意见》，引导各市县统筹使用扶贫专项资金、涉农整合资金等，给每个贫困村注入30万~50万元，支持集体经济发展。省委组织部、财政厅、农业农村厅联合印发《关于坚持和加强农村基层党组织领导扶持壮大村级集体经济的实施意见》，2019年统筹中省资金近5亿元，用于发展壮大集体经济。

五 农村集体产权制度改革成效初显

中央意见和陕西实施意见下发后，各级党委政府高度重视，80%以上市党委政府负责同志、100%的县区党委政府主要负责同志推进改革，全省已基本形成市、县、镇、村四级书记抓"产改"的有利局面。随着农村集体产权制度改革的深入推进及脱贫攻坚的力度加大，陕西农村集体经济组织也快速发展。

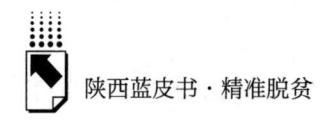

（一）集体经济组织发展较快，势头良好

到2018年底，全省在全面开展清产核资的基础上，14312个村完成成员界定，10678个村完成股权量化，12717个村集体经济组织成立并登记发证，分别占到行政村数的78.5%、58.6%、69.7%。2061.1万人确定为集体经济组织成员，量化资产414.6亿元，对接项目4502个，撬动社会资本投入集体经济38.5亿元，实现成员分红4.9亿元。到2020年全省所有村都将成立集体经济组织，并实现"空壳村"清零。

（二）农村集体资产清产核资基本完成

按照农业部等九部委《关于全面开展农村集体资产清产核资工作的通知》要求，下发了实施方案和工作细则，全面安排部署，编发《清产核资工作手册》，举办专题培训，省级培训市县党政领导、农业局局长、农经业务骨干近1000人。各级党委政府积极部署、成立机构、制定方案、培训指导、聘请第三方机构辅助开展工作，成立清产核资工作领导机构127个，下发清产核资实施文件436件，安排工作经费1.2亿元，组织召开动员部署会议、举办培训1013余场次，实现县区镇村干部培训全覆盖，基本解决了基层"不会清、不会核"的问题。截至2018年底，全省清产核资基本完成，清查登记集体土地等资源性资产1.76亿亩，经营性资产327.26亿元，非经营性资产845.17亿元。

（三）农村产权交易市场建设较快

在前几年试点的基础上，省级部门联合下发《陕西省农村产权流转交易管理办法（暂行）》，确定以县级农村产权交易中心建设为重点，健全农村产权交易市场体系，因地制宜推广借用金融机构场地实现资源互补的华州模式、与国企西部产权交易中心联办联营的白水模式、县级财政出资自建的泾阳模式等多种建设方式。截至2018年底，全省104个县（区）成立了县级农村产权交易中心，91个县（区）出台了产权交易管理办法，设立乡镇交易服务站（窗口）772个，组织交易4106宗，涉及土地129.4万亩，交易金额9.9亿元。同时，20个县（区）开展了农村产权抵押担保贷款业务，放贷金额达到8.2亿元。

六 发展壮大农村集体经济对策与建议

发展壮大村级集体经济，关键是要解放思想，提高认识，营造发展氛围，深化改革，健全体制机制，选配好班子，熟化模式，走多元化发展之路。

（一）加强宣传，营造发展集体经济的舆论环境

发展壮大农村集体经济，对于统筹城乡发展、脱贫攻坚、全面建成小康社会和实现乡村振兴具有重大意义。要利用各种媒体、多种形式、多种手段，大力宣传农村集体产权制度改革中涌现出的西安市和平村的城中村改革型、蓝田县董岭村的山区村双保障型、陇县西街村的城郊村物业开发型、渭南市临渭区天留村的多元合作发展型、华州区新民小镇的移民搬迁村社区建设型、合阳县沟北村的农村农业发展型、白水县和家卓村"乡村旅游+三产融合"村企共建型、榆林市赵家峁村的贫困村乡村旅游型、米脂县杨家沟村与非农企业合作的混合经济型等集体经济发展的典型经验，对优秀的农村干部、农村集体经济组织带头人大力弘扬，提高其政治地位和经济待遇，营造良好的集体经济发展舆论氛围。

（二）深化改革，全面推进农村集体产权制度改革

按照中央总体部署和省委、省政府统一安排，按照时间服从质量的要求，蹄疾步稳，确保2021年全面完成农村集体产权制度改革，建立起在村党支部领导下的村委会、监委会和集体经济组织各司其职共同治理的现代农村治理新格局，发挥好管理集体资产、开发集体资源、发展集体经济、服务集体成员等方面的功能作用。同时，加快农村集体经济组织立法进度，明确

农村集体经济组织的架构、议事规则、内控制度、监督管理、运行机制、风险防范、收益分配及管理者产生、任职条件与程序、责权利等,让其真正做到为农民创造收益、规范农村集体资产管理制度提供强有力的法律依据。陕西要尽快完成《农村集体资产管理条例》的修订,使之更适应农村集体经济发展的新形势。

(三)完善制度,建立发展集体经济的长效机制

一是加快农村产权交易体系建设,鼓励和支持农民以转包、出租、互换、股份合作等形式流转、交易农村产权,实现资本、资源、技术等要素优化配置。二是加大财政转移支付力度,继续完善分类供给机制,提升边远落后地区基础设施及公共服务供给能力,尤其是脱贫攻坚任务结束后,非贫困村的基础设施建设及公共服务供给能力提升问题。三是建立完善社会资本投资收益保障机制,吸引更多的社会资本进入村级集体经济组织,形成政府、市场、社会、村级集体经济组织协同参与的集体经济发展体制。四是强化金融保障,把信贷资金更多向新型农业经营主体倾斜,创新涉农金融机构"信贷+保险"产品,探索承包地经营权证、宅基地资格权证及使用权证、集体经济组织股权证、生产设施设备、注册商标等抵押担保办法,解决融资难题。五是建立风险防控机制,加强集体经济组织运营监管,防范和化解可能出现的经营风险和市场风险。

(四)夯实队伍,建立发展集体经济的人才架构

建设一支优秀的"一懂两爱"人才队伍。一是配强村两委班子,选好集体经济组织带头人。特别要鼓励村支书通过选举程序担任集体经济组织理事长。二是拓宽选人用人渠道,注重从退休干部、职业农民、回乡大学生、返乡农民工、复转军人、农民专业合作社理事长等新型农业经营主体中选配村干部和集体经济组织带头人。三是强化"能人"培育机制,大力实施人才振兴战略,注重对现有村干部和集体经济组织负责人、各类经营主体负责人、回乡大学生、返乡农民工、复转军人和高素质农民的培训。四是加强农

村经管干部建设,提高农经干部经济政策水平,提升指导村级集体经济发展的参谋能力、协调能力和指导能力。

(五)因地制宜,熟化推广集体经济发展模式

依托区位、交通、资源等比较优势,因情制宜,因村制宜,加快熟化推广集体经济发展模式。总结提炼实施的"百村示范、千村试点、万村推进"行动的典型案例,不断熟化经营性资产村、资源性资产村和集体经济"空壳村"以及贫困村等不同类型村集体经济发展模式,引导全省加快发展壮大农村集体经济。

B.7
陕西精准扶贫大数据平台构建研究

屈晓东*

摘　要： 在精准扶贫精准脱贫工作中，大数据平台发挥着不可替代的作用，实现了"扶真贫"、"真扶贫"和"精准施策"。在脱贫攻坚的关键时期，陕西需依托移动互联网的发展和普及，不断完善大数据平台的框架设计及其功能，充分利用大数据技术，构建政府、社会和贫困户三方互动、信息共享的精准扶贫生态圈。

关键词： 精准扶贫　大数据平台　陕西

2017年5月，陕西省启动了精准扶贫大数据平台建设。2018年9月，陕西精准扶贫大数据平台的15个主要功能和4个辅助功能正式投入使用。目前，精准扶贫大数据平台已部署在陕西省8个区（县），惠及525000户贫困家庭和2400多名常驻干部，对推动当地的扶贫工作发挥了积极的作用。陕西启动的"精准扶贫大数据平台"App，由信息收集系统和数据分析系统组成，主要通过云计算、大数据等先进技术，促进全省扶贫信息跨部门、跨区域共享，为陕西的精准扶贫工作提供了有力的支撑。贫困户的基本情况、扶贫干部的工作、各种扶贫措施的实施、各项扶贫指标的智能统计分析等，都能实时在线浏览，从而准确找到贫困的

---

* 屈晓东，陕西省社会科学院经济研究所副研究员，西北大学公共管理学院博士，研究方向为公共政策。

根源，为精准扶贫提供了解决方案，最终实现贫困精准识别、扶贫目标和扶贫措施精准到位。平台基于全省扶贫工作产生的大数据进行趋势分析和预测，较为客观地反映了陕西脱贫攻坚的进程，为领导决策提供了科学的数据支持。

一 大数据平台是精准扶贫的新助手

（一）精准扶贫大数据平台助力"扶真贫"

1. 解决了谁是贫困户、如何精准识别贫困户的问题

扶贫工作覆盖面广，持续时间长。贫困户数量、贫困成因和援助状况的实时变化，给数据的统计和编制带来了巨大挑战。过去，村级数据主要依靠扶贫干部手动采集后逐级上报，常常造成数据不准确的问题，出现减贫信息不完整、不真实、不准确的现象。原因在于，传统的文件设置机制存在弊端，不能确保对贫困人口的准确识别，导致部分贫困群体没有被列为帮扶对象。建立精准扶贫大数据平台以后，大大提高了贫困识别的精准度。将扶贫对象信息输入扶贫大数据平台后，可以保障数据的准确性和共享性，有利于识别真正的贫困户、贫困人口。基于大数据平台，可以有效强化贫困户的数据管理，获得贫困类型、贫困程度等精准扶贫所需的"第一手资料"，实现对贫困人口和贫困家庭的全面管理。借助大数据平台，可以全面收集贫困户状况、民生诉求、扶贫工作建议等，为脱贫攻坚提供最翔实、最准确的情报。平台还可以结合精准识别"回头看"，实时、及时优化和更新扶贫数据，实现精准识别、动态管理，确保精准扶贫效果，提高扶贫工作的针对性和有效性。

2. 确保了扶贫数据的可视化、预测性

长期以来，由于信息采集的不精确性和信息记录的不完备性，扶贫数据的可靠性存疑。精准扶贫是一项复杂的系统工程，扶贫数据客观上存在

分散化、碎片化的特点，导致取得的数据往往过于粗放、简单、片面化。这些分散于各个部门的扶贫数据，可以通过大数据扶贫系统集成，最终实现扶贫数据的数字化和图像化。建立精准扶贫大数据平台，一方面，可以帮助扶贫干部使用手机应用程序，以文字、图片和视频的形式，上传扶贫信息。另一方面，管理部门也可以通过计算机和手机，随时查看扶贫相关信息，实时了解扶贫工作进展，这不仅大大减轻了乡镇一级管理人员的工作压力，而且提高了扶贫工作的效率。特别是遥感测量技术等的运用，使贫困数据的采集更具及时性、准确性和全面性，大大降低了扶贫数据录入的人力成本，减少了扶贫数据录入的随意性，为精准扶贫提供了有效的数据支撑。

3. 实现了对扶贫综合信息的有效化、精细化分析

数据更新不及时，扶贫数据远远滞后于实际工作需要，容易导致精准扶贫政策失灵。利用大数据技术，可以对贫困地区的基础设施建设、经济发展、资源开发利用、交通便利程度等信息进行有效的精细化分析。平台以"大数据+"强化干部帮扶管理，深刻研究结对帮扶干部管理中存在的时间节点、扶贫难点、扶贫重点，有针对性地开发设计"扶贫口袋书"App系统。该系统设置了政策法规、工作动态、民生通道、结对帮扶等专栏，帮助广大结对帮扶干部实时在线获取扶贫信息，记录并上报扶贫工作动态，被扶贫干部亲切地称为随身携带的"扶贫宝典"。

（二）精准扶贫大数据平台助力"真扶贫"

1. 统一贫困户信息管理，实现了分类精准施策的目的

精准识别贫困人口之后，如何实现精准的扶贫仍然面临巨大的挑战。不同类型的贫困需要不同的扶贫方法来解决。有针对性地引导扶贫，不仅可以有效降低针对贫困地区、家庭和个人的政策的盲目性，而且可以更大程度地满足贫困户的多样化需求。通过完善扶贫档案，统一贫困户信息管理，开展扶贫工作，明确扶贫事权管理，达到精准扶贫、精准管理的目的。

2. 实时更新扶贫工作进展，提高了干部帮扶工作的效率

精准扶贫工作涉及面大，持续时间长，贫困家庭的数量、造成贫困的原因以及支持状况的实时变化等，给数据统计和汇总工作带来了很大的困难。经过传统的村级层面手工收集、逐级汇总和报告，容易出现掌握的数据不准确的问题。由于上、下级部门的信息访问权限不同，看到的信息也不同，例如，居民干部的工作是去看望和帮助贫困者，而村干部则可以看到整个村庄的扶贫信息和扶贫工作进展，一旦信息滞后，就会导致上级部门对下级部门扶贫工作的协助和监督不及时，不利于扶贫工作的有序推进。建立精准扶贫大数据平台，可以帮助各级扶贫工作人员实时掌握扶贫工作进展，从而有效提高扶贫干部的工作效率。

（三）精准扶贫大数据平台助力精准施策

1. 精准识别贫困原因，实现分类施策

目前，陕西省所有贫困人口的基本信息已录入国家和省级精准扶贫大数据平台，贫困人口大数据客观、翔实地记录了贫困对象家庭成员的基本情况、致贫原因、收支情况、受教育情况等。扶贫政策不精准无法将扶贫政策落实到真正贫困的地区、家庭和个人，更不能解决多元化的贫困诉求。绝大多数贫困县还需要根据贫困户的致贫原因和扶贫需求，制定"一对一"帮扶措施，全面录入贫困村和贫困人口的生产生活条件、现状照片、因户施策措施、扶贫项目等相关信息。大数据技术利用其科学化、智能化、精确化、即时化的特点，对录入的基础数据进行自动分析和匹配，为扶贫干部分类制定出适合贫困户的特色种养、乡村旅游、易地搬迁、劳务输出等帮扶措施提供科学依据，从而增加了精准扶贫的精准度，节省了分类施策的时间和成本。

2. 有效解决精准扶贫的数据缺口、数据失真和信息不对称等问题

扶贫大数据采集过程中遇到的实际问题，可以通过优化精准扶贫大数据平台得到有效解决。一个准确的大数据平台，可以帮助我们全面、动态地控制扶贫项目的实施和资金使用，确保扶贫项目到位并合理开发，

确保财政专项扶贫资金得到安全有效的利用。通过准确的扶贫目标和准确的贫困信息，可以对贫困"对症下药"。在准确的扶贫大数据平台上，可以全面了解各市、县、镇、村贫困户的分布情况，所有贫困户的家庭状况、贫困原因、生产生活状况、扶贫干部的详细信息及对贫困户的帮助计划，等等。

3. 实现精准过程管理，强化服务监管

网络电子数据库的优点在于其即时性、共享性、动态性，能够有效解决信息沟通滞后的问题，有利于扶贫主体动态掌握贫困户脱贫和返贫情况，加强精准扶贫的过程管理。在足不出户的条件下，上至县、市、省乃至中央，都能及时掌握基层电脑终端录入和更新的贫困户信息。只要终端有信息更新，上级管理部门就能第一时间获取贫困户收入变化、脱贫与否、是否返贫等信息。将大数据运用于扶贫，还可以有效避免传统考核与评价的信息不公开、空间距离限制、时效滞后等导致考核评价结果认同性和可信度不高的问题，实现对扶贫考核评价的及时化、动态化管理，使上级部门能够及时了解扶贫工作中取得的成绩，及时发现问题，及时纠偏。

二 陕西精准扶贫大数据平台的框架设计

精准扶贫信息管理平台框架设计为"1＋1＋1"模式，即"一网一台一中心"。"一网"指的是建立扶贫办门户网站，作为统一展示扶贫工作、统一发布扶贫信息的官方门户网站；"一台"指的是扶贫业务管理平台，主要包含六大子系统，分别是建档立卡管理、帮扶信息管理、资金项目管理、帮扶考核管理、数据统计管理和App手机客户端管理；"一中心"指的是依托相关政府部门的云计算数据中心，整合涉贫信息资源，建成贫困信息、帮扶信息、资金项目、政策资讯四大数据库，为扶贫各项业务工作提供数据支撑。陕西精准扶贫大数据平台框架设计思路如图1所示。

陕西精准扶贫大数据平台构建研究

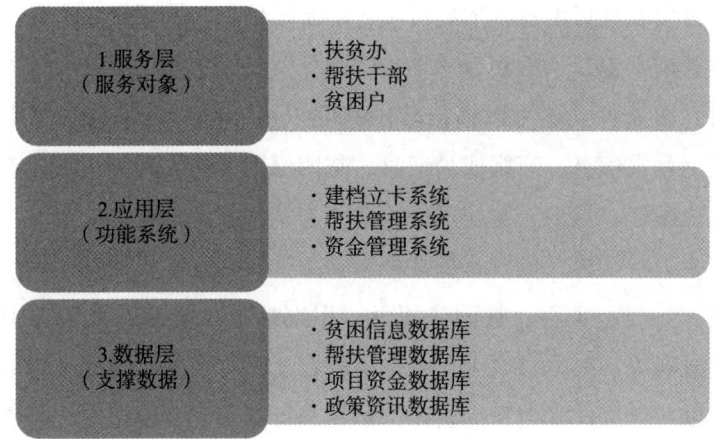

图 1　陕西精准扶贫大数据平台框架设计思路

（一）门户网站

门户网站是指与各级门户网站建设和评估指标相关的国家、省、市标准，坚持高起点规划、高标准建设、高效运作的原则，突出"资源整合"和"公共服务"两个核心。网站在信息发布、在线服务和公众参与方面的服务水平，将使扶贫办门户网站成为社会了解扶贫工作的窗口，成为开放、透明的扶贫工作窗口。营造良好的氛围，让全社会参与扶贫，充分体现了政府机构的特点和扶贫工作的特点，突出了互动性、共建性和可扩展性，为政府精准扶贫创造了"一站式"平台。

（二）建档立卡管理系统

建档立卡管理系统由两部分组成，一是贫困村、贫困户登记和信息管理。根据贫困村的识别要求识别标准，采集贫困村信息，包括基本情况、发展现状[①]、驻村工作队情况等，为贫困村建立信息档案，实现动态管理。系

---

① 包括贫困村的收入情况、社会保障、村级道路通畅、饮用水安全、农村电力安全、危房改造、特色产业增收情况、乡村旅游、卫生和计划生育情况、文化建设、信息化建设、雨露计划、扶贫小额信贷等。

统对贫困村信息进行汇总，形成贫困村的基础信息。该系统中，可以对贫困村按条件查询，包括所在区域和村的属性（是否为贫困村、非贫困村、经济薄弱村）等条件。还可以根据贫困家庭识别标准，收集有关贫困家庭的信息，包括基本信息、家庭成员信息、贫困原因、收入和支出、生产和生活条件、易地搬迁户需求、帮扶责任人等，为贫困家庭建立信息档案。通过对贫困户档案进行汇总，可以掌握并按组合条件查询贫困户的动态信息，包括所在区域、与户主关系、贫困户属性、识别标准、脱贫属性、贫困人口姓名、证件号码等。二是对贫困户、贫困村信息进行变更。建档立卡管理系统中，还可以对已经建立档案的贫困户信息进行变更和变更历史记录查询；对已经建立档案的贫困村信息进行变更和变更历史记录的查询，其中，变更类型包括贫困村信息变更、贫困村新增、贫困村出列、贫困村取消出列、贫困村信息变更（数据清洗）等。

（三）帮扶信息管理和考核系统

建立帮扶信息管理和考核系统，一方面，可以实现对驻村工作队和干部信息的管理。帮扶干部按要求为结对帮扶的贫困村制定扶贫计划，结合项目和资金开展扶贫工作，并采集和记录扶贫工作进展，市扶贫办可进行监督和监控，为政府扶贫工作宏观决策提供支持。另一方面，可以实现帮扶考核管理。根据扶贫工作要求，制定扶贫工作考核指标，作为对帮扶单位和帮扶干部工作的考核依据，根据扶贫任务指标和评价体系，对其做出绩效评价和管理。

（四）资金项目管理系统

项目管理是资金项目管理系统的重要功能之一。系统根据扶贫工作的需要，制定具有针对性的扶贫项目，包括雨露计划、易地迁移（整体搬迁、分散搬迁）、金融扶贫（小额信贷补贴、龙头企业信贷利息补贴）、产业扶贫、整体扶贫等支持项目，以实现对扶贫项目相关信息的全面管理，并控制扶贫项目的实施进度和成效。第二大功能是资金管理。通过资金项目管理系统，可以及时、准确地访问项目资金信息等，汇总并合并每个项目区域的数据，并根据项目时间自动生成详细报告和统计分析报告。

（五）数据统计系统

一是图形分析。直观形象地实时统计分析系统中各项数据的录入情况，实时监督扶贫过程中的帮扶进度。图形分析的内容包括致贫原因分析、产业扶贫分析、教育扶贫分析、健康状况分析、文化程度分析、劳动力类型分析、务工状况分析、贫困村发展分析、扶贫方式分析、贫困村分析、贫困户分析等。二是报表统计。包括贫困户汇总统计、就业扶贫统计、搬迁扶贫统计、保障扶贫统计、金融扶贫统计、生产生活情况统计、收入增幅统计、贫困属性与原因统计、帮扶次数统计、贫困户受益项目统计、贫困环境统计、贫困户录入统计、贫困户属性统计、脱贫情况统计等。

（六）手机 App

手机 App 反映扶贫动态，与网站相关栏目同步更新，实现扶贫动态的实时更新。手机 App 的第二大功能是扶贫互动，通过手机，与扶贫办相关部门实现互动，最终达到快速反映诉求、及时纠偏的目的。

三　陕西精准扶贫大数据平台的主要功能

在大数据的时代背景下，陕西精准扶贫大数据平台贯穿"精确识别、精确管理、精准评价"等整个扶贫全过程。在贫困家庭的准确识别阶段，可实现扶贫信息公布、评选结果反馈、建立贫困家庭档案和数据库等功能。在精准管理阶段，精准扶贫大数据平台通过六个关键功能模块，实现贫困家庭管理、干部任务管理和扶贫措施管理，为扶贫工作决策提供支持。在精准评价阶段，大数据平台立足于当地经济发展特点和扶贫工作要求，针对每一个贫困县、乡、村、户、人口建立全面的档案信息，深入分析贫困的成因，为村庄和家庭制定精准扶贫措施。以信息支持系统为基础，大数据平台完善其数据分析功能、在线评估和在线反馈功能，通过综合数据统计分析、相关性分析和趋势分析，为扶贫决策提供有效的预测和判断。

（一）精准识别阶段：贫困户建档立卡功能

根据贫困户的入户调查，工作人员将贫困户信息记录在准确的扶贫大数据平台中，并为每个家庭建立自己的贫困户档案。档案信息包括"贫困家庭基本信息表"和"贫困家庭需求状况表"。通过建立这两个贫困户信息表，可以确保档案信息的全面、系统和规范。为贫困户建立信息档案，便于对贫困户信息数据进行跟踪和统计，实现全省贫困户信息的综合统计和查询，为领导决策提供客观、实时的基础数据。信息公开之后，需要对结果进行反馈，即通过有效的合规的程序，确定谁是贫困居民。大数据平台对农村家庭贫困状况进行调查并建立档案卡，将所有档案信息都输入准确的平台数据库中，包括群众评估、家庭调查、公告、抽查等（见图2）。扶贫人员可以使用准确的扶贫大数据平台（包括计算机和手机）和移动App，并结合传统的纸质文件，及时公布贫困户数、申请表及贫困户名单。大数据平台还提供在线信息反馈功能，以方便反馈对选择结果有异议的贫困家庭的意见。

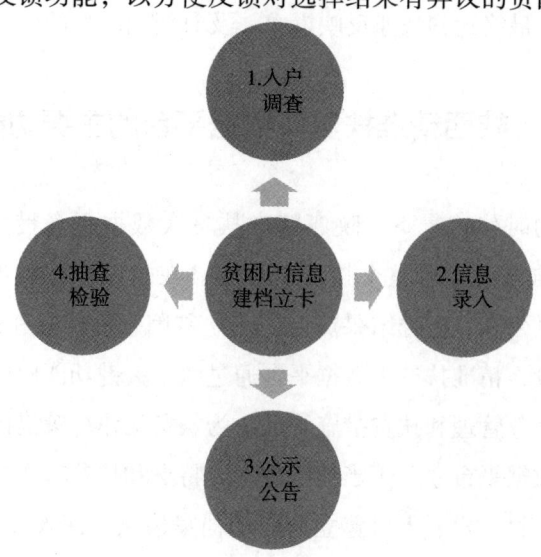

图2 贫困户信息建档立卡功能示意

(二)精准管理阶段:扶贫事权管理功能

通过扶贫事权管理系统 App,可随时随地对帮扶过程进行查询,并以图片的形式客观展示帮扶前后的效果。通过精准扶贫大数据平台的扶贫事权管理系统,可以理顺扶贫工作流程,明确省、市、县、镇四级部门在扶贫工作中的责任和权利,实现对扶贫资金、扶贫项目和项目审批的全过程监督。在精准扶贫大数据平台上,各级干部都有明确的事权管理权限,扶贫事项"谁负责,谁协调,谁推动"都有明确的责任主体。例如,驻地干部的责任是帮助村民实现脱贫目标,而村干部则可以看到整个村庄的扶贫信息和进展。通过使用精准扶贫大数据平台,可以方便省、市级政府对扶贫资金和扶贫项目进行督导,以及对县级扶贫项目进行审批和管理。各级部门有了大数据平台的支持,能够结合自身情况,加快资本整合,着重解决突出问题,有效推进精准扶贫工作,确保实现预期目标。

(三)精准评价阶段:大数据分析功能

在帮扶成效评估阶段,精准扶贫大数据平台可以提供帮助效果在线评估、在线反馈等功能。通过精准扶贫大数据平台的大数据分析系统,可以获得彼此相关的海量扶贫数据,经过专业化的数据处理,即可对全省扶贫工作产生的大数据进行趋势预测,从而更好地为扶贫工作服务。大数据平台上获取的数据非常具有实践意义,它反映了贫困的原因、援助的效果以及贫困家庭的分布,为领导决策并优化扶贫政策提供了科学的依据。精准扶贫大数据平台可提供信息查询、综合数据分析、统计报告、业务分析、统计分析、数据挖掘、趋势分析等信息资源服务,扮演着四个重要的角色。第一,通过该系统,我们可以快速掌握扶贫工作的进展情况,准确监测和管理数据,为决策提供支持。第二,可及时收集并更新数据,减少了盲目操作。第三,相对逐层级的信息沟通,扶贫政策在信息网络中的传播更加顺畅。第四,平台使用 GPS 定位功能,对扶贫工作人员是否到达扶贫工作场地进行监督。

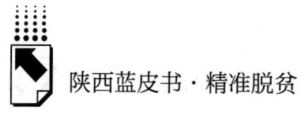

四 优化陕西精准扶贫大数据平台的建议

陕西构建的精准扶贫大数据管理平台，快速、准确地宣传陕西的扶贫开发政策，实时共享扶贫成就和扶贫经验，激发了贫困群众脱贫致富的内生动力和扶贫干部干事创业的信心与决心，营造了"人人了解扶贫、人人关心扶贫、人人参与扶贫"的互帮互助的良好氛围。未来的陕西大数据扶贫系统应该打造为"全方位、精细化、精准化"的扶贫主体与扶贫对象之间良性互动、扶贫资源高效率配置的全方位综合扶贫系统。因此，建议从以下几方面进行系统优化。

（一）优化扶贫信息采集系统

要优化贫困家庭信息收集系统，必须全面收集有关贫困家庭的信息，包括有关家庭贫困背景、经济收入状况、身体健康状况、社会关系和信用等级的信息。对每个村庄、家庭和个人的信息进行全面翔实地录入和维护管理。按照国家制定的贫困等级评价制度，对每个农户的贫困水平进行评估，并根据农户的贫困水平进行分类，并利用大数据技术创建数据库，进行分析和整合，以准确地提出扶贫建议。在使用大数据进行详细、简单和标准化的数据分析和处理时，需要注意以下几个方面。首先，确定识别贫困退出的标准，并将特别贫困、贫困、比较贫困和脱贫作为四个评价标准。其次，设定多元化的脱贫评估指标，包括贫困家庭的自我评估、村民的相互评估、政府职能部门的审查和第三方机构的评价。最后，利用大数据技术对贫困地区和贫困人口的扶贫状况进行分析和评估，以确保脱贫的规范化、科学化、真实性和公平性。

（二）优化扶贫数据分析系统

第一，确保减贫数据是有价值的和最新的，然后进行分析和处理。由于各个地区文化水平和经济水平存在差异，需借助大数据信息分析系统找出贫困家庭的贫穷原因，并进一步确认致贫原因是残疾、灾难、劳动力短缺、资金不足，还是土地和水资源缺乏、交通运输落后或内生动力不足。结合分析结果，制定有针对性的精准帮扶措施，确保扶贫措施的科学性和有效性。第二，在线分析扶贫数据。整合村镇、乡镇、区县、省市之间的扶贫数据和信息，进行多维有效的在线数据分析和处理，以确保第一时间了解每个地区的减贫和扶贫情况，实时优化扶贫资源配置，提高精准扶贫效率，为国家在各个地区实施有效的减贫宏观调控提供决策参考。

（三）优化精准扶贫监管系统

建构扶贫项目资金监管平台，有效地监控和管理扶贫资金的流动。严格监督扶贫开发资金的流动，杜绝挪用扶贫资金等不良行为，确保扶贫项目资金与贫困人口有效对接。利用大数据动态监控平台，扩大产业资本规模，整合扶贫资源信息，实现社会效益最大化。科学决策，动态监督和跟踪扶贫项目，确保在实践中扶贫资金"落到实处、用到好处"，最大限度地利用扶贫资金和资源。项目执行部门在规定的时间内输入扶贫项目的详细信息并将其上传到云平台，然后监督管理人员实时跟踪和监督平台系统信息，了解资金流向和资金分配情况，及时防止扶贫资金套取或扶贫资金冒领。优化各级扶贫开发信息监管系统平台。政府、扶贫开发办公室、纪律检查部门及其他有关扶贫监督部门进行监督，包括现场调查并核实扶贫信息的真实性以及扶贫项目实施者的行为。监督责任落实到具体人员，实时跟踪和监督扶贫对象、扶贫项目和扶贫资金，提高扶贫效率，使贫困地区受益，真正摆脱贫困。

（四）优化大数据扶贫系统的安全管理

大数据的应用在精准扶贫过程中，既是机遇，也是挑战。扶贫大数据的安全管理尤为重要。扶贫大数据的安全性来自内部和外部。在对内部管理人员进行安全培训和监督的同时，应优化和升级安全保护系统，通过采用数据结构化来增强扶贫数据的安全性。同时，可采取建立异构数据中心安全系统等措施，加强本地数据的安全性。这些安全保护措施可以智能识别和监控异

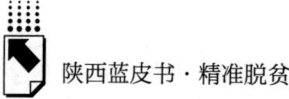

常数据，并及时防止非法数据的入侵，从而保证了扶贫大数据的安全。此外，还可以使用纯数据模型和系统自检来减少信息泄露，并创建基于云计算的异构数据中心安全系统，以加强对扶贫信息的保护。

参考文献

李晓园、钟伟：《大数据驱动中国农村精准脱贫的现实困境与路径选择》，《求实》2019年第5期。

闫菲、卢山、高迎：《大数据技术在精准扶贫中的应用研究》，《数字通信世界》2019年第9期。

解静静：《大数据助力精准扶贫问题研究》，《江西农业》2019年第14期。

李杰义：《大数据赋能精准扶贫智慧决策》，《中国社会科学报》2019年6月11日第7版。

钟国庆：《精准扶贫下大数据运用分析研究》，广西师范大学硕士学位论文，2019。

于丽莎：《大数据思维下精准扶贫模式的创新》，《科技经济导刊》2019年第2期。

B.8
陕西产业扶贫可持续发展研究

赖作莲**

摘　要： 随着脱贫攻坚取得决定性进展，巩固提升脱贫成果成为扶贫工作新的重点任务。产业扶贫作为脱贫攻坚八大重点工程的首要工程，是扶持力度最大、带动面最广的一种扶贫方式，其可持续发展将直接关系到脱贫攻坚成果的巩固。当前陕西产业扶贫可持续发展还面临着产业以农业为主，同质化严重；部分扶贫项目的实施主体实力较弱；贫困户缺乏经营能力，难以应对生产和市场风险；扶贫产业对政策扶持依赖程度高；产业扶贫项目的时限性及偏向于产业发展的运作方式；基础设施短板等问题和困难。为促进产业扶贫可持续发展，要丰富产业扶贫类型；培育壮大新型农业经营主体；提升贫困区域的自我发展能力；优化产业扶贫的政策支持，强化扶贫资金的"造血功能"；改进和优化产业扶贫项目的运作方式；补齐扶贫产业发展的基础设施短板。

关键词： 产业扶贫　可持续发展　陕西

在脱贫攻坚取得决定性进展后，巩固提升脱贫成果成为扶贫工作新的重点任务。产业扶贫作为脱贫攻坚八大重点工程的首要工程，是扶持力度最

---

* 本研究为陕西省社会科学院2019年度重点研究课题（19ZD03）阶段性成果。
** 赖作莲，陕西省社会科学院农村发展研究所副研究员，博士，研究方向为农业经济管理。

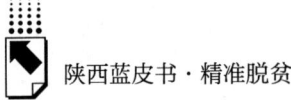

大、带动面最广的一种扶贫方式，其可持续发展将直接关系到脱贫攻坚成果的巩固。本文在梳理陕西产业扶贫发展的做法、成效基础上，分析可持续发展面临的困难，并探讨促进产业扶贫可持续发展的路径与对策。

一 产业扶贫的可持续发展关系脱贫攻坚成果的巩固

（一）产业扶贫是首要的脱贫攻坚工程

产业扶贫是我国重要的专项扶贫开发模式之一，是贫困地区实现脱贫的根本之策。《"十三五"脱贫攻坚规划》，将产业发展脱贫列为首要的脱贫攻坚重点任务，明确要求："立足贫困地区资源禀赋，以市场为导向，充分发挥农民合作组织、龙头企业等市场主体作用，……每个贫困县建成一批脱贫带动能力强的特色产业，每个贫困乡、村形成特色拳头产品，贫困人口劳动技能得到提升，贫困户经营性、财产性收入稳定增加。"

产业扶贫被作为陕西脱贫攻坚的首要战略和重头戏。《陕西省"十三五"农村脱贫攻坚规划（2016～2020年）》，明确要扎实推进产业扶贫，实施特色产业、旅游、电商、光伏等产业扶贫工程。《中共陕西省委 陕西省人民政府关于打赢脱贫攻坚战三年行动的实施意见》（2018年）强调要扎实推进产业扶贫。同时，各级政府加大对产业扶贫的资金投入，将70%左右的国家扶贫资金用于产业扶贫，仅2019年陕西省专项投入农业产业帮扶资金达3.187亿元。

（二）产业扶贫取得成效是决战决胜脱贫攻坚的前提和基础

产业扶贫涉及人数众多。在"八个一批"的帮扶需求中，需要产业扶贫帮扶的，2017年安康有14.24万户42.83万人，占总贫困户的86.2%、总贫困人口数的94.35%；到2019年，安康需要产业扶贫的仍有5.29万户17.52万人，分别占46.79%和64.99%；咸阳需要产业扶贫的有1.27万户3.53万人，分别占62.9%和74.44%。

(三)产业扶贫的可持续发展是实现稳定脱贫的重要保证

产业是经济发展的重要基础和支撑。扶贫产业的持续发展是贫困群众获得持久稳定收入的重要保障,是实现可持续生计的根本。综观扶贫开发的历程,频繁地出现过贫困群众脱贫后又返贫的事件。尽管返贫原因复杂,但是缺乏可持续发展的产业支撑是主要原因。只有产业持续发展,贫困地区和贫困群众才能有经济上的持续来源,稳定脱贫才具有根基。

(四)产业扶贫的可持续发展确保脱贫攻坚与乡村振兴的有机衔接

实施乡村振兴战略是党和国家既定的战略方针。打赢脱贫攻坚战与乡村振兴密切相关,二者相辅相成,互为因果,互补互助。实现乡村振兴的首要目标任务是产业兴旺,而在脱贫攻坚中产业扶贫发展起来的众多产业,是乡村振兴产业兴旺的重要基础。扶贫产业的持续发展将直接实现产业兴旺。扶贫产业的持续发展也意味着群众有稳定的就业和持续的收入,实现乡村振兴生活富裕目的。

二 陕西产业扶贫的主要做法与成效

(一)全力打造扶贫特色产业体系

陕西按照"大产业、大扶贫、大带动"的基本思路,立足资源禀赋和已有产业基础,着力打造"3+X"扶贫特色产业体系。"3"即大力发展以千亿级苹果为代表的果业、以千亿级奶山羊产业为代表的畜牧业、以千亿级棚室栽培为代表的设施农业;"X"即因地制宜做优做强若干区域特色产业,比如茶叶、魔芋、中药材、核桃、红枣和有机、富硒、林特系列优势"单项"特色农产品等。

重点培育贫困县的特色产业。在 56 个贫困县确定了两大类 8 种主导产

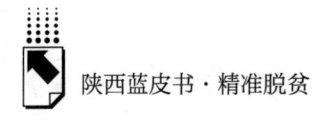

业和五大类 27 种小众产业。确保每个贫困县扶持 2~3 个特色产业集群，每个贫困村至少 2 个产业项目落地实施，有劳动能力的贫困户实现有长短结合的产业。

（二）推动扶贫产业多元发展的格局

陕西在实施产业扶贫中立足农业，又跳出农业，因地制宜发展光伏、乡村旅游、电子商务等产业，形成多门类多渠道多层次的扶贫产业发展格局。

1. 因地制宜开展光伏扶贫

光伏扶贫是通过在光能丰富的贫困地区建设光伏发电站，将所得收益用于建档立卡贫困村和贫困人口脱贫的一种扶贫方式。国家发改委、国务院扶贫办等 5 部门于 2016 年 3 月发布《关于实施光伏发电扶贫工作的意见》，决定在全国具备光伏发电建设条件的贫困地区逐步开展光伏扶贫工程。

国家在陕西实施的第一批光伏扶贫项目集中在延安。2016 年延安市获批国家能源局、国务院扶贫办的光伏扶贫项目，容量 266 兆瓦，其中集中式光伏项目 11 项，容量 200 兆瓦；村级电站（含户用系统）规模 66 兆瓦。2017 年，陕西省在延安实施光伏扶贫项目 37 个，总装机容量 26.63 万千瓦，惠及 1.6 万贫困户。目前，光伏扶贫项目遍布蓝田、太白、长武、宜君、蒲城、延长、佳县、勉县、汉阴、洛南等多地。

2. 实施乡村旅游扶贫

陕西省将乡村旅游扶贫作为脱贫攻坚的重要抓手，加大贫困地区旅游资源的开发力度，整合相关旅游资源和项目资金，加快旅游产业发展，带动贫困人口脱贫致富。

在实施乡村旅游扶贫过程中，积极推动"五变战略"，即景区变扶贫基地、旅游项目变扶贫开发区、乡村旅游点变精准扶贫点、农产品变旅游商品、贫困人口变经营老板；实施"六个一批"，即分别由旅游示范县建设、旅游景区建设、文化旅游名镇建设、旅游扶贫试点村建设、汉唐帝陵旅游带发展和旅游土特产生产销售带动脱贫，有效地促进 1178 个旅游扶贫重点村建设和 17 个国家全域旅游示范区和省级示范县的创建。

3. 推进电商精准扶贫

2015年陕西省安排财政专项扶贫资金1000万元，在周至、太白、永寿、耀州、白水、宜川、绥德、镇巴、紫阳、丹凤10个县（区），开展电子商务扶贫试点。此后，电子商务扶贫进展加快。各地结合当地实际，积极探索电商精准扶贫的新途径、新模式，依托各级扶贫开发大数据平台，不断创新电商与建档立卡贫困户的组合模式。

随着国家电子商务进农村综合示范项目实施力度的加大，对贫困地区的支持力度也在加大，全省56个贫困县已全部覆盖了电子商务进农村综合示范项目。陕西省富平县、周至县、平利县还进入阿里巴巴"2017~2018年全国贫困县农产品电商50强"榜单。电商有力地带动了贫困村和贫困户脱贫致富。

（三）多元主体带动产业扶贫

陕西通过多元新型农业经营主体对贫困户的带动作用，精准对接贫困户，带动产业扶贫。新型农业经营主体通过入股分红、订单收购、技术服务等形式，创新农业经营模式和社会化服务，增加贫困户工资性收入、财产性收入、转移性收入和经营性收入，实现贫困户脱贫。据不完全统计，仅到2017年，全省有3万多个新型经营主体参与产业扶贫，带动24.8万贫困户发展产业。新型农业经营主体带动的贫困户占全省产业脱贫户总数的近60%。

通过新型农业经营主体向前延伸建基地、向后延伸接物流，将群众有效地嵌入新型农业经营主体产业链，推动农户与现代农业有机衔接，变短期、零散产业为长期、稳定产业。

与此同时，还充分发挥国有企业、民营企业带动贫困户脱贫的作用，整合42家省属企业以及51家驻陕央企，组建9个国企"合力团"，助力9个市产业脱贫，促进贫困群众就业增收；持续推进民营企业"万企帮万村"行动。

（四）总结典型模式

在推进产业扶贫过程中，认真总结各地创造性实践，形成行之有效的产业扶贫模式。初步总结出"项目超市"模式、"先借后还"模式、"果园托

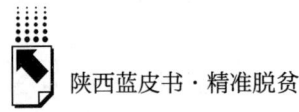

管"模式、供销合作模式、"三变"模式、"折股量化"模式等多种使贫困群众受益良多的模式。

三 产业扶贫可持续发展面临的困难及成因分析

产业扶贫的可持续发展,既要求产业本身发展起来,又要求贫困户能从产业发展中受益。实现扶贫产业可持续发展面临的所有困难都源于产业本身发展不起来,或者产业发展起来后,贫困人口不能从中受益。具体表现如下。

(一)扶贫产业以农业为主,同质化严重

产业扶贫应涵盖一、二、三产业,但总体上产业扶贫以农业为主。从对建档立卡贫困户实施的产业帮扶看:对长武县、紫阳、宜川、平利等4县387户建档立卡贫困户产业帮扶的调查发现,359户贫困户所获得帮扶产业类型为农业,其中,种植业占78.53%,养殖业占59.12%[①]。

从苏陕扶贫协作项目看:江苏与陕西是对口帮扶省份,江苏为助力陕西脱贫攻坚,实施了一系列项目。2018年柞水县苏陕扶贫协作产业合作涉及14个项目,其中12个为农业项目,计划对口帮扶资金730万元,农业项目所涉资金为670万元。2018年紫阳县苏陕扶贫协作产业合作涉及14个项目,其中8个为农业项目,计划对口帮扶资金1130万元,农业项目资金为540万元。2018年恒口示范区苏陕扶贫协作产业合作涉及3个项目,均为农业项目。可见,苏陕扶贫协作项目也以农业项目为主。

立足于农村自然资源、人力资源(劳动力技能和素质)、产业基础等条件,实施以农业为主的产业帮扶,有其合理性、必然性。但是各地都通过农业产业扶贫,则会导致产业雷同,发生"谷贱伤农"的情况,影响产业持续发展。各地都强调发展特色农业,但是很多地区发展起来以后,"特色"也就不"特"了。

---

① 部分贫困户同时获得种植业、养殖业帮扶。

茶叶是陕南重要特色产业，也是重要的扶贫产业。2018年陕西茶园面积207万亩，比2017年增加了17.1万亩；2018年茶叶产量73547吨，比2017年增加了6976吨。但是茶叶市场趋于饱和的形势明显。2018年，全国干毛茶产量261.6万吨，而茶叶内销总量191.05万吨，茶叶出口量36.47万吨，内销和出口合计只有227.52万吨，意味着大约有34.1万吨库存。中药产业是陕南重要的扶贫特色产业，但部分产品已经出现了价格大幅波动下跌的情况。2015年镇安县白及价格为200元/斤，而2018年仅为30元/斤。

（二）部分扶贫项目的实施主体实力较弱难以发展产业

在脱贫攻坚中推动形成了多种由龙头企业、合作社等带动贫困户脱贫致富的扶贫模式，旨在借助经济实力强、经营能力强的新型主体的力量，带动贫困户发展产业，实现脱贫。因而在项目的实施中，应选择由实力最强、发展最好的公司企业来承担项目。由于扶贫项目必须要带动贫困户脱贫致富，承担项目的主体，在获得扶贫项目支持时，都必须承担"连带责任"。因而，一些实力强、周转资金充足的企业并不愿意承担此类项目，以免扶贫帮助影响其正常的生产经营活动。而一些实力相对较弱、周转资金不足的企业，却较积极申请此类项目，目的是利用项目资金缓解其资金困难。最后的结果是，本应该由实力最强、发展最好的经营主体承担的项目，却有相当一批落到了经济实力、经营管理水平相对较弱势的经营主体身上。

本身缺乏竞争力、实力弱、管理水平低的企业、合作社，在得到项目资金支持后，暂时得以维持发展，但是在项目支持结束后，一旦遇到市场波动，很容易陷入经营困境，难以推动产业持续发展。

（三）贫困户缺乏经营能力，难以应对生产和市场风险

以贫困户自身为主体的产业扶贫，主要是针对有劳动能力的贫困户，通过对其进行技术帮扶、资金扶助等支持，使其发展产业，摆脱贫困。但是在市场经济条件下，发展产业不仅需要生产能力，更需要市场经营能力；要求经营者既要掌握生产技术，又要了解市场销售信息、渠道，较好地规避市场

风险。有劳动能力的贫困户未必有经营能力。事实上，大多数有劳动能力的贫困户文化程度都偏低，缺乏技能，缺乏经营能力。

有些贫困户通过"公司+贫困户""公司+合作社+贫困户"等方式，依靠企业、合作组织的力量进行经营。但是贫困户与公司、合作社之间松散的利益联结，不足以让贫困户抵御生产风险和市场风险。一旦遭遇市场风险，合作关系就可能断裂，贫困户利益将难以保障。正是因为贫困户缺乏经营能力，即使有的产业扶贫项目在短时期内有成效，但从长期看，还是存在失败的风险。

（四）扶贫产业对政策扶持依赖程度高，市场竞争力较弱

为如期打赢脱贫攻坚战，各地采取了一些超常规的举措和办法。对产业扶贫的支持力度前所未有。陕西采取"资金整合、项目带动"的办法，聚集资源、捆绑资金，集中投向产业扶贫。2017年，陕西省引导贫困县整合涉农资金125亿元，其中60.6亿元用于产业扶贫；对56个重点贫困县区下达500万元产业扶贫专项资金；组建扶贫产业投资基金，融资10亿元；陕西省农业厅配合"三变"改革，为56个贫困县整合了6亿元产业扶贫资金，支持贫困县产业发展。2018年，陕西省农业部门安排农业产业发展资金2.6亿元。2019年，陕西专项投入农业产业帮扶资金3.187亿元。这些资金仅是产业扶贫资金支持的一部分，仅从这些资金支持，就足以看出支持力度之大。但在某种程度上说，产业资金扶持力度越大，产业的可持续发展越不确定，因为产业的初期发展需要巨额的资金扶持，而本身是否具有生命力、竞争力还不确定。

（五）产业扶贫项目的运作方式存在不利于产业扶贫可持续发展的因素

1. 产业扶贫项目对贫困户的带动不够

以农业产业化龙头企业等新型经营主体带动的产业扶贫项目，更偏向于产业发展项目，存在带贫益贫不力的问题。鉴于贫困户的生产能力、发展能力弱，现行的产业扶贫往往将扶贫资金、资源投向龙头企业、合作社，以及"能人""强人"，由龙头企业、合作社带动贫困户脱贫致富。虽然对使用资金、资源的龙头企业、合作社有带动贫困户的要求，但通常新型经营主体所获得的资金补助往往远大于其带动贫困户所需花费的成本。

在项目实施的评价指标中，对扶贫成效考量的指标较少，也缺乏有效的监督和问责机制，导致一些地方虽然产业有所发展，但贫困户受益有限。因而，一些地方出现产业扶贫项目"看起来很美"，但与真正的贫困户关系并不大，"只见项目不见贫困户"的现象。

2.产业扶贫项目的时限性，使贫困户难以长期受益

产业扶贫的项目制运作缺乏长久投入。产业扶贫都以项目的形式实施，而项目制与常规的任务与活动的根本区别，在于项目是临时的任务和活动。既然是临时的，那么在任务完成后，就没有相应的后续资金。不少扶贫项目，因为后期没有相应的维护运营资金，而实际被闲置起来。

在产业扶贫项目中，农业龙头企业、合作社等新型农业经营主体通过参与产业扶贫项目，获得扶贫产业扶持资金和资源，为获得产业资源和资金，他们必须承担带动贫困户的任务。也就是说，新型农业经营主体带动贫困户是项目任务，随着项目结束，如果没有后续的投入及相关政策，新型农业经营主体带动贫困户的任务也将随之结束。而新型农业经营主体中止对贫困户的带动，就意味着以新型农业经营主体为主体实施的产业扶贫，不能给贫困户（脱贫户）带来持续的收入，也就意味着产业扶贫未能实现持续发展。

3.产业扶贫资金的资本化运作对贫困户产业发展能力提升不力

为了将缺乏经营能力的贫困户嵌入产业链条，一些地方对产业扶贫资金进行资本化运作，将产业扶贫资金作为资本注入企业，贫困户享受相应的股权收益。产业扶贫资金资本化的运作方式，对于没有劳动能力的贫困户不失为一种增加收入实现脱贫的好途径，但是对于有劳动能力的贫困户，除了获得一定的政策性扶贫资金的股权收益外，并不参与产业的发展，对其产业发展能力的提升作用并不大。

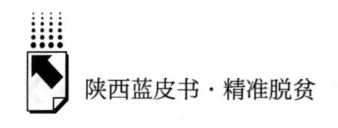

（六）贫困地区还存在基础设施短板

虽然脱贫攻坚战使贫困地区的基础设施实现了根本改观，但贫困地区仍存在基础设施短板。在交通基础设施方面，公路等级低，路面偏窄，桥涵、排水、安防等基本配套设施不足，乡道及以上行政等级公路还存在一定的安全隐患，一些地区还不通生产道路、旅游路。在水利基础设施方面，一些贫困地区还存在农田用水难问题，集中供水率、自来水普及率、水质达标率离群众满意还存在较大差距。在电力基础设施方面，一些贫困村存在动力电不足、基础设施老化问题，山区少数偏远农村存在网络覆盖质量不高问题。基础设施和公共服务落后势必影响产业扶贫的可持续发展。

四 促进产业扶贫可持续发展的对策建议

（一）拓宽产业扶贫类型，形成扶贫产业多门类发展的格局

产业扶贫不能局限于农业扶贫，要积极推动非农产业扶贫，实现一二三产业联动扶贫发展格局。顺应乡村振兴和高质量发展要求，依托农村资源条件，将产业扶贫类型拓展、延伸到生态产业、信息产业、文化产业、体育产业、健康产业、养老产业、旅游产业、教育培训产业、现代手工业、农产品加工业等众多产业。

发展生态产业要在生态修复、农村人居环境改造上加大投入和扩大就业空间。信息产业扶贫要进一步提升农村电子商务水平，除了做好农产品的电子商务外，还要积极推动农业生产资料、休闲农业、乡村旅游以及教育、医疗、健康、养老、文化等产品和服务的电子商务发展。发展文化产业要积极扶持乡村区域的文化创意产业，把乡村的文化资源转化为文化软实力、影响力和经济利益，例如广西桂林阳朔的山水实景演出《印象·刘三姐》，将文化资源变成实实在在的收益。发展体育产业要挖掘乡村体育的价值，充分体现乡村体育的自然性、乡村地域文化性和趣味性。发展健康产业既要发展以

农村居民作为目标消费人群的健康产业，又要发展以城市居民作为目标消费人群的健康产业项目，既充分利用乡村生态环境优势，又将健康产业的产能从城市转向乡村。发展养老产业要利用乡村地区环境优势，吸引城市老年人口前来养老。发展旅游产业要优化升级乡村旅游，推动农业旅游、乡村人文旅游、科普旅游，发展乡村酒店业，提升民宿水平。发展现代手工业，让传统手工业焕发时代光彩。发展农产品加工工业，把农产品潜在的附加值充分挖掘出来。这些产业的发展，不仅可以带动贫困人口就业增收，而且可以改善农村人居环境。

（二）培育壮大新型农业经营主体，增强产业扶贫带动力

新型经营主体是产业扶贫的主力军，要加快培育壮大新型农业经营主体，增强贫困地区产业扶贫的带动力。提升新型农业经营主体帮扶带动能力。加大对贫困地区龙头企业、农民合作社、家庭农场、农业社会化服务组织的扶持力度。根据带动贫困人口数量、增收情况、是否建立稳定合理的增收机制等情况，采用担保融资、财政贴息、政策保险、以奖代补等多种方式，降低新型经营主体的生产成本和经营风险，支持新型经营主体发展农产品精深加工，延长产业链条，开展"三品一标"认定和产品认证，创建优势品牌。

在农业补贴、税收、土地政策上，加大对新型经营主体的支持力度。支持龙头企业、合作社等新型经营主体牵头建设现代农业产业园。加快建设一批现代农业产业园。发挥现代农业园区、农产品加工园区的引领功能，支持龙头企业、合作社等新型经营主体牵头发展生产、加工、物流，培育农产品品牌。完善新型农业经营主体帮扶长效机制。推动龙头企业、农民合作社、家庭农场和农业社会化服务组织与贫困户构建"产业经营共同体"，共同分享经营利益，完善产业扶贫精准脱贫的长效机制。

（三）提升贫困人口、贫困地区的自我发展能力

自我发展能力是脱贫致富的根本依靠。要由单纯地以收入扶贫、物质扶贫为主转变为提高人力资本积累的自我发展能力扶贫。只有不断培养与提升

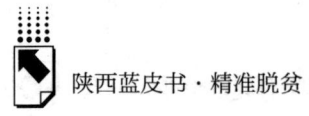

贫困人口、贫困地区的自我发展能力，才能使其真正走上持久脱贫的康庄大道。只有增强自我发展能力，才能提升抵御自然灾害、社会变动造成不利影响的能力，从而才能更直接有效地消解和斩断致贫因素，巩固扶贫成果，实现脱贫致富及产业的长效发展。

提升贫困人口自我发展能力，既要强化教育培训，包括结合贫困人口的实际状况开展技能培训、就业及择业培训、岗前培训等工作，提升其就业能力，又要加强实践探索和历练，通过让贫困人口参加生产实践活动，培养其自我发展能力。

提升自我发展能力，不仅要提升贫困人口的自我发展能力，而且要从宏观上提升贫困地区的自我发展能力，增强企业的内生力，提升企业的"造血"能力，形成带动贫困人口脱贫致富的强大引擎。

（四）优化产业扶贫的政策支持，强化扶贫资金的"造血"作用

以市场逻辑推进产业扶贫。转变政府角色和职能，积极向引导者和协调者转变，充分尊重产业扶贫的市场逻辑，推动扶贫工作市场化，更多利用市场机制配置产业扶贫资源。根据市场需求，审视市场风险变化，综合考虑扶贫产业和产品的优劣势、发展前景等，不断调整和优化扶贫产业、产品结构，增强市场竞争力。

发挥产业扶贫资金的资本引导基金作用。改进产业扶贫资金的使用方式，提高资金使用效率。在增加财政投入的同时，要吸引社会资本参与产业扶贫。将产业扶贫作为引导基金，引导社会资本进入贫困地区，投资开发具有资源优势、政策支持、亟须发展和扶贫效果突出的产业，放大财政资金的杠杆效应，扩大辐射范围，最大限度地提高扶贫资金的扶贫效果。

（五）改进和优化产业扶贫项目实施

加强对产业扶贫项目后继运行的投入。陕西已明确脱贫摘帽后，还要继续加大巩固脱贫成果的政策投入。脱贫后要调整产业扶贫的支持方式，由支持建设新的产业项目，转到促进已建成产业项目的发展壮大，后期维护运营上，促进产业可持续发展。

完善扶贫产业项目的带贫益贫机制。注重选好扶贫产业项目的实施主体，明确参与扶贫的企业、合作社等实施主体的责任。对于以务工就业带动贫困户的扶贫产业项目，要签订规范企业用工合同，明确用工时间、工资标准及工资发放方式。对于以股份收益带动贫困户的扶贫产业项目，既要对扶贫专项资金、扶贫贷款资金实行公开透明的管理，又要签订明确规范的协议，防止贫困户的股权收益难以兑现。

创新多元化利益联结机制，让拥有全生产要素、缺乏部分生产要素和零生产要素的贫困户都搭上产业扶贫这班车。综合考虑产业特点和市场平均投资回报率，建立健全收益分配机制，兼顾各方利益。

（六）补齐扶贫产业发展的基础设施短板

坚持把基础设施建设作为促进产业持续发展的有效途径。着力建设有利于扶贫产业发展的水、电、路、信等基础设施。加快建设和完善贫困地区的交通运输网，抓好"四好农村路"建设。推进危房改造，加宽改造窄路基路面。加快乡村旅游路、产业路、资源路建设和改造，促进贫困地区潜在资源开发利用。推进贫困地区国家级层面的路网建设，提升贫困地区战略地位。巩固提升农村饮水安全工程，强化水源保护和水质保障，保障农村集中供水、自来水供给。加快贫困地区水利基础设施建设，保障吃水用水安全。加快农网改造升级，在保障电力入户率达到100%的基础上，促进自然村通动力电。推动网络信号基础设施全方位覆盖。引导基础电信企业加大投资力度，深入推进农村电商发展，不断完善和创新"互联网+"扶贫模式。此外，还要加强农产品加工和贮藏基础设施建设。

参考文献

刘俊芳：《扶贫产业要走可持续发展道路》，http：//www.sohu.com/a/318640986_

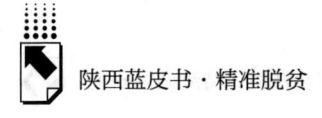

100139165。

王国庆、许萱、张吉忠：《关于进一步推动宁夏扶贫产业可持续发展的对策建议》，《农业经济》2018年第8期。

张琛、高强：《论新型农业经营主体对贫困户的脱贫作用》，《西北农林科技大学学报（社会科学版）》2017年第2期。

荀丽丽：《悬置的"贫困"：扶贫资金资本化运作的逻辑与问题》，《文化纵横》2016年第6期。

林万龙、华中昱、徐娜：《产业扶贫的主要模式、实践困境与解决对策——基于河南、湖南、湖北、广西四省区若干贫困县的调研总结》，《经济纵横》2018年第7期。

史普原：《"科层为体、项目为用"：一个中央项目运作的组织探讨》，《社会》2015年第5期。

区 域 篇

Regional Reports

B.9
陕南易地扶贫搬迁地区乡村振兴的现状、问题及对策研究[*]

孙晶晶 任林静 黎 洁[**]

摘 要： 易地搬迁是精准扶贫"五个一批"的重要内容之一，探究易地扶贫搬迁地区推进乡村振兴战略的现状、路径与问题对有效衔接乡村振兴战略与精准扶贫战略有重要意义。本文基于陕南易地扶贫搬迁地区的特点和产业发展的重要地位，总结、归纳出易地扶贫搬迁地区实现乡村振兴战略的关键在于农业现代化和以"农旅融合"为代表的产业融合。易地扶贫搬迁

---

[*] 本研究为陕西省社科重大现实问题专项"陕西脱贫攻坚与乡村振兴有效衔接的目标、重点与措施研究"（2019ZD02）阶段性成果。

[**] 孙晶晶，西安交通大学公共政策与管理学院博士生，研究方向为农村发展；任林静，西北工业大学人文与经法学院讲师，研究方向为生态补偿与农户生计；黎洁，西安交通大学公共政策与管理学院教授，博士生导师，研究方向为农户生计与环境保护、农村扶贫、旅游经济学。

工程的实施虽为乡村振兴战略的实施提供了要素聚集、政策支持等诸多有利条件,但仍面临耕地限制、资金不足、新型经营主体培育迟缓、资源环境约束大、市场开发不足等问题。因此,需从农村土地流转制度体系、资金筹措与管理、新型经营主体培育与发展、生态保护与环境治理、旅游市场开发等方面提出建议。

关键词: 易地扶贫搬迁　乡村振兴　农业现代化　产业融合　陕南

一　研究背景

党的十九大报告明确提出要实施乡村振兴战略,"要坚持农业农村优先发展,按照产业兴旺、生态宜居、乡风文明、治理有效、生活富裕的总要求,建立健全城乡融合发展体制机制和政策体系,加快推进农业农村现代化"。2018年1月2日,《中共中央国务院关于实施乡村振兴战略的意见》提出"做好实施乡村振兴战略与打好精准脱贫攻坚战的有机衔接"。以往研究表明,精准扶贫与乡村振兴战略之间的关系主要体现为以下三方面。①精准扶贫是实现乡村振兴的重要前提。乡村振兴战略目标的实现并不是一蹴而就的,是分阶段逐步推进的,其中摆脱贫困是前提。②乡村振兴战略的制定对精准扶贫提出更高的要求。乡村振兴是包括经济、社会、生态等多方面的振兴,这就要求精准扶贫不能仅局限于发展产业,提高农民的绝对收入,还需要通过发展教育、改善基础设施等措施促进农村全方面振兴。③精准扶贫是实现乡村振兴的重要内容及阶段性任务。乡村振兴是多方位、多渠道的,精准扶贫通过多种创新扶贫模式,带动区域发展,为乡村振兴奠定基础。其中,易地搬迁是精准扶贫"五个一批"重要内容之一,是解决"一方水土养不起一方人"问题的根本之策,也是全面实现乡村振兴的重要支撑。因此,搬迁地区要立足当前,着眼长远,正确处理好打赢易地扶贫搬迁硬仗和实施乡村振兴战略的关系，相互衔接，统筹推进，当前工作重点是加快完成易地搬迁任务，打赢脱贫攻坚战，长期任务是做好搬迁撤并村庄等后续工作，推进乡村振兴。

结合陕南地区特点，易地扶贫搬迁工程能够有效促进乡村振兴战略与精准扶贫的有机衔接，其优势主要体现在以下三个方面。①易地扶贫搬迁工程促进了人口、土地等生产要素的流动和聚集，有助于产业发展。乡村振兴离不开土地、劳动力、资金、技术等生产要素的共同协调支撑，但目前要素之间相互脱节，尚未形成对乡村振兴的支撑合力，而易地扶贫搬迁的实施，通过集中安置、加速土地流转及旧宅腾退等系列措施，实现区域"人-地-钱"的同步聚集，为区域产业发展提供便利条件。②易地扶贫搬迁地区资源优势明显，为产业培育与发展奠定基础。依托当地丰富的自然资源，加之易地扶贫搬迁工程及后续安置工作的开展，通过建设特色现代农业园区、改善交通等公共基础设施，促进区域产业培育及融合发展。③乡村振兴战略的提出、易地扶贫搬迁及后续安置政策为产业发展提供政策支撑。为实现"迁得出、稳得住、能致富"，易地扶贫搬迁地区从用地政策、产业扶持、劳动技能培训、中小企业贷款、税收减免等方面对搬迁农户及相关产业进行重点倾斜，以确保搬迁户有业可兴、有业可就、持续增收。同时，乡村振兴战略的提出也为实现农业农村现代化提供长久的政策支持。由于我国农村区域范围广阔，差异性较大，因此乡村振兴的实施，要尊重地方特色，坚持因地制宜、分类施策。本文以陕南易地扶贫搬迁地区（不包含城镇安置区域）为代表，具体分析这一地区促进乡村振兴战略实施的关键、问题及对策。

二 易地扶贫搬迁地区推进乡村振兴战略的关键研究问题

产业兴旺是脱贫攻坚和乡村振兴的关键。一方面，产业扶贫是促进贫困户稳定增收的有效措施，是推动贫困地区高质量脱贫的重要途径。经过近几年脱贫攻坚的持续推进，陕南移民搬迁地区的产业扶贫初见成效，其中，结合陕南搬迁安置社区自身区位条件和农业发展特色，探索出了"社区工厂"、茶叶等特色农业的产业扶贫模式，实现搬迁农户脱贫，保障易地扶贫搬迁的顺利完成；另一方面，产业兴旺是实施乡村振兴战略的物质基础。在十九大报告中，产业兴旺被列在乡村振兴战略的五个要求之首，明确了产业兴旺是乡村振兴之基的重要地位。这就要求在沿袭易地搬迁的产业扶贫基础上，对搬迁地区的产业进一步做大做强，提质增效，最终实现脱贫攻坚中产业扶贫和乡村振兴中"产业兴旺"的有效衔接。

推进乡村产业兴旺，要坚持发展现代农业和推进农业农村经济多元化"双轮驱动"的方针，坚持高质量发展要求，在做大最强现代农业基础上，积极发展旅游等服务业，延长农业产业链条，促进产业融合，提高农业经济效益及效率，实现农民增收，顺利实现乡村振兴战略目标。一方面，促进农业现代化建设，为"产业兴旺"奠定基础。当前，陕南大部分农村仍以传统农业为主，农业生产经营方式落后，产品层次低，加之以分散的小农户经营为主，难以形成规模经营。通过产业扶贫，部分地区通过统一规划形成集中连片经营，但基于农业生产周期长等原因，部分产业扶贫项目仍处于起步阶段，且政府在其中起到重要作用。在乡村振兴战略背景下，应立足于搬迁地区自身优势，处理好政府与市场的关系，优化农产品供给结构，顺应市场需求，调优产品结构，调绿生产方式，调新产业体系，培育区域品牌，推进农业现代化进程。另一方面，推进一二三产业融合发展，为"产业兴旺"提供新的动力。产业升级是实现脱贫攻坚和乡村振兴有效衔接的必然要求。结合陕南搬迁地区资源禀赋特征，乡村振兴背景下要重点关注农业与不同类型产业之间如何融合，如"农业+旅游""农业+互联网服务"等。在发展壮大农业的同时，不断拓展农业的多功能性，向第二、三产业延伸，进行产业的渗透、升级，通过农业供给侧结构性改革为乡村经济持续快速增长打下基础。基于此，陕南易地扶贫搬迁地区通过产业发展推进乡村振兴的关键研究问题如图1所示。

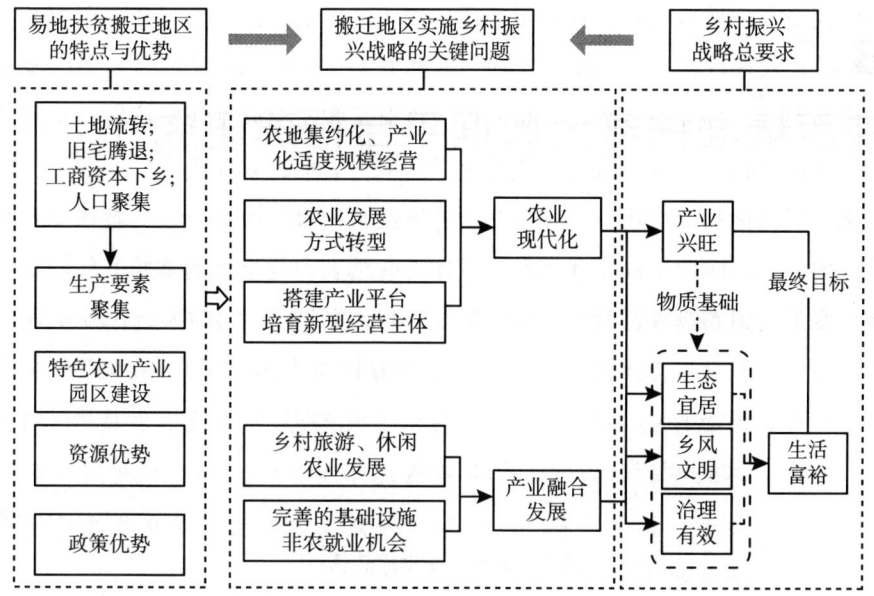

图1 易地扶贫搬迁地区通过产业发展推进乡村振兴战略的关键研究问题

注：实线部分为本文研究内容，虚线部分暂不做讨论。

三 易地扶贫搬迁地区推进乡村振兴战略的现状与路径

产业兴旺不仅要做大做强第一产业，还要着眼于"接二连三"，实现产业融合的现代农业产业的兴旺。基于产业发展的两个主要内容，以下主要从易地扶贫搬迁地区推进农业现代化和产业融合两方面来做进一步分析。

（一）易地扶贫搬迁地区推进农业现代化的现状与路径

1. 现状

借鉴国际经验，农地的细碎化严重制约现代农业发展，采取积极稳妥措施促进农村土地流转和适度规模经营是关键。尤其是陕南地区山地多，耕地规模较小，土地流转程度直接影响现代农业的发展。由表1可知，有土地流转经历的农户仅占总体的22.17%，不足1/4；土地流转以转出为主，流入农地共55亩，流出农地共1255.1亩。陕南整体的农地流转率较低，制约了现代农业发展。同时，农业现代化建设还应努力促进农业生产的专业化、社会化、组织化和产业化。一家一户的分散经营很难与市场对接，制约了农业效益的提高，而合作社等新型经营主体是联结农户与市场的重要一环，其发展程度影响到农业收益状况。调查地37.18%的农户认为加入合作社实现了收入增加，但参与合作社的农户在全部调查样本中占比不足10%，调查地合作社发展还处于起步阶段，合作社与农户利益联结较为松散，带动作用有限，制约了小农户与现代农业的有机衔接。

表1 调查地土地流转情况

单位：户，亩

调查市	土地流转经历			土地流转形式		
	有	无	样本总量	流转总面积	流入	流出
安康	84	344	428	1222.5	27.5	1195
汉中	14	61	75	37.2	27.5	9.7
商洛	39	76	115	50.4	0	50.4
合计	137	481	618	1310.1	55	1255.1

资料来源：课题组2017年在陕南的调研数据。

2. 路径

构建现代农业三大体系是推进农业现代化的主要抓手。"三大体系"各有侧重，又相辅相成。其中，现代农业生产体系重在提升农业生产力，现代农业经营体系重在完善农业生产关系，二者又共同支撑现代农业产业体系发展。因此，在乡村振兴战略背景下，结合陕南移民搬迁地区现状，易地扶贫搬迁对农业现代化的促进路径体现在以下三个方面。

（1）易地扶贫搬迁促进现代农业产业体系的构建

在农业规模化方面，随着易地扶贫搬迁工程的实施，迁出区出现了大量闲置农地和宅基地，通过土地流转和宅基地腾退，将农户分散的土地集中起来，一定程度上解决了陕南地区耕地规模小及细碎化的问题，为当地农业规模化、集约化经营创造条件。如安康市白河县仓上镇节约集约利用土地，落实"一户一宅"政策，实现耕地占补平衡，并流转土地。天宝村78户农民通过签订"宅基地复退协议书"和"宅基地复垦后期管护协议"，腾退宅基地47.35亩。搬迁农户的宅基地腾退复耕后，继续通过有偿流转的方式提供给天宝农业现代园区用于集约农业生产，进一步增加了搬迁户的收益，促进了农业园区连片集约规模经营。在农业产业化方面，易地扶贫搬迁的实施，带动人口、耕地等生产要素的聚集及安置社区相配套的产业园区的建设，通过发展农产品加工业，延长农业产业链条，企业集聚共享基础设施，并进行专业化分工与协作，降低生产、交易成本，提高劳动生产效率，增强了区域招商引资、引才、引技术的吸引力，促进区域产业发展，加快形成一二三产融合发展的现代农业产业体系。此外，结合陕南地区特色资源优势，以市场需求为导向，充分利用规模化耕地资源，发展特色农业，如樱桃、中药材、茶叶等经济作物种植。如安康市平利县依据自身资源优势，扭住"5个10万"产业发展目标不动摇，在2018年新建和改造茶园3.3万亩，发展绞股蓝3万亩、生态猪5万头、富硒粮油3.1万亩、中药材3.5万亩，加之农村电商、微商等新业态发展，平利县215家市场主体带动11288户贫困户持续增收，稳定脱贫，有效促进农业特色化、规模化、产业化经营[①]。

（2）易地扶贫搬迁促进现代农业生产体系的构建

一是有助于发展适度规模经营。随着易地扶贫搬迁工程的实施，农户搬入安置社区，耕作半径拉长，耕作效率降低，部分农户通过耕地、林地流转，不仅可增加财产性收入，而且集中的土地资源有利于发展适度规模经营，提高农业生产效率。二是生产链条的延长。搬迁地区结合当地特色农产品，建设标准化产业园区，将生产、加工、流通、仓储等环节有机结合，积极运用现代化设备及技术，实现农业发展方式由粗放向集约转型，促进农业现代化。如安康市紫阳县高桥镇裴坝粉厂移民安置小区由开源实业公司与政

---

① http://www.shaanxifpb.gov.cn/newstyle/pub_newsshow.asp?id=29021693&chid=100381.

府联建，政府负责配套基础设施建设，开源公司投资建设开源现代农业园区，园区种植硒玉米，设立开源富硒科技发展有限公司，已建成现代化生产加工厂3500平方米，设计有玉米原料分离车间、玉米高精粉生产车间、玉米营养粉包装车间、玉米营养餐杯装自动包装车间、金香米造粒车间，延长富硒农业产业链条，增加农产品附加值，促进现代农业生产。

（3）易地扶贫搬迁促进现代农业经营体系的构建

发展现代农业必须落实到人的行动上。农业经营主体作为现代农业的载体，在农业现代化过程中发挥重要作用。一方面，移民搬迁带来了大量闲置土地资源，积极探索股份制、股份合作制等多种形式，让农民以土地入股，参与规模化、产业化经营，将小农生产纳入农业农村现代化体系；另一方面，积极培育专业大户、农民合作社、龙头企业等新型经营主体，盘活农村闲置资源，充分利用其自身的资金、技术、市场等资源，发展当地农业产业，壮大集体经济。

（二）易地扶贫搬迁地区推进产业融合的现状与路径

1. 现状

农业产业融合，主要是"接二连三"，通过发挥产业融合的乘数效应，可拓宽农民增收渠道，推动农业高质量发展，实现农村产业兴旺。陕南易地扶贫搬迁地区根据南水北调中线工程以及生态功能区的环保要求，最适宜发展乡村旅游，以促进"农旅融合"。乡村旅游的发展已产生一定的经济社会效益。课题组于2017年7~8月在陕西4市9县旅游扶贫村调研发现，参与旅游农户的家庭纯收入及人均纯收入（36321.84元；7928.33元）均显著高于未参与旅游活动的农户（21163.19元；5380.4元），尤其是非农经营收入差异显著。

但随着乡村旅游的快速发展，用地需求进一步扩展，农民的需求与投资商的需求之间的平衡，有助于释放土地利用的能量。而农民的意愿对流转结果具有十分重要的影响。实地调研发现，以调查地旅游开发商、亲戚朋友、其他农户为主要的土地转入对象，流转给旅游开发商的农户占样本总体的

35.37%；而且农民普遍愿意流转土地或者被征用来发展旅游业。调研样本中，表示非常愿意将土地流转用来发展旅游业的农户占有效样本的19.82%，表示愿意的农户占比达46.72%，表示一般的农户占比为13.89%，表示不愿意的农户占比为15.66%，表示非常不愿意的农户仅占3.91%。在旅游开发征地方面，旅游开发征地总数654亩，户均3.67亩。在参与调查的农户中，表示非常愿意、愿意将自己土地用来发展旅游的农户分别占样本总数的16.54%和40.55%，表示一般的农户占16.67%，表示不愿意、非常不愿意的农户分别占20.77%和5.47%，这就表明超过半数的农户愿意将自家土地被征用来发展旅游。

2. 路径

为了更大范围地深化乡村旅游的带动效应，需研究总结可复制的乡村旅游发展模式。当前，陕南易地扶贫搬迁地区的乡村旅游发展模式主要包括景区与社区"两区同建"发展模式、"搬迁+产业+旅游"模式、基于新型经营主体扶持的发展模式以及"农旅融合"模式。结合本文研究内容，重点研究易地扶贫搬迁促进"农旅融合"的发展路径（见图2）。

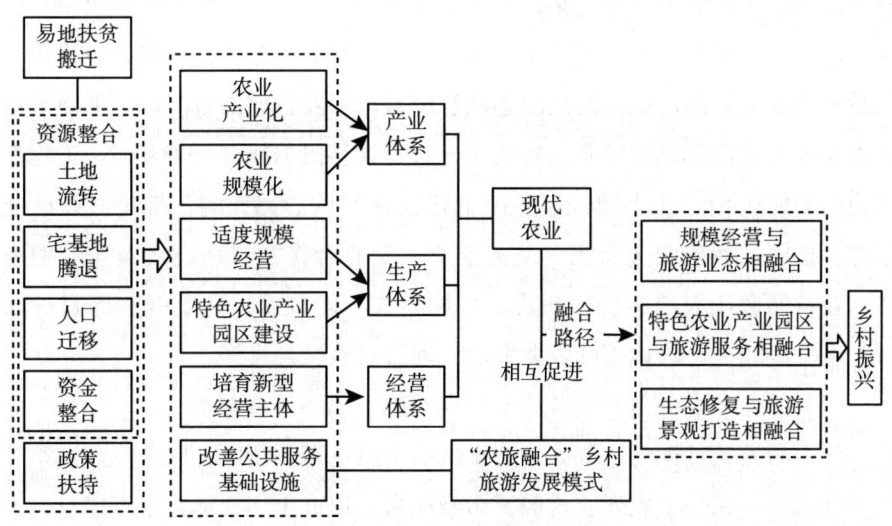

图2 易地扶贫搬迁通过"农旅融合"促进乡村振兴

(1) 易地扶贫搬迁促进农业规模经营与旅游业态相融合

一方面，土地资源的聚集。易地扶贫搬迁通过农村土地的流转，一定程度上缓解陕南地区耕地细碎化问题，为发展农业适度规模经营提供了基础性条件。通过旧宅腾退为"农旅融合"发展提供了场所空间。另一方面，农业多功能性的挖掘。充分利用陕南地区资源禀赋发展特色农业，打造新大地景观，成为新的旅游吸引物，促进"农旅融合"。课题组在西乡县调研发现，当地茶叶作为主导产业之一，在产业扶贫相关政策支持下已实现集中连片种植茶树，提供了丰富的乡村景观，但农旅融合程度较低，之后可利用规模化的茶园打造摄影旅游、采风旅游、写生旅游、科普教育旅游等旅游新业态，将茶叶生产各环节纳入旅游规划，实现特色农业与乡村旅游的充分融合，从而带动相关产业发展，提高茶园的经济收益，解决搬迁农户的生计问题。

(2) 易地扶贫搬迁促进特色农业产业园区建设与旅游服务相融合

安置社区建设时，按照"集中安置建社区，土地流转建园区""山上建园区，山下建社区，盘活宅基地建设现代农业园区"的模式建设特色现代农业园区，延长农业产业链条，提高农业附加值，不仅为搬迁农户提供了就业岗位，而且吸引了大量的技术、资金等要素向农村流入。同时，也改善了旅游公共服务基础设施，提高游客满意度，增强乡村旅游吸引力。如商洛市山阳县漫川关镇莲花移民搬迁安置点，共安置移民1000户3781人。工程在建设之初便按照"山上建园区、山下建社区"的思路，同步推进后续产业培育，按照"特色农业园区＋龙头企业＋专业合作社＋移民贫困户"的模式，在帮助搬迁农户实现"搬得出、稳得住、能致富、有事做"的目标同时，也发展壮大了当地茶叶农业发展，促进农旅融合发展。

(3) 易地扶贫搬迁促进生态修复与旅游景观打造相融合

陕南易地扶贫搬迁地区大多处于国家重点生态功能区，搬迁户向城镇社区安置集中，减轻了农业农村面源污染压力，促进山地森林化生态建设以及迁出区生态修复进程，维持乡村旅游发展的良好生态环境条件，保障区域旅游吸引力，同时，依据迁出区生态系统承载力，因地制宜发展花卉种植、林木培育、生态观光等生态产业，将现代农业与乡村旅游有效结合，在营造生态宜居环境的同时，促进农旅融合发展。

四 易地扶贫搬迁地区推进乡村振兴的问题

在陕南地区，通过易地扶贫搬迁工程的实施，促进土地、劳动力、资金等生产要素聚集，加之政策扶持，极大地促进区域农业现代化及乡村旅游的发展。但同时在土地资源、资金、新型经营主体培育、资源与环境压力、市场开发等方面的问题，仍然限制产业的进一步发展，具体如下。

（一）土地资源的限制

土地资源的限制是搬迁地区发展农业现代化面临的关键问题。一是耕地资源稀缺。在陕南"九山半水半分田"的现实情况下，可耕种土地数量少，且细碎化严重。人均耕地面积仅为0.85亩，加之迁出区耕地质量较低，难以满足集约化经营管理的要求。二是旧宅腾退进程缓慢。由于农户分化、生活习惯、故土难离思想等影响，旧宅腾退进程缓慢。三是农地流转市场不完善，土地规模经营条件较差。课题组于2017年在陕西四市调研发现，有土地流转经历的农户仅占18.87%，土地流转的组织主体中，由村委会统一组织流转占总体的59%，而在土地流转协议方式方面，签订书面合同的农户占多数（67.97%），但通过口头协议（23.53%）、无协议（7.20%）方式进行流转仍旧存在。现有土地流转率较低，且多由村委会组织、农户自发组织，没有固定的操作模式，致使管理不到位，制约了土地承包经营权流转速度和规模。

（二）缺乏强大的资金支持

移民搬迁地区的乡村振兴面临巨大的资金需求和多源的风险考验。一方面，受地方财政能力的影响，存在较大的还款风险。易地扶贫搬迁贷款是扶贫贷款的重点之一，其中产业扶贫贷款和基础设施贷款占比最大，这些贷款多由地方政府担保，受地方财政能力的影响较大。另一方面，现代金融供给不足。由于农村发展水平低，自我积累能力有限，有意愿参与农村旅游的返乡创业农户具有较大的资金需求；农业产业园区建设也需要大量资金，对企业自身的资金规模有一定要求，但由于农村金融市场准入门槛过高，新的机构难以进入，投融资渠道不畅，资金供给严重不足，农村金融供需矛盾难以缓解。

（三）新型经营主体培育迟缓

产业发展最终需要落实到具体的经营主体上。而目前农村新型经营主体产业化程度低，组织化程度弱，利益联结机制不明确，制约了小农户与现代农业的有机衔接。在实地调研中发现，调查地农民专业合作社发展还处于起步阶段，主要表现如下。一是合作社数量较少，规模较小。只有部分调查地区的合作社有较为完整的组织架构和经营业务，处于实际运行中；但普遍规模较小，运行不规范，难以形成自身品牌。二是社员与合作社之间的利益联结不紧密。多数社员未从合作社享受到实质的服务或者与合作社有实质交易。农户获得合作社服务或与合作社交易的形式多为获得培训、技术指导（24.39%），在合作社打工（19.51%），向合作社销售产品或服务（15.85%）。三是社员普遍对合作社基本知识不了解，且对合作社活动的参与度较低。合作社仍处于由少数发起人决策的阶段，导致合作社与农户利益联结较为松散，难以发挥其带动作用。

（四）资源约束与环境压力

农旅融合发展要以"生态宜居"为基础和前提，但当前搬迁地区生态和环境治理相对滞后，资源压力和环境污染转移。一方面，迁出地区搬迁后续生态治理存在动力不足、激励不够、责任落空等问题。移民离开原住地后对退耕林地、生态公益林等的经营管护程度参差不齐，同时缺乏统一的规划和生态建设。另一方面，移民安置社区建设虽然重视环境的综合整治，但垃圾和污水治理体系的建设多滞后于社区建设和移民安置。尤其是为带动搬迁户就业和发展,一些选址靠景区的安置社区以旅游发展带动社区发展和移民生计转型,前期缺乏人口规模、资源需求、当地资源环境容量等方面规划,会造成资源开发过度、生物多样性锐减、生态系统退化等隐患。

(五)旅游市场开发尚不充分

移民搬迁地区实现乡村振兴在引入市场化机制的同时也面临市场风险。一方面,多样化的旅游消费需求与陕南易地扶贫搬迁地区乡村旅游产品供给同质化之间的矛盾。随着发展的示范带动效应,基于相似的自然条件、优势资源、特色产品,乡村旅游服务与产品的开发等会面临产品同构风险,在有限的市场需求条件下形成低价竞争、产品滞销等情况。如实地调研发现,陕南现有的乡村旅游开发模式趋同,旅游产品单一,竞争激烈,缺乏差异化的品牌和经营策略。另一方面,人力资本不足制约产业发展。陕南移民搬迁面对的主要是山区农民,缺乏具有市场意识、熟悉旅游市场运作的农村优质人力资源,一定程度上制约了搬迁地区产业发展。

五 易地扶贫搬迁地区推进乡村振兴战略的对策建议

基于陕南易地扶贫搬迁地区在实现乡村振兴与精准扶贫有机衔接过程中的优势及产业发展途径分析,针对存在的问题,提出以下政策建议。

(一)确立农村土地流转制度体系,保障土地规模经营和农业现代化发展

与一般农村相比,易地扶贫搬迁地区农村土地流转意愿较为强烈,其主要难点在于土地市场的开发及完善。依法鼓励搬迁户通过多种途径进行土地承包经营权流转、宅基地腾退复耕,是实现搬迁地区农业规模化经营的路径选择。但搬迁地区由于资源环境地理条件,整体上土地流转达不到预期效果,因此,在政策制度保障方面,一是继续推进"三权分置"改革,这是

农业农村现代化的基础，也是农业农村产业兴旺的基础。要扎实做好农村土地确权登记颁证工作，建立健全土地流转规范管理制度，完善"三权分置"法律法规，确保"三权分置"有序实施，为土地流转、宅基地腾退等提供基础性依据。二是逐步建立搬迁地区土地流转交易信息化平台，形成规范统一的土地价值评估体系，解决土地流转供需双方信息不对称问题，为农业规模经营、现代农业发展和搬迁户土地权益提供保障。三是加大政策支持力度，引进农业龙头企业，增强农村生产要素的流动，提高搬迁地区农地集约利用效率。

（二）多渠道、多元化的资金筹措与管理

一是加大政府对易地扶贫搬迁的财政支持力度及监管力度。不仅要积极争取中央财政支持，还应加大省级财政资金对陕南移民搬迁地区的倾斜力度。目前陕西省省级相关部门把与陕南移民搬迁相关的扶贫搬迁、生态移民、以工代赈、危房改造资金以及退耕还林、地质灾害和洪涝灾害治理等资金重点向陕南三市倾斜，并在涉及专项资金整合、制订中省专项资金项目计划时，足额预留用于陕南移民搬迁的资金，确保整合资金落实到位，并规定了各专项资金的安排比例应不低于其规模的50%。同时，要做好资金的监管工作，做到专款专用，提高资金的使用效率。二是为易地扶贫搬迁地区争取更多利好的金融政策和信贷资金。信贷资金主要包括中央贴息贷款和小额信贷等，做好针对移民搬迁户的普惠金融工作；降低农村"三权"抵押贷款门槛，为易地扶贫搬迁农户顺利实现搬迁及生计转型优化提供资金保障。

（三）建立新型农业经营主体培育与发展机制，强化搬迁户的发展能力和利益联结

一是利用市场化手段壮大新型经营主体。搬迁地区应结合自身特点和产业基础，运用市场机制，选择合适的合作社、龙头企业、大户等新型经营主体进行扶持。安置社区培育新型经营主体，不仅可满足自身发展需要，也可

深化农村产业分工、延伸农业产业链，采用财政杠杆、资金注入等方式鼓励经营主体在产中、产后等环节将农民组织起来，增强分散小农户抵御市场风险的能力，为小农户提供方便快捷的农业生产社会化服务，构建小农户与新型农业经营主体协同发展机制。二是稳步推进农村集体产权制度改革，建立更加紧密的利益联结机制。通过产权制度改革有序推进经营性资产股份合作制改革，探索形成以农民土地经营权入股的利润分配机制，因地制宜发展股份合作制、股份制等产业组织形式，加强小农户与大市场的利益联结，激活农业农村各类经营主体的活力和创造性，实现农民增收。

（四）开展生态保护与环境治理，营造乡村生态宜居环境

以"农旅融合"为契机，进行村庄环境综合治理，改善农村基础设施和公共服务，打造环境优美、生态宜居的人居环境。首先，需提高群众的知识水平。政府常态化、形式多样化地向群众宣传生态环境保护的知识，提升其知识水平，确保群众的环保意识与其日常行为高度契合，为继续推动绿色、环保、生态经济发展筑好思想堡垒。其次，优化法制环境，落实防控监管。稳步推进搬迁地区建立与乡村振兴相配套的生态环境保护具体立法，使遏制破坏生态环境的行为有法可依，让乡村振兴始终在绿色、环保、生态的轨道内运行。最后，健全以绿色生态为导向的农业政策支持体系和市场化、多元化的补偿机制。以农业政策引导企业和农民从事绿色产业和清洁生产活动，以市场化的生态补偿激励农民参与生态保护，控制环境污染。在移民搬迁和乡村振兴的过程中，安置社区建设、搬迁后续产业发展等都要遵循生态规律，避免重蹈覆辙。

（五）坚持差异化、集聚化战略，开发乡村旅游市场

一是坚持规划先行。旅游管理部门应该在充分调研的基础上，了解移民搬迁地区乡村旅游发展的需求及供给情况，并在此基础上，制订区域旅游开发规划，因地制宜开发区域旅游资源，以满足人们日益增长的多样化的旅游需求。二是坚持集聚化、差异化战略。在不同地区要结合区域资源禀赋及比

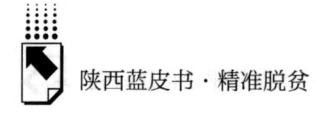

较优势，因地制宜开发乡村旅游资源，尽可能做到"一村一品，一品一精"；同时要加强不同区域之间互补性景区的合作，实现客源共享；也要培育和延长乡村旅游产业链条，带动相关产业发展。

参考文献

陆益龙：《乡村振兴中精准扶贫的长效机制》，《甘肃社会科学》2018年第4期。

黎洁等：《西部重点生态功能区人口资源与环境可持续发展研究》，经济科学出版社，2016。

孔祥智：《产业兴旺是乡村振兴的基础》，《农村金融研究》2018年第2期。

黄祖辉：《准确把握中国乡村振兴战略》，《中国农村经济》2018年第4期。

姜长云：《推进产业兴旺是实施乡村振兴战略的首要任务》，《学术界》2018年第7期。

朱启臻：《乡村振兴背景下的乡村产业——产业兴旺的一种社会学解释》，《中国农业大学学报（社会科学版）》2018年第3期。

任常青：《产业兴旺的基础、制约与制度性供给研究》，《学术界》2018年第7期。

豆书龙、叶敬忠：《乡村振兴与脱贫攻坚的有机衔接及其机制构建》，《改革》2019年第1期。

B.10
深度贫困县如期实现高质量脱贫研究*
——略阳、镇巴两县脱贫攻坚推进情况调研

李永红　张娟娟**

摘　要： 经过不懈努力，略阳、镇巴两县脱贫攻坚成效显著。但调研也发现，两县在确保如期实现脱贫攻坚目标上仍面临较大压力。深贫县要如期实现高质量脱贫，必须紧密围绕脱贫攻坚目标任务，在"五个进一步"上下功夫。一是进一步增强打赢脱贫攻坚战的高度自觉；二是进一步提升构建稳定脱贫的产业支撑；三是进一步健全激发贫困人口内生动力的有效机制；四是进一步加大对深贫县的资金支持力度；五是进一步完善稳定脱贫防范返贫的长效机制。

关键词： 深度贫困　高质量脱贫　脱贫攻坚

2019年全国两会期间，习近平总书记在参加甘肃代表团审议时强调指出，现在距离2020年完成脱贫攻坚目标任务只有两年时间，正是最吃劲的

---

* 这篇研究报告上报陕西省委、省政府后，省委常委、常务副省长梁桂2019年6月18日批示："请省扶贫办参阅。"省委常委、省委政法委书记庄长兴8月11日批示："请增军、卫华同志阅示。并请引学、建军、红卫同志调研。这份调研报告就略阳、镇巴两县脱贫攻坚中当前的困难和下一步工作建议提出的意见具有重要参阅价值。"副省长魏增军批示："请引学同志阅。"
** 李永红，中共陕西省委党校（陕西行政学院）中国特色社会主义理论研究中心副主任，教授，主要研究方向为脱贫攻坚、公共服务；张娟娟，中共陕西省委党校（陕西行政学院）中国特色社会主义理论体系研究中心副教授，主要研究方向为脱贫攻坚、乡村振兴。

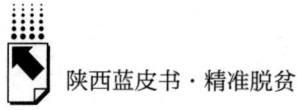

时候，必须坚持不懈做好工作，不获全胜、决不收兵。略阳、镇巴两县贫困人口多，贫困面广，贫困程度深，是陕西省深度贫困县（简称"深贫县"）脱贫攻坚的主战场之一。目前，深贫县脱贫攻坚战已进入决胜的关键阶段，这是一项时间短、任务重、要求高的社会系统工程，运用常规手段方法将很难完成。唯有按照习近平总书记提出的"尽锐出战"要求，拿出过硬举措和办法，才能确保如期完成任务。

一 深贫县脱贫攻坚取得决定性进展

经过不懈努力，略阳、镇巴两县脱贫攻坚成效显著。略阳县现行标准下农村贫困人口由2015年的4.49万人减少到2018年的1.49万人，贫困发生率由31.89%下降到10.98%；镇巴县现行标准下农村贫困人口由2015年的5.44万人减少到2018年的2.01万人，贫困发生率由24.11%下降到8.90%。两县在打赢脱贫攻坚战中都迈出了坚实的步伐，取得了决定性进展。

（一）基础设施明显改善

略阳县累计投资3.27亿元，使全县152个行政村全部通上水泥（沥青）路，并与县乡公路联网；全县97%的农户已经通上自来水，达到整县脱贫的基本指标；全县有安全住房农户38413户，达标率为95.2%；动力电到行政村已实现全覆盖。镇巴县2018年底通水泥（沥青）路的行政村173个，占比已达97.19%；有安全住房农户66760户，达标率为96.45%；全县78%的农户已经通上自来水，预计到2019年9月底，自来水普及率将达到98%；电力入户率已实现全覆盖。这两个深贫县基础设施显著改善，农村面貌发生了巨大变化，为今后更好地发展奠定了良好基础。

（二）产业就业加快推进

略阳县大力发展乌鸡、中药材、食用菌、中蜂、蚕桑、社区工厂六大脱贫产业，使10774户贫困户有了稳定产业；培育178个经营主体带动4500

余户贫困户在产业链上受益,户均增收3000元以上。就业扶贫也得到了有效推进,累计开发贫困劳动力公益岗位1278个,全县贫困劳动力转移就业7726人。镇巴县突出重点发展产业,首先围绕茶叶、畜牧、魔芋、中药材四大主导产业,推进产业扶贫,确保参与产业扶贫的贫困户当年实现脱贫并持续增收。其次大力发展旅游产业,仅2018年就接待游客60.1万人次,实现旅游综合收入3.4亿元,带动全县贫困户平均增收800余元。最后是全力开展就业创业,实现贫困劳动力转移就业26915人次,并有249名贫困劳动力成功自主创业,成为自主创业就业的带头人。

(三)内生动力明显增强

略阳县制定了以"补增量、奖效益"为核心的到户产业奖补政策,通过覆盖特色产业、外出务工和家庭经营三大类别,实行按规模增量叠加补助,按经济效益叠加奖励,连续奖补三年,极大地调动了贫困户创业增收的潜能,有效破解了贫困户瞒报收入的难题。镇巴县围绕"志智双扶",深入开展"传树守做"新民风和"明理·感恩·自强"主题教育实践活动,有效激发贫困群众树立自力更生、艰苦奋斗的自强精神。全县因自身发展动力不足贫困的787名群众中,已有484人实现稳定脱贫,脱贫率达61.5%。

(四)资金投入明显加大

略阳县按照应整尽整的原则,对中省市县安排的涉农资金进行整合,建立了"多个渠道进水、一个池子蓄水、一个龙头出水"的涉农资金整合机制,做到"捆绑项目精准发力、集中财力突破瓶颈",聚"零钱"为"整钱",用到关键处。2018年共整合涉农资金2.21亿元,2019年计划整合2.5亿元,截至目前实际整合到位并拨付到项目单位1.96亿元;落实产业发展担保金、风险补偿基金、新型经营主体贷款担保基金3500万元。累计为7873户贫困户投放小额信贷2.54亿元;152个村(社区)全部成立扶贫互助资金协会,资金总规模达5068万元。镇巴县自2016年以来,整合各类资金15.02亿元,累计发展扶贫互助资金协会135个,协会资金总量已达到

4848.49万元；累计为7019户贫困户投放精准小额扶贫贷款30247.75万元。两个县加大资金投入，为贫困户发展产业、增加收入、加快脱贫提供了有力的资金支撑。

（五）教育医疗明显创优

略阳县突出教育扶贫，狠抓义务教育，在抓控辍保学和教育资助工作上，创新实施"一生一袋、袋随生走"的无缝教育帮扶机制，其教育扶贫经验被评为汉中市十大创新改革成果之一，并通过国家教育体制改革领导小组办公室和省脱贫攻坚指挥部向全国、全省推广。镇巴县创新健康扶贫，形成了"四步筛查、三类分治，四重保障、一单结算，医联共体、建联管理"的健康扶贫"镇巴模式"，较好地破解了贫困群众"看得起病、看得好病、方便看病、能少生病"的难题，得到国务院扶贫办、国家卫健委高度认可，使健康扶贫的"镇巴模式"得到推广。

（六）干部作风明显转变

略阳县和镇巴县把干部作风建设摆在重要位置，坚持从严要求，促进真抓实干，取得良好成效。抓党建、强根本。两县都把党建引领作为脱贫攻坚工作的根本，成立了由党政主要领导任双组长的脱贫攻坚领导小组，充分发挥县委领导核心作用，做到思想认识、组织机制、财力物力、目标考核、用人导向五个统揽，调动聚合各方力量，使全县上下拧成一股绳，形成强大的攻坚合力。明任务、压责任。两县都通过层层明确脱贫任务，层层传导压力，层层压实责任，建立起"纵向到底、横向到边"的脱贫攻坚责任体系，形成党委政府同责、三级书记主抓、四套班子共管、四支队伍攻坚、全党动员保打赢的工作局面。抓队伍、强基层。两县都坚持建设一支政治强、能吃苦、敢担当的党员干部队伍，建立起在脱贫攻坚一线锤炼、识别和使用干部机制，为打赢脱贫攻坚战提供坚实支撑。强监督、严作风。两县都推出"四抓四促两落实"监督执纪模式，着力改变工作作风，确保打赢脱贫攻坚战。其"四抓"，就是抓警示教育、抓监督检查、抓执纪审查、抓巡视巡察。"四促"，就是以"纪律黄线"促部门规矩意识提升；以"温馨提示卡"促镇（办）脱贫攻坚服务群众"最后一公里"问题解决；以"望闻问切"四诊法促村组扶贫领域微腐败根治；以"明察暗访轮岗制"促扶贫领域干部作风大转变。"两落实"，就是党政主体责任全面落实；纪检监督责任全面落实。一系列行之有效的举措，确保了脱贫攻坚的顺利推进。

二 深贫县脱贫攻坚仍面临问题

尽管略阳县和镇巴县精准扶贫与脱贫攻坚工作取得了阶段性成效，但调研发现，当地在精准施策和精准脱贫方面仍面临一些困难和问题，确保如期实现脱贫攻坚目标仍面临较大压力。

（一）深度贫困县整县脱贫摘帽任务艰巨

其一，时间紧任务重。到2018年底，略阳县还有70个贫困村，1.3万贫困人口，贫困发生率仍达10.94%；镇巴县还有93个贫困村，1.72万贫困人口，贫困发生率仍为8.9%。这两个县均属于2019年底整县脱贫摘帽任务较重的县。其二，脱贫难度大。经过多年的扶贫开发，容易脱贫的都已经基本解决，剩下的都是些最难啃的"硬骨头"。在这些贫困人口中，致贫原因复杂多样、相互交织。其中，缺劳动力而致贫的，略阳县占28.2%，镇巴县占50.28%，缺劳动力均排致贫原因的第一位。这些贫困户面临着无力发展、无业可扶、无处增收的窘境，致使减贫成本更高、脱贫难度更大。

（二）产业扶贫质量水平亟待提升

产业扶贫是促进贫困地区和贫困群众"自我造血"、有效脱贫的重要途径。略阳、镇巴两县虽在产业扶贫上采取了一些有效举措，取得了一定成效，但还存在一些问题。从产业发展现状看，扶贫产业链条短，产品附加值低，缺乏发展深度。略阳县大力发展的乌鸡、中药材、食用菌、中蜂产业；镇巴县大力发展的茶叶、畜牧、魔芋、中药材产业，基本依赖种植、养殖等生产环节，大部分农产品仍停留在出售原材料和初级加工阶段，缺乏深加工环节，产业链条短，产品附加值低。从市场主体带动看，越是深度贫困地区，越缺少有实力的市场主体。市场主体少、实力弱、带动能力不强问题十分突出。略阳、镇巴两县虽有一些龙头企业，但数量少，规模小，带动农户增收的能力弱，尤其是外地龙头企业引进难，本地龙头企业成长慢，拉动经济发展和带动农户增收的能力还非常有限。从产业资金投入看，尽管各级财政对产业扶贫的投入力度不断加大，但由于这两个县至今仍普遍存在产业基础薄弱，产业覆盖率低，扶贫产业需求量大，龙头企业少而弱，销售流通渠道不畅，贮藏设施薄弱不配套等问题，同时受信贷规模、信贷政策的影响，扶贫产业发展仍然存在贷款难的问题。县上按要求统筹整合的涉农资金，真正能落实到贫困村、建档立卡户产业发展上的，仍十分有限。

（三）基础设施建设亟待解决资金缺口大和不均衡问题

基础设施建设是深贫县加快经济发展、实现脱贫的"命脉"所在。但目前仍存在不少问题。其一，建设资金缺口大。因深贫县均地处山区，自然环境复杂，时有灾害发生，基础设施薄弱，建设成本高。虽然中省市已加大对深贫县基础设施建设资金的投入力度，但与实际需求相比，还存在较大资金缺口。略阳县因2018年"7·11""7·14"水灾，县域内道路损毁和3个行政村道路全毁，急需重建资金2130.2万元。镇巴县基础设施项目建设资金缺口1.72亿元（其中：道路建设和贫困村安全饮水工程9260万元；对照贫困县脱贫摘帽标准，需要实施非贫困村基础设施对标项目107个，但因没有政策支持，非贫困村安全饮水工程资金缺口为7940万元）。目前，这两个县的基础设施建设资金缺口仍无着落，县上心急如焚。其二，基础设施建设不均衡。深贫县内不管是深贫村、重点深贫村，还是非贫困村，对基础设施建设的需求都比较大。但按有关政策规定，整合涉农资金用于基础设施建设方面，受益对象主要为贫困村和贫困户，而有脱贫任务的非贫困村在实施道路、安全饮水项目时，贫困户和非贫困户交叉居住普遍，受益对象无法排除非贫困户，如不能使用整合涉农资金，则项目无资金来源，难以实施。

（四）部分贫困群众脱贫内生动力仍然不足

从目前情况来看，仍有一些贫困群众主动脱贫致富的意愿不强，过度依赖帮扶政策，自身参与的积极性、主动性不高，个别贫困群众甚至还存在"你不帮，我不动"的现象。有些贫困户对送上门来的工作岗位态度冷淡、挑三拣四，甚至宁愿在家等救助，也不愿外出务工。一些有劳动能力却不愿劳动的懒汉，躺在脱贫优惠政策上不劳而获，导致"边缘户"心理落差和抵触情绪越来越大，已经形成了新的干群矛盾。脱贫致富内生动力不足，不仅背离扶贫开发促进贫困人口自我发展的价值导向，而且导致扶贫资源浪费，妨碍了扶贫成效的提高，应引起高度重视。

三 深度贫困县如期实现高质量脱贫的建议

深贫县要如期实现高质量脱贫，必须紧密围绕脱贫攻坚目标任务，紧盯薄弱环节，聚焦突出问题，遵循时间表、路线图，切实尽锐出战，以过硬举措办法，确保如期高质量完成脱贫任务。为此，亟须进行深度谋划，在"五个进一步"上下功夫。

（一）进一步增强打赢脱贫攻坚战的高度自觉

一是从政治上高度自觉，全面完成剩余脱贫任务打赢脱贫攻坚战是全面建成小康社会的底线任务，是当前"三农"工作的重中之重、急中之急，也是实施乡村振兴战略的基础。深贫县党委政府必须绷紧讲政治这根弦，咬定目标不放松，扛起责任不懈怠，以更加省力的举措、更加精细的工作，全面完成脱贫任务。二是从行动上高度自觉，切实完成攻坚任务。深贫县党政主要领导应做到：既挂帅，又出征。可学习平利县脱贫攻坚的经验，建立起脱贫攻坚总队长机制，即由县委书记带头，所有县级领导、部门主要负责人、乡镇党政主要领导分别担任脱贫行政村的脱贫攻坚总队长，构建以村为作战单元的脱贫攻坚"一线作战体系"。"总队长"科学调度"四支队伍"，把各方力量全部编入村脱贫攻坚帮扶工作队,组建起一支分工明确、责任清晰、任务明确的战斗团队,务必把脱贫攻坚工作做深做细做到位。三是从时间上高度自觉,确保脱贫攻坚的质量。在当前攻坚战最吃劲的时候,既要强化时间观念,精准细化清单,精准压实责任,实施挂图作战,倡导紧张快干,确保每个节点都完成既定计划,也要保质保量,始终以脱贫基准线和群众满意度为标尺,以过硬的脱贫质量履诺践诺,让脱贫成效真正获得群众认可、经得起实践和历史检验。

(二)进一步增强构建稳定脱贫的产业支撑

一是精准培育产业扶贫项目。强化从供给侧入手,不断扩大主导产业规模,提高传统产业效益,发展新兴产业数量,提高三产融合水平,夯实产业扶贫基础,保持由产业推动而形成的长效高质的扶贫发展态势。二是加强培育新型经营主体。在产业扶贫中,要加大对各类新型经营主体的扶持力度。政府及其部门在经营主体起步时多帮手,在经营主体红火时不伸手,在经营主体遇到困难时不撒手。特别是对一些重点项目,实施"一企一策""一事一策""一业一策",做到全过程、全方位服务,这样才能打好打赢产业扶贫攻坚战。三是建立良好的产业与贫困户利益联结机制。这是产业扶贫的核心。必须进一步完善产业扶贫利益联结机制,着力构建利益共同体,既保护经营主体利益,又切实提高贫困群众在扶贫产业发展中的参与度和受益度。只有这样,才能保障贫困群众充分受益,实现增收脱贫,又确保各类新型经营主体获得良性发展和合法收益,从而实现产业扶贫的良性循环。四是坚持"三化"协同。要进一步积极引导特色农产品走组织化、品牌化、电商化"三化"协同的发展道路,力避产业扶贫的同质化、短期化和低端化倾向,从而不断提高产业精准扶贫效率,推动产业扶贫工作取得突破性进展。

(三)进一步健全激发贫困人口内生动力的有效机制

激发内生动力是一项复杂的系统工程和长期的历史任务,需要各级各部门转变帮扶方式方法。一是通过扶志摆脱"意识贫困"。持续加强对贫困群众的思想、文化、道德、法律、感恩教育,大力弘扬"脱贫攻坚是干出来的""幸福是奋斗出来的""滴水穿石""弱鸟先飞""自力更生"等精神,消除贫困地区群众"等靠要"思想,引导贫困群众用自己的双手创造幸福生活。二是通过扶智摆脱"能力贫困"。"扶智"就是扶知识、扶技术、扶思路,提升贫困人口参与经济社会活动而获得收入的能力。应紧密围绕贫困群众发展产业和就业需要,组织贫困家庭劳动力开展实用技术和劳动技能培训,培育其发展生产和务工经商的基本技能,让他们的心热起来、身子动起来、脱贫攻坚干起来,切实提高其自我发展能力。三是通过就业摆脱"机会贫困"。帮助有劳动能力的贫困者就业是脱贫攻坚的重中之重。要通过完善多元化参与机制、信息资源共享机制、风险分散补偿机制等,增加扶贫对象的就业机会,将志气和智慧转化为现实生产力。同时,要对自力更生、主动脱贫的人员给予物质和精神奖励,形成正向激励作用;对尚有劳动能力却无所作为的贫困群众应减少资金和物质的直接给予,着力引导其增强脱贫的参与性和能动性;对"因懒致贫、因赌致贫、因婚致贫、因子女不赡养老人致贫"等不良现象,要因户施策教育惩戒,杜绝不良导向。

(四)进一步加大对深度贫困县的资金支持力度

一是加大财政资金投入。要优化省级安排的基础设施和公共服务投资支出结构,加大投入解决好深贫县通路、通水、通电、通网络等问题,疏通基础设施通村、连户的"毛细血管"。进一步提升贫困地区教育、医疗、文化等基本公共服务水平。重点补齐一些极贫乡镇、偏远村庄的基础设施和公共服务短板。二是创新资金投入机制。深贫县应按照"财政撬动、整合打捆、金融服务、项目争取、社会帮扶"的思路,整合各类资金,集中用于扶贫开发。省上应设立"基础设施建设应急基金",主要用于资助受自然灾害影响地区的基础设施重建。三是强化整合涉农资金。凡是用于到户到人产业增收项目的涉农资金,都要与农民的意愿挂钩,与"一户一策"挂钩,与真种真养挂钩,与见钱见物挂钩,与奖勤罚懒挂钩,避免一发了之的问题。四是积极争取国家政策支持。目前,为解决贫困地区基础设施和公共服务建设欠账多、资金缺口大等问题，国家将密集出台有关发行地方债、金融债、重点专项建设债等重大利好政策，要积极向国家有关部门申报，争取国家政策倾斜。

（五）进一步完善稳定脱贫防范返贫的长效机制

目前脱贫攻坚面临的主要困难有"两大"：产业扶贫长效机制构建难度大；有效防范返贫风险难度大。这就需要采取稳定脱贫措施，建立长效扶贫机制，把扶贫工作锲而不舍抓下去。一是抓产业、稳脱贫。要强化产业扶贫，既要实施"短平快"的产业项目，让贫困户如期实现脱贫；又要注重"以短养长"，让贫困户找到稳定的增收致富之路，巩固提升脱贫成果。只有将短平快、立竿见影的扶贫项目与长期稳定脱贫的产业结合起来，才能走出一条产业扶贫的新路。二是建机制、防返贫。建立和完善严格退出机制。脱贫既要看数量，更要看质量。要紧紧围绕"两不愁三保障"目标，着力解决突出问题，严把贫困退出关，严格执行退出的标准和程序。加强返贫监测，适时组织对脱贫人口开展"回头看"，将返贫人口和新发生贫困人口及时纳入建档立卡扶持范围，在产业、就业等方面量身定制帮扶政策，及时调整落实帮扶措施，坚决避免边脱贫边返贫现象。同时处理好贫困户与非贫困户关系，最大限度彰显脱贫攻坚正面效应。加强对未纳入建档立卡边缘户的关注与帮扶，采取针对性措施做好思想引导工作。审慎做好易地扶贫、健康扶贫、教育扶贫等特惠政策的落实，防止出现消极因素。三是重战略、强基础。从影响农村发展的基础性和战略性问题入手，统筹实施脱贫攻坚与乡村振兴战略，在产业、人才、文化、生态、组织等方面持续用力、久久为功，防止贫困人口在脱贫后返贫，以乡村振兴巩固和扩大脱贫成果。

# B.11
岚皋县：深度贫困地区农村集体产权制度改革的实践与启示

张 敏　王建华　杨桂刚　张安平[*]

摘　要： 随着深度贫困地区脱贫攻坚工作的不断深入，加快推进农村集体产权制度改革、探索壮大集体经济实现路径已提上重要日程，将成为深度贫困地区持续巩固提升脱贫攻坚成果和实施乡村振兴战略的有效举措。本文在探讨深度贫困地区推进农村集体产权制度改革重大意义的基础上，以陕西省深度贫困县岚皋县推进农村集体产权制度改革的实践探索为例，总结提炼行之有效的经验做法，为深度贫困地区统筹推进脱贫攻坚与乡村振兴、奋力实现后发赶超提供对策建议。

关键词： 深度贫困地区　农村集体产权制度改革　岚皋县

2017年6月23日，习近平总书记在太原主持召开深度贫困地区脱贫攻坚座谈会，他在会上指出，"脱贫攻坚本来就是一场硬仗，而深度贫困地区脱贫攻坚是这场硬仗中的硬仗"。为明确重点工作区域和精准解决深度贫困问题，国务院扶贫开发领导小组组织各地按照标准，在确定了"三区三州"为深度贫困地区以外，还在中西部地区确定了169个深度贫困县，进一步集

---

[*] 张敏，陕西省社会科学院农村发展研究所助理研究员，博士，岚皋县农业农村局副局长（挂职），研究方向为农业经济管理；王建华，岚皋县农业农村局党委书记、局长；杨桂刚，岚皋县农业农村局党委委员、副局长；张安平，岚皋县农村经营工作站副站长。

中优势兵力打好脱贫攻坚硬仗中的"硬仗"。2018年一年,"三区三州"贫困人口共减少134万,贫困发生率下降6.4个百分点,比西部地区平均水平快3.3个百分点,比全国平均水平高5个百分点,169个深度贫困县共有460万贫困人口脱贫,贫困发生率大幅下降,深度贫困地区脱贫攻坚成效显著。随着贫困县、贫困村、贫困人口的陆续退出和减少,以及2020年全面打赢脱贫攻坚战,深度贫困地区如何找准脱贫攻坚与乡村振兴有机衔接的切入点、继续巩固提升脱贫攻坚成果已成为当前迫切需要解决的重大课题。

本文在探讨深度贫困地区推进农村集体产权制度改革重大意义的基础上,以国家扶贫开发工作重点县、秦巴山区集中连片特困地区县、陕西省深度贫困县岚皋县为例,总结提炼岚皋县推进农村集体产权制度改革的经验做法,并为深度贫困地区统筹推进脱贫攻坚与乡村振兴、奋力实现后发赶超提供对策建议。

一 深度贫困地区推进农村集体产权制度改革的重大意义

（一）持续巩固和提升脱贫攻坚成果的有效抓手

改革开放40年来,我国创造了人类减贫史上的奇迹,贫困发生率由1978年的97.5%下降到2018年的1.7%,农村7亿多人口摆脱了贫困。我国扶贫开发创造的奇迹离不开国家雄厚的资金支持和保障,2015~2019年中央财政累计安排专项扶贫资金达4304.95亿元,连续五年每年新增200亿元,年均增幅达到34.7%,其中,2019年专项扶贫资金增量主要用于深度贫困地区的脱贫攻坚工作。随着农村集体产权制度改革的不断深化,村"两委"和农村集体经济组织逐步实现政经分离,财政扶贫资金支持深度贫困地区发展建设的村级基础设施、公共服务、产业项目等形成的资产将主要由村级集体经济组织承担统一运营和维护责任,因此,明确村级集体经济组织的经济职能和主体地位、发展壮大集体经济不仅是打赢脱贫攻坚战的硬指标,更是在乡村振兴战略背景下持续发力、巩固和扩大脱贫攻坚成果的有效抓手。深度贫困地区只有不断深化农村集体产权制度改革，加强农村集体经济组织建设，进一步发展壮大集体经济，才能全面巩固脱贫攻坚成果，有效防止贫困户返贫，遏制贫困地区再次陷入贫困的恶性循环。

（二）立足高质量发展实现乡村振兴的制度支撑

农村集体产权制度改革是新时代深化农村改革的一项重点任务，也是实施乡村振兴战略的重要制度支撑和着力点。党的十九大报告明确提出实施乡村振兴战略要"深化农村集体产权制度改革，保障农民财产权益，壮大集体经济"。农村集体产权制度改革是新时期新阶段对农村"统分结合、双层经营"基本经济制度的进一步完善，是加快推进深度贫困地区农业规模经营、优化生产要素、培育新增长点、实现农民增收的重大举措，也是提高农村公共服务能力、完善农村社会治理的有效途径。深度贫困地区只有不断深化农村集体产权制度改革，明确农村集体经济组织作为实施乡村振兴战略的主体，利用各项支持政策发展壮大村级集体经济，统筹推进农村经济建设、政治建设、文化建设、社会建设、生态文明建设和党的建设，才能加快推进农业农村高质量发展，全面实现农业强、农村美、农民富的目标。

（三）增强内生动力实现后发赶超的现实路径

深度贫困地区虽然具有自然条件差、经济基础薄弱、道路交通落后、贫困程度深等发展劣势，但是普遍具有独特的自然资源、农业资源和人文景观，完全具备将"绿水青山"转化为"金山银山"、生态优势转化为经济优势的条件，通过农村集体产权制度改革壮大集体经济是彰显生态优势奋力实现后发赶超的必然路径。农村集体产权制度改革的目的是建立"归属清晰、权责明确、保护严格、流转顺畅"的中国特色社会主义农村集体产权制度，维护农村集体经济组织及其成员的合法权益，这一改革举措不仅体现了集体的优越性，同时更加明确了广大农民群众对集体经济发展具有的各项权利，包括知情权、参与权、表达权、监督权，是集体经济发展的参与主体和改革真正的受益者。在新时代生态文明建设背景下，深度贫困地区只有通过农村

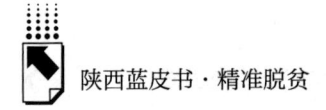

集体产权制度改革充分调动集体成员主动参与的积极性，才能不断增强农业农村发展的内生动力，进一步将生态优势转化为经济优势，为实现后发赶超、全面建成小康社会提供有力支撑。

二 岚皋县农村集体产权制度改革基本情况及成效

岚皋县隶属于陕西省安康市，位于大巴山北麓，与重庆市城口县接壤，辖12个镇、125个行政村、11个社区，总人口17.2万人，是秦巴生物多样性生态功能区和国家南水北调中线工程重要水源涵养区，同时也是国家扶贫开发工作重点县、秦巴山区集中连片特困地区县和陕西省深度贫困县。截至2018年底，岚皋县建档立卡贫困人口18816人，比2016年建档立卡贫困人口减少24214人，贫困发生率由2016年的29.8%下降到2018年的13.3%，计划2019年实现整县脱贫摘帽。

2018年以来，岚皋县以国家级农村集体产权制度改革试点为契机，按照"先行先试、稳步推进"的原则，扎实推进改革工作落实落地，在安康市率先完成农村集体产权制度改革的各项任务。截至2019年9月底，岚皋县136个村（社区），除两个纯居民社区外，已完成134个村（社区）、846个村民小组的集体资产清产核资、成员身份界定、股权设置及量化工作，为发展壮大村级集体经济奠定了坚实基础，为陕南深度贫困地区推进农村集体产权制度改革提供了有益的经验借鉴。

岚皋县开展农村集体产权制度改革工作一年多以来，成效初显，主要体现在以下方面。一是摸清了农村集体资产家底。全县共清理出经营性资产8771.0万元；非经营性资产6.78亿元，其中货币资金3463.5万元，应收账款2989.2万元；资源性资产224.6万亩。二是明晰了集体产权归属。全县共界定集体经济组织成员48722户137600人；设置集体股东134个、个人股东135863个。共量化股份256624.01股，其中，集体股77310.01股，人口股135863股，扶贫股36359股，资金股7092股。三是奠定了集体经济加快发展的制度基础。全县134个村（社区）均已成立了股份经济合作社，全部颁发了股份经济合作社证书，发放股权证4.8万份。四是增强了贫困村集体经济发展的内生动力。通过充分发挥财政资金的引导作用，支持全县72个贫困村结合特色产业发展集体经济，带动贫困户增收。截至2019年底，全县村级集体经济共实现分红483.13万元，其中集体积累147.77万元，贫困产分红335.36万元。

三 主要做法：坚持"六个聚焦"，突出"六个强化"

岚皋县紧抓国家农村集体产权制度改革试点县的机遇，始终坚持农村集体产权制度改革的正确方向，坚守法律政策底线，以坚持"六个聚焦"、突出"六个强化"为重要抓手，全面加快推进农村集体产权制度改革工作，切实夯实村级集体经济发展根基，为全县统筹推进脱贫攻坚与乡村振兴、奋力实现后发赶超奠定了坚实基础。

（一）聚焦体制机制建设，强化责任担当

为加快推进国家农村集体产权制度改革整县试点工作，岚皋县成立了由县委书记、县长任"双组长"，县委、县政府分管领导任副组长，相关部门负责人为成员的农村集体产权制度改革整县试点工作领导小组，负责改革重大事项的研究决策、组织协调和督促落实等工作，实行一个县级领导挂联、一个部门包抓、一个方案推进、一套人马落实、一个办法督查考核的"五个一"工作责任制。同时，将农村集体产权制度改革工作纳入各镇各部门脱贫攻坚、追赶超越年度目标责任考核重要内容，成立两个督导组到镇到村定期督促指导，实行"月报工作进度、季度检查通报、年度考核评比"，确保各项工作落实到位。

（二）聚焦工作程序规范，强化业务指导

先后制定印发了《岚皋县国家农村集体产权制度改革实施方案》《集体资产清产核资实施方案》《集体资产清产核资工作指导意见》《集体经济组

织成员身份界定工作指导意见》《资产股份量化工作指导意见》《农村集体产权制度改革清产核资工作导引》《岚皋县2018年度农村集体产权制度改革工作镇村两级考核办法》，编印了"岚皋县农村集体资产清查核资培训资料""农村重点改革典型经验汇编""农村集体产权制度改革宣传手册"3000余册，发放宣传单4万余份。县、镇、村累计组织召开培训会议150余场（次），培训人员3200余人（次）。县级财政安排100余万元专项经费保障改革工作，并聘请第三方专业机构参与清产核资及资产评估工作，确保试点工作规范操作。

（三）聚焦成员权利保障，强化民主决策

在开展清产核资过程中，由镇党委、镇政府牵头，组织各村成立以村支部为核心、村民代表及农村"老支书、老会计、老党员、老干部"等有声望的人士参与的清产核资工作组，严格按照中省市要求，对农村集体"三资"以及财政投资形成的资产全面清查，按照程序进行公告公示，并建立村集体"三资"管理台账。在界定集体经济组织成员身份过程中，按照尊重历史、兼顾现实的原则，由群众通过民主评议的形式确定成员身份。在股权量化过程中，严格依照法律政策，对农村集体资产股份类型、量化方式、配置比例和基准日期等重大事项实行民主决策、张榜公示，并充分尊重集体成员意愿，设置扶贫股突出对贫困户的精准帮扶。

（四）聚焦集体资产安全，强化财务管理

一是全面推行代理记账服务，将全县134个村集体经济组织的财务核算业务委托给岚集农商银行，有效解决了当前村级集体经济组织财务管理混乱、制度不健全、不规范的问题。二是对财政资金支持村集体经济发展实行项目管理法，根据全县产业规划和发展方向将财政专项资金分配到发展壮大集体经济的具体项目，并建立多部门全程监管机制，由县农业农村局负责审批监管项目实施，县财政局和县扶贫局负责定期检查资金使用，县审计局负责定期开展财务审计，形成有效的监管合力。三是出台了《岚集县财政支

持农村集体经济发展专项资金管理办法（试行）》和《岚集县农村集体经济组织财务管理办法（试行）》，加强和规范农村集体经济组织的财务管理，进一步规范了票据、印章使用，制定了严格的报销流程及审签制度，完善了村集体经济组织收益分配方案，为实现农村集体经济组织财务管理规范化、透明化和制度化保驾护航。

（五）聚焦资金精准使用，强化内生动力

为使扶持资金能够精准发挥效益，全县整合财政扶贫开发、产业发展和其他涉农资金共计9895万元，用于支持全县72个贫困村结合特色产业探索建立集体经济发展长效机制，按3:7比例作为村集体股和贫困户的扶贫股，推进资金变股金，提高农村集体经济"造血"功能。其中，7个贫困村自主经营使用资金690万元；72个贫困村对接经营主体共计50个，承接项目资金共计9205万元。此外，全县整合以财政投资方式建成的产业基地（园区）配套设施、小型农特产品物流设施、乡村旅游设施等经营性项目资产，交付给村集体经济组织变成运营性资产，成为集体经济持续壮大发展的重要基石。

（六）聚焦特色产业发展，强化三产融合

推动村集体经济组织将自身实际与全县整体规划相结合，围绕富硒魔芋、茶叶、猕猴桃、栝楼等主导产业定"准星"、选好项目，并与有实力的市场经营主体建立合作共赢机制。同时积极推动各方资源与村集体经济组织对接，加快三产融合发展，形成多点支撑的新局面，拓宽农村集体经济增收渠道。例如，作为曾经的贫困村和集体经济"空壳村"，四季镇天坪村依托良好区位、生态、人文旅游资源，积极实践"绿水青山就是金山银山"的理念，通过开展资源招商、资金投资理财、置办实体自行运营等方式发展乡村旅游，建设观光农业，充分利用"巴山样子·杨家院子"的品牌效应，打造"魔芋、中药材特色产业+光伏+旅游"田园综合体，全方位拓宽增收渠道，使集体经济资产从接近"空壳"跃升到1800万元，为全县贫困村壮大集体经济提供了示范和引领。

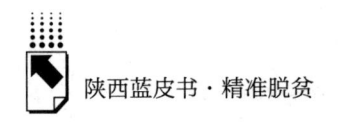

四 对深度贫困地区推进农村集体产权制度改革的几点启示

（一）提高思想认识，规范有序推进改革工作

稳步推进农村集体产权制度改革是以习近平同志为核心的党中央作出的一项重大部署，是向国家农村改革深水区迈进的一项重大举措，也是实施乡村振兴战略的重要制度保障，对维护集体和农民权益、壮大农村集体经济、强化基层党组织建设、完善乡村治理体系、实现农业农村现代化都具有重大的意义。对于深度贫困地区来说，积极稳妥推进农村集体产权制度改革的意义还在于通过"三变"改革唤醒沉睡的集体资产，激发农村的发展活力，持续增加村集体和农户收入，进一步巩固提升和扩大脱贫攻坚成果。因此，无论是各级政府部门，还是广大农民群众，都要充分认识到农村集体产权制度改革是国家深化农村改革的顶层设计，是一项管长远、管根本、管全局的根本性制度改革，需要各级政府部门的重视与大力支持，以及农民群众的理解与参与。面对涉及面广、政策性强、情况复杂的农村集体产权制度改革工作，各级政府部门应该及时理顺体制机制，形成齐抓共管合力，统筹推进农村集体产权制度改革与农业农村各项工作，切实做好清产核资、成员身份确认、股权量化、农村集体经济组织建立等各环节工作，确保各项任务落实到位，稳步有序推进农村集体产权制度改革工作。

（二）推进政经分离，加强农村集体"三资"监管

开展农村集体产权制度改革、成立农村集体经济组织的目标就是剥离村"两委"对农村集体资产经营管理的职能，实现政经分离，为壮大村级集体经济保驾护航。为此，国家在2017年10月颁布的《民法总则》中，明确赋予农村集体经济组织以特别法人地位，为农村集体经济组织消除过去的"尴尬"身份提供了法律依据。但是，除了改革试点外，大部分深度贫困地区开展农

村集体产权制度改革起步较晚，村"两委"和村集体经济组织的关系仍未理顺，行政职能和经济职能仍然交叉混乱，亟须围绕政经分离建立完善的规章制度，加强农村集体"三资"监管。一是加强农村集体经济组织的财务管理，推行会计委托代理制，制定严格的报销流程及审签制度，规范收益分配方案，实现农村集体经济组织财务管理规范化、透明化和制度化。二是加强农村集体经济组织的审计监督，进一步完善财务公开制度，充分发挥监事会的监督职能，对于支持农村集体经济发展的财政专项资金，政府各部门应建立全程监管机制，确保集体资产增值保值。三是推行会计电算化，建立"三资"监管信息平台，实现农村集体资产财务管理及运行情况的实时查询、分析和监管，提高监管水平和效率。四是加快建立农村产权交易平台和信息服务网络平台，引入第三方专业机构提供评估服务，规范农村产权流转交易。

（三）加大宣传力度，激发集体经济内生动力

进一步加大对农民群众的宣传力度，充分发挥深度贫困地区第一书记、驻村扶贫工作队、镇办包村干部、村两委班子"四支队伍"以及其他帮扶力量的作用，运用线上宣传、印发资料、开展培训等多种形式积极开展农村集体产权制度改革相关的政策宣传，让农民群众从思想上意识到农村集体产权制度改革跟自己的切身利益密不可分，关注、关心集体经济的发展，进而调动农民群众参与农村集体产权制度改革的积极性和主动性。此外，应积极探索建立集体经济与农户的利益联结机制，通过土地流转、入股分红、务工报酬等方式增加农民的收入，充分激发集体经济发展的内生动力；完善正向激励机制，将村干部绩效报酬与集体经济发展效益挂钩，进一步激发村干部发展壮大集体经济的热情；全方位支持和鼓励返乡农民工、企业家带着资本、技术和管理经验参与发展壮大农村集体经济项目，形成市场经营主体、集体和农户共同受益的经济共同体。

（四）坚持因地制宜，夯实集体经济产业基础

依托深度贫困地区的资源禀赋和区域特色，围绕农业供给侧改革调整生

产结构，持续优化农业产业布局，在农业产业发展基础好的地区大力发展优势明显、竞争力强的特色农业产业，增加优质农产品、特色农产品、绿色农产品的有效供给，夯实集体经济发展的产业基础；在交通便利、工业发展空间大的地区积极发展农产品加工业，打造一批特色农产品生产基地和农产品加工园区，推进农业产业链、价值链前延后伸融合发展，增强集体经济发展实力；在生态资源、人文资源丰富的地区推进休闲农业和乡村旅游规范有序发展，牢固树立和践行"绿水青山就是金山银山"的理念，重点将农业功能向经济、社会、政治、文化、生态等多功能拓展，鼓励发展创意农业、景观农业、农业主题公园、特色农业产业小镇、农家乐、休闲农庄等多种休闲农业形态，立足"农业+"模式打造集现代农业、休闲旅游、生态宜居于一体的田园综合体，以集体经济发展为引领切实将深度贫困地区的生态优势转化经济优势。按照"因地制宜发展特色产业、宜农则农、宜工则工、宜商则商、宜游则游"的发展思路，积极探索壮大农村集体经济的有效实现路径，通过租赁、承包、参股、联合开发等多种形式盘活农村集体资产，拓宽集体经济增收渠道。

（五）强化精准指导，加大贫困地区扶持力度

各级政府应继续加大对深度贫困地区壮大集体经济的扶持力度，在政策引导、专项资金、项目安排、人才培训、技术指导等方面对农村集体经济组织倾斜和重点支持，为发展壮大村级集体经济提供有力支撑。各级农业农村管理部门作为农村集体经济组织的主管部门，应切实发挥好指导、管理、监督和服务作用，强化对农村集体经济组织建设和运行的指导。一是指导农村集体经济组织及时办理登记赋码、变更银行账户等手续，确保其正常开展经营活动，定期对农村集体"三资"管理开展审计监督；二是督促农村集体经济组织规范章程、组织架构，建立健全各项管理制度，向现代企业制度转变；三是加强对农村集体"三资"管理的业务培训，在产业发展、合同管理、农业保险、金融贷款、税收政策等方面开展服务咨询；四是统筹涉农整合资金设计集体经济发展项目，指导农村集体经济组织选好项目、定好目标、完善方案、精准实施，并对项目实施全过程进行跟踪，发现问题及时沟通解决并纠正，确保项目精准带动集体经济发展壮大。

参考文献

《在深度贫困地区脱贫攻坚座谈会上的讲话》（2017年6月23日），人民网，2017年9月1日，http：//politics.people.com.cn/n1/2017/0901/c1024-29508176.html。

《集中力量攻克深度贫困地区"硬骨头"》，国务院新闻办公室网站，2019年2月20日，http：//www.scio.gov.cn/32344/32345/39620/39845/zy39849/Document/1647354/1647354.htm。

《中央财政：保障"军需粮草"助力减贫四十年》，中华人民共和国财政部网站，2019年1月18日，http：//www.mof.gov.cn/mofhome/nongyesi/redianzhuanti/fupinkaifa/201901/t20190118_3125114.html。

《2019年中央财政专项扶贫资金已全部下达》，人民网，2019年6月3日，http：//finance.people.com.cn/n1/2019/0603/c1004-31116814.html。

B.12
及锋而试：将脱贫攻坚作为县域经济的发展良机

——基于对石泉县产业扶贫的调查与思考*

何得桂 公晓昱**

摘 要： 习近平总书记在2018年打好精准脱贫攻坚战座谈会上强调，"产业扶贫是稳定脱贫的根本之策，但现在大部分地区产业扶贫比较重视短平快，考虑长效效益、稳定增收不够，很难做到长期有效。如何巩固脱贫成效，实现脱贫效果的可持续性，是打好脱贫攻坚战必须正视和解决好的重要问题"。自党的十六大首次提出"县域"的概念以来，县域经济发展问题就受到前所未有关注，发展县域经济作为繁荣农村经济的重要保障，离不开地方特色产业的发展和壮大。陕西省安康市石泉县坚持以市场为导向、以经济效益为中心，因地制宜积极探索具有地方特色的扶贫开发产业，形成了"三带三扶三长效"产业扶贫发展模式，在保证脱贫成果长期有效的同时，带动当地县域经济的发展。利用"能人兴村"战略充分发挥党在基层自治的领导作用，创新产业扶贫模式带动当地特色产业规模化发展，是基层与地方脱贫攻坚战取得成就的重要因素。

---

* 本文为国家社会科学基金重大招标项目"农业社会学的基本理论与前沿问题研究"（编号为17ZDA113）阶段成果。
** 何得桂，西北农林科技大学公共管理系主任，副教授，管理学博士，硕士生导师，主要从事涉农公共政策与地方治理研究；公晓昱，西北农林科技大学人文社会发展学院硕士研究生，主要从事城乡融合发展研究。

关键词： 脱贫攻坚　县域经济　产业扶贫　石泉

一　"砥砺琢磨"：探索"三带三扶三长效"，产业脱贫有路径

自2017年以来，陕西省安康市石泉县通过"能人"带动、乡村旅游带动、产业园区带动促进农村产业发展，以扶能人、扶企业、扶贫困户为宗旨，以培育长效产业为着力点，努力实现贫困群众长期就业、长远增收，通过创新探索出"三带三扶三长效"产业扶贫模式，推动了脱贫攻坚由"输血"向"造血"转变。

（一）"三带动"："强带弱，大带小，点带面"破解产业扶贫发展难题

习近平总书记说过，"推行扶贫开发、推动经济社会发展，首先要一个好思路、好路子。要坚持从实际出发，因地制宜、理清思路、完善规划、找准突破口"。为此，石泉县充分利用资源、人才及地区优势，大力实施"能人兴业"、乡村旅游、产业园区带动工程，通过土地流转、入园务工、产业托管、订单回购、利益分红等方式，把新型经营主体发展与贫困户脱贫捆绑在一起，形成"强带弱，大带小，点带面"的特色发展模式，真正地将贫困帮扶与地区产业发展融合在一起。

1. "强带弱"："能人兴业"，助力产业脱贫

石泉县确定的"能人兴村"标准是"三有三能"，即思想有境界、投资有实力、经营有能力和致富能帮带、新风能引领、治理能出力。全县共组织了1100人作为能人队伍，根据地区需要和能人特长进行建档立卡，在"服务上从优、项目上支持、经济上奖励、政治上鼓励"。为加强党的基层领导能力，石泉县搭建了政治参与平台，把善组织、懂管理、群众服的综合型能人吸纳进村级班子和党组织。结合"双培双带"活动，石泉县先是通过党

组织吸纳能人，发展壮大村级班子，再推荐选举52名能人担任县镇两级"两代一委"，有效强化了基层队伍。实践表明，石泉县实施的"能人兴村"战略，既是加强党的基层组织建设的客观需要，也是打赢脱贫攻坚战的有力保障，让能人的力量在农村牢牢扎根，为基层固本培元，成为脱贫攻坚源源不断的内生动力。利用能人的知识、技术、资金方面的优势，通过"能人兴业+脱贫攻坚"的战略为当地农村经济发展注入新活力。

2. "大带小"：党建引领，创新经营主体

习近平总书记在河北省阜平县考察扶贫开发工作时说过，"农村要发展，农民要致富，关键靠支部"。为着力加强党的建设与精准脱贫深度融合，石泉县鼓励能人创办龙头企业，领办农村专业合作社，通过党支部的引领带动，贫困户采取土地流转、劳务用工、订单销售等方式与市场主体结成利益共同体，"+"进全产业链中获得稳定收益。形成了"支部+X+贫困户"的新型经营主体带动模式，"X"代表市场经营主体，以"支部+企业+贫困户""支部+合作社+贫困户""支部+产业园区+贫困户"为主，为解决农民作为市场弱势主体在营商环境中的弊端，村支部采取"一站式服务""跟踪式服务"等方式负责规划、用工、市场等环节的统筹，贫困户只负责"种植和收钱"，采用合同收购、股份分红、利润返还等形式将贫困户牢牢地吸附在产业链上。为推动"三变"进程，构建产、供、销一体化生产格局，石泉县正在不断扩大"X"的范围，创新推出"支部+景区+贫困户""支部+社区+贫困户"的带动模式，对贫困户进行从业技能的培训和易地搬迁后从商租金的减免，遵循宜工则工、宜农则农、宜游则游的原则，让贫困户在党组织的带动引领下实现稳定增收脱贫。

3. "点带面"：文旅扶贫，发掘地方资源

"金蚕之乡，鬼谷故里，秦巴水乡，石泉十美"是石泉县最响亮的名片。多年来，石泉县坚持把全域旅游作为战略性支柱产业，依托秦巴山水独特禀赋，坚持发展绿色经济，打造绿水青山，建设绿色家园，围绕"景区带村、能人带户"与"党支部+园区+贫困户"模式，扶持景区周边贫困户大力发展农家乐、农家宾馆和蔬菜瓜果、土特山货、特色旅游商品等配套

产业，促进贫困群众增收。一是以强化技能培训推动实现就业。"授人以鱼不如授人以渔。"为增强贫困群众创收能力，该镇围绕旅游产业发展，定期不定期对贫困群众开展旅游从业技能培训，全面提升贫困劳动力的服务技能和服务水平，引导贫困户转变就业观念，在推动贫困群众实现就业增收的同时，为旅游发展提供人力支持。二是以参与景区建设推动多元增收。围绕"旅游+扶贫"模式，充分发动贫困群众以房屋、土地、技术、劳动力等元素参与景区建设，增强景区带贫益贫能力，推动实现贫困群众就业有岗位、创业有项目、增收有门道，助力脱贫攻坚。三是以改善景区环境推动树立新风。大力推进"三改三治"，全面治理车辆乱停、垃圾乱倒、污水乱排、秸秆乱烧等陋习恶俗。全面推行无害化厕所，设立护河员、清扫员等公益性岗位，充分运用新民风道德评议等手段，推进农村人居环境整治，保证景区环境优美。石泉县积极推进生态旅游和文化旅游的发展并取得明显成效，乘借文旅扶贫的契机，深度挖掘乡村旅游产业资源，带动县域经济发展壮大。

（二）"三扶持"：资金帮扶、技术帮扶、产业奖补激发脱贫内生动力

1. 资金帮扶：项目管理，提升脱贫质量

为加快实现脱贫致富，石泉县对能人带动贫困户脱贫成效好的，达到农业产业化龙头企业标准的，通过整合项目资金给予100万元的一次性扶持；达到示范专业合作社、家庭农场、产业大户标准的，分别给予3万元、2万元、0.5万元的一次性奖补。通过为带贫益贫的新型经营主体设立项目资金，为自发脱贫的乡镇集体扫清产业脱贫道路上的资金障碍，提升产业脱贫工作质量。

2. 技术帮扶："授人以鱼不如授人以渔"

为了让更多的农村劳动力实现就业创业，增强贫困群众脱贫致富的信心和能力，石泉县党委政府加大了产业免费技能培训力度。除了就业技能培训，石泉县政府还设置专业服务部门"产业脱贫技术服务110"为贫困户提

供技术指导。当前，石泉县产业脱贫技术服务110指挥中心在11个镇实现了全覆盖，以县级专家团队、县级技术服务队、新型经营主体技术团队、农村能人技术服务团队等组成的技术服务队，随时接受技术服务任务，确保"24小时值班电话"及时接通，并在3日内完成技术服务，不少农民遇到的农技"疑难杂症"通过热线电话得到了及时解决。

3. 产业奖补：激发贫困户内生动力

石泉县坚持"大搞大补，小搞小补，不搞不补，奖增量不奖存量"的原则，根据《石泉县产业就业精准脱贫"三有"实施方案》制定相应的奖补制度，主要的奖补对象是"十三五"建档立卡贫困户（包括已脱贫户）、县域内带贫益贫及当年新增新型经营主体、发展集体经济效益突出的村级组织、产业就业精准脱贫"三有"成效突出的镇，其奖补标准主要是：贫困户发展产业和自主就业奖补；各类新型经营主体带贫益贫奖补；落实"能人兴村"战略奖补；农村集体经济发展"十佳"村奖补；"三有"工作先进镇奖补。石泉县通过建立收入绩效奖补机制，聚力发展稳增收，提质增效防返贫。

（三）"三长效"：长效产业、长期就业、长效增收保障长效脱贫成果

石泉县坚持总览全局、协调各方持续推进产业发展，通过实施产业精准扶贫到村到户到人，努力实现产业扶贫项目对有劳动力的贫困户全覆盖，切实把构建长效产业、长期就业、长效增收作为产业扶贫可持续的有力保障。

1. 长效产业：持续提升贫困村综合实力

石泉县依据本地实情，相继制定出台了《石泉县产业精准脱贫三年行动方案》、《产业就业精准脱贫"三有"实施方案》和《"三有"奖补办法》，有计划、分阶段地完成产业精准脱贫任务；注重产业项目长短结合、优势互补，基本形成了"全域旅游抓龙头，北桑南茶川道菜，特色种植养殖保增收"的产业总体布局；为推动农业农村经济建设，落实共享发展理

念，实现脱贫效果的可持续性，针对每镇每村不同发展情况和不同的资源环境制订切合实际的发展规划，努力实现村村经济繁荣、户户产业长效、人人就业稳定的发展格局。

2. 长期就业：努力实现人人就业稳定

针对整县脱贫摘帽目标，石泉实施了脱贫攻坚"1135"稳定增收工程，即通过开发1000个左右村内"居家就业"公益性岗位，1000个左右县内"稳定用工"岗位，组织实现3000个左右县外"稳定务工"岗位，组织5000户左右贫困户发展特色订单种植养殖产业；建立了创业孵化基地、返乡创业示范园、就业扶贫基地、新社区工厂4个创业就业平台，着力推进大众创业和城乡劳动力稳定就业；全县累计注册企业2129家、个体工商户10711个、农民专业合作社296户，稳定带动就业近万人。

3. 长效增收：切实提高脱贫质量

对有能力参与产业发展的贫困户，石泉县将长短结合的特色种植养殖项目台账精准到户，通过统一组织种苗（源）调运、指导、生产管理、签订订单种植养殖合同，着力构建中长线产业、技术服务、主体带动、订单回收"四个全覆盖"，确保每户贫困户有1~2项稳定增收产业，掌握1~2项实用技术，有1~2人稳定就业增收，做到贫困村特色产业全覆盖，贫困户中长线产业全覆盖。

二 "显露锋芒"：落实"三带三扶三长效"，产业脱贫显成效

2018年，全县上下认真贯彻落实习近平总书记扶贫重要论述精神，认真落实精准扶贫、精准脱贫基本方略，深化"三个六"脱贫攻坚思路，按照"严、实、精、高"工作要求，以"五个完善、一个主攻、五个提升"为着力点，全面夯实脱贫攻坚工作，在开发扶贫过程中推进农村产业融合的发展机制，加快形成以农业农村发展为基础、体现农民主体性、彰显地方特色的产业体系，以产业兴旺推动乡村全面振兴。

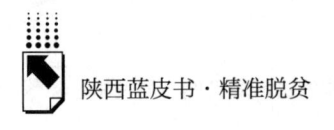

（一）村级集体经济发展壮大

通过村支部的引领，遵循市场规律，推动乡村资源整合，优化资源配置，与时俱进开发有地方特色、有竞争力的产品，引领消费新潮流，提高乡村生态产品和服务供给能力。利用"能人兴村""订单式生产"以及"一站式服务""跟踪式服务"等多种扶贫战略，石泉县探索出"支部＋X＋贫困户"的产业经营创新模式，因地制宜，结合多种"X"的农村市场经营主体助力精准扶贫事业。按照"系统化思维、全产业开发、产加销一体化"工作思路，石泉县采取"政府扶龙头、龙头联合作社、合作社建基地、基地带大户（贫困户）"方式开发多元化规模经营，以农村为平台推动产业融合，促进农业内部融合，延伸农业产业链，拓展农业多种功能，发展农业新型业态等多模式融合发展，将贫困户牢牢地拴在村级集体经济产业链上，充分发挥了新型经营主体的帮扶带动作用。当前，石泉县以桑蚕、魔芋、黄花菜、养蜂为主要脱贫产业，全年贫困户栽桑3304亩，养蚕4717张，发展黄花菜1000余亩、魔芋2482亩、订单蔬菜5385亩、特色林果2946亩，养蜂4216箱。除了农业种养产业扶贫以外，以生态旅游和文化旅游为主打的特色小镇建设也是石泉县推动农村产业深度融合的一大特点，近年来还逐步加强了农业循环经济试点示范和田园综合体试点建设。2007～2018年，全县年旅游人数、旅游综合收入以20%以上的速度增长，石泉旅游"一业兴百业"的带动作用凸显，旅游产业已成为该县富民强县的战略性支柱产业。石泉已有7个省级旅游示范村、10个市级旅游重点扶贫村和14个国家乡村旅游扶贫重点村；共发展农家乐150余家，旅游村镇农民人均收入突破8000元，带动创业就业1300余户3400余人，占全县脱贫人口总数的31.21%。

（二）特色扶贫产业持续增收

石泉县以资源禀赋优势和历史文化基础，科学进行特色产业开发部署，凸显县域经济发展优势。通过结合全县产业发展规划，因户施策落实一二三产业融合发展，形成了特色鲜明、优势集聚、市场竞争力强的特色农产品区；确立奖补制度鼓励特色扶贫产业经营主体帮助贫困户脱贫致富，实现了扶贫资金扶贫资源的有效运用，提高了扶贫资金、扶贫资源的使用效果，激发脱贫内生动力；践行乡村振兴发展战略，实施产业兴村强县行动，打造"一乡一业""一村一品"的发展格局和产业融合发展强镇，保证扶贫产业长期有效，防止各类原因导致的"返贫"现象发生。2018年石泉县实现了5个贫困村、1885户6101名贫困人口退出，贫困发生率由2017年底的11.2%下降至7.3%，完成了年度减贫计划，脱贫质量为历年最好。通过落实"三带三扶三长效"产业扶贫模式，进一步完善产业奖补政策，大力推行订单式生产，兑现产业到户直补资金1533万元，累积带动6700余户贫困户发展产业，其中，5389户贫困户落实了中长期产业，户均产业增收2650元，产业脱贫取得了较好的成效。

（三）贫困户就业率逐步覆盖

石泉县政府认真总结脱贫攻坚经验，注重扶志扶智，帮助贫困户摒弃"等靠要"思想，有序渐进地消除精神贫困。该县充分发挥产业园区、创业就业孵化基地等带动作用，建成创业孵化基地7个、就业扶贫基地9个、社区工厂4个，入驻创业实体600余家，创造就地就近就业岗位3000余个。与园区富泉纺织、利民船舶等企业建立用工协议，并创建贫困劳动力信息库和重点企业用工信息库，将岗位信息发布至每位贫困户，协助贫困群众找到适合自己的工作。发展乡村旅游业，培育中坝作坊小镇等新型旅游景区，带动贫困劳动力就业296人。在《石泉县产业就业精准脱贫"三有"实施方案》关于"人人有稳定就业"的发展规划中，石泉县计划到2019年底实现所有有就业意愿的贫困人口全部就业；2020年底实现所有就业贫困人口收入不低于全县农村居民可支配收入水平；2021年实现45岁以下贫困劳动力全部具备初级以上的技能资质，人均收入不低于全县城镇居民人均可支配水平。建立实现贫困人群稳定脱贫和防范返贫的长效机制，不断探索统筹解决城乡贫困的政策措施，确保贫困户有效脱贫。

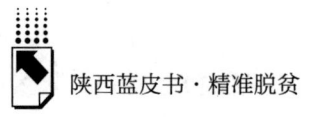

三 "继往开来"：实现"三带三扶三长效"，产业脱贫出经验

（一）政府主导，发挥基层干部的带动作用

要充分发挥党组织在基层的建设作用，由县政府牵头，依托镇政府、村支部，深入群众，搭建龙头企业与扶贫产业对接的平台，提高贫困户作为弱势经营主体在市场经济中的话语权。利用"能人兴村"战略的实施，深入发掘乡村建设人才，发展壮大党的基层组织队伍，充分发挥党组织在农村建设中的指向标作用，在为村级领导班子储备干部的同时，充分利用能人优势帮助贫困群众脱贫致富。并且由政府主导成立扶贫工作队伍，驻扎贫困地区，既能因地制宜结合实际发展当地特色扶贫产业，又能对带贫益贫产业经营主体进行监督，维护贫困户脱贫利益。

（二）合理规划，发挥扶贫资金的引导作用

直接将财政扶贫资金下放到贫困户手中实现脱贫效果非常有限，这种"输血"式扶贫不利于激发贫困群众自发脱贫，且贫困户的脱贫意愿不强，最终的脱贫效果难以持久。而扶贫资金直接投资到扶贫企业也不能实现扶贫资金的持续增值，且资金使用的监督和管理工作也较难开展。通过整合扶贫资金，以投资入股的形式投入龙头企业和专业合作社等主体的生产经营中，实现扶贫资金的有效增值，帮助农户形成稳定收益和分红。此外，设立扶贫项目基金，确定奖补制度，激发新型经营主体的发展活力和扶贫积极性，还能将政府、贫困户和产业经营主体联合起来，组成利益共同体，最大限度地发挥财政资金的杠杆作用。

（三）产扶互补，激发经营主体的扶贫动力

在产业扶贫过程中，当地龙头企业、农村专业合作社、产业园区等新型

经营主体是参与扶贫开发的主要市场主体,通过土地流转、土地入股、签订订购合同、园区就业等方式带动贫困户脱贫,推动新型经营主体产业链向纵深发展,实现农业产前、产中、产后全覆盖,实现农户小生产与大市场的对接,切实增强县域特色扶贫产业的增值能力、吸纳劳动力就业能力和提高贫困户专业技能的能力,从而形成县域经济的良性发展。

(四)对症下药,提升扶贫对象的主体地位

结合扶贫对象的实际情况,坚持从贫困群众的自身情况和发展需求出发,根据群众脱贫需求,精准到人到户制订帮扶计划。坚持"扶贫扶志""扶贫扶智"的原则,把尊重农民主体地位、增进农民福祉作为农村一切工作的出发点和落脚点,强调要对帮扶对象实施精准识别、精准帮扶和精准管理,将产业扶贫作为扶贫开发的重点。结合贫困户个人实际情况和地区特色进行产业帮扶,通过参与式扶贫,强调农民作为扶贫对象的主体性,科学对症施策,有利于激发农民脱贫内生动力,积极主动地参与扶贫开发,不断优化脱贫攻坚取得的成果。

(五)保护环境,建设绿水青山的美丽乡村

以建设特色小镇、美丽乡村为出发点,深入挖掘乡村文化蕴藏的发展潜力,合理利用地方资源和民族特色,走非趋同化、有特色的发展道路。在开发乡村旅游资源、开发特色扶贫产业的同时,注重生态环境友好和资源永续利用,推动形成农业绿色生产方式,实现投入品减量化、生产清洁化、废弃物资源化、产业模式生态化,大力推动绿色农业和循环农业发展。践行"绿水青山就是金山银山"的理念,在贫困群众中树立尊重自然、顺应自然、保护自然的意识,统筹山水林田湖草系统治理,在开发地方生态旅游和文化旅游资源助推脱贫攻坚战的同时,加快转变生产生活方式,推动乡村生态振兴,建设生活环境整洁优美、生态系统稳定健康、人与自然和谐共生的生态宜居美丽乡村,实现乡村振兴和高质量发展。

B.13
农村产权流转交易面临的主要困境及对策研究
——以西安市为例

江小容[*]

摘　要： 西安市已初步建立起四级农村产权流转交易服务体系，下一步需按照归属清晰、权责明确、保护严格、流转顺畅、统一规范的原则，尽快完善并充分发挥农村产权交易市场的各项服务功能，加快推进农村资产资源资本化，促进农村生产要素加速流动和优化配置，逐步构建城乡产权交易一体化发展的新格局。

关键词： 农村产权　土地流转　产权交易　西安市

加快农村产权交易体系建设，盘活农村资产，推动农业现代化和农民增收致富，是农村综合改革的重要内容。目前，以成都、重庆、武汉为代表的全国多个省、市（区），相继建立了不同类型的农村产权流转交易平台，对推进当地城乡经济社会互动融合，培育壮大新型农业经营主体，推进农业农村现代化，发挥了重要的作用。西安农村产权交易市场发展相对滞后，在一定程度上制约了农业的组织化、规模化和产业化发展。西安需要紧跟农村改

---

[*] 江小容，陕西省社会科学院农村发展研究所助理研究员，博士，研究方向为农村社会发展。

革的新形势，研究产权交易市场发展的新情况，加快产权交易服务平台建设及管理，推进农村产权规范有序流转。

一 西安市农村产权流转交易现状

（一）农村产权流转交易发展态势良好

1. 构建起四级产权流转交易服务体系

自 2016 年以来，西安加快农村产权流转交易市场建设，逐步构建起"一建四有"[①]、四级联网、互联互通、资源共享的农村产权流转交易服务体系，推动农村生产要素合理流动和优化配置。截至 2019 年 6 月底，全市已建成使用面积 307 平方米的市级农村产权流转交易大厅[②]，11 个区县级、152 个镇街级农村产权交易服务中心，1495 个村级产权交易服务站，共发布各类农村产权流转信息 19319 条，成交 4480 笔，成交金额达 8.1 亿元。"四级"农村产权流转交易实体机构的建立和完善，唤醒了农村沉睡资产，提高了农村各项资源的配置效率，壮大了村集体经济，增加了农民群众的经济收入，在助推乡村振兴战略实施中发挥了积极的纽带作用。西安"四级"农村产权流转交易服务平台的建成，活跃了农村产权流转交易市场，可交易产权的种类从原来的两大类拓展到九类[③]。根据交易的土地面积和金额大小，对各级平台的产权交易职责和权限进行了如下划分（见表1）。

[①] 市一级成立农村产权交易服务中心，区县、镇街建立农村产权交易中心，村设立农村产权交易站，组有联络员。
[②] 负责办理新城、碑林、莲湖、国际港务区等区级权限承办的农村产权流转交易。
[③] 农户承包土地经营权、林权、农村集体经济组织"四荒"地使用权、农村集体经营性资产、农业生产性设施设备、小型水利设施使用权、农业类知识产权、农村生物资产以及其他依法可以交易的集体和农户个人的物资产权及农副产品、知识产权、无形资产等。

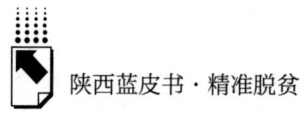

表1 西安各级农村产权交易服务机构职责权限一览

产权交易服务机构	单宗交易额（万元）	土地流转面积（亩）
市级产权交易中心	≥1000	≥1000
区（县）一级产权交易中心	20～1000	50～1000
镇街产权交易中心	2～20	5～50
村产权交易站	≤2	≤5

资料来源：《三秦都市报》，2019年6月28日。

2. 全面完成土地确权登记颁证工作

围绕"推进、提升、创新、管理、效益"十字方针，从清产核资、股权管理、组织功能、产权交易、工作程序、体系建设、经济发展、内部管理、思想理念、合作社运行等10个方面，高标准、高质量完成了省上下达的年度改革任务，各区（县）、开发区农村集体产权制度改革工作取得显著成效，走在了全省乃至全国前列。2017年，西安市土地确权颁证工作完成，编印了《西安市农村集体产权制度改革文件资料汇编》《西安市农村集体产权制度改革学习培训资料汇编》等培训教材，全年开展宣讲培训474场次，参加人次达2万余人。截至2019年8月，全市3145个村完成清产核资数据录入，1772个村完成登记赋码；2386个村已完成清产核资，达到总村数的99%，其中2385个村成立了股份经济合作社，达到总村数的99%。各级平台的产权交易非常活跃，交易信息累计上传市级平台总量达到21984条，成交比例达到24%。各区（县）积极总结产权制度改革经验，扎实推进产改"回头看"工作，取得了良好效果。

3. 培育了一批推动土地流转的新生力量

联合分散农户，加大对新型农业经营主体的培育和扶持，使种养大户、家庭农场、龙头企业、农民专业合作社等，逐步成长为推动西安农村土地流转的新生力量。对农业产业化龙头企业的扶持，采取的主要办法是加大财政扶持力度,积极为企业的技术创新、品牌建设、人才引进等创造条件,取得了显著的成效。据统计,截至2017年底,西安市级以上农业产业化龙头企业达到171家,其中国家级10家,省级49家,市级112家。对农民专业合作社和家庭农场的培育,将着力点放在提高农业的延伸效益,取得了很好的实践效果。截至2017年,全市"家庭农场"总数发展到812家,农民专业合作社总数达7676家,覆盖全市农业所有产业和96%的镇(街)。仅2017年一年,新增的农民专业合作社就达1607家,带动群众64767户。其中,22家获得"国家级示范社"称号;39家获得"省级百强示范社"称号;48家获得"省级示范社"称号;新创建"市级十佳示范社"10家,总数达50家;新创建"市级优秀示范社"20家,总数达110家。

4. 规范了农村产权流转交易管理制度

为规范和推进农村土地承包经营权流转,促进农业农村经济发展,2012年11月,西安市统筹办、市农委联合下发《西安市统筹城乡发展农村土地承包经营权确权颁证工作实施办法》和《西安市统筹城乡发展农村土地承包经营权流转办法》(以下简称《办法》)。《办法》要求,各级农业部门加强农村土地承包经营权流转有形市场和流转信息系统建设,建立以乡镇、街道办事处农经机构为依托的土地流转中介服务平台,以区(县)农经部门为龙头的土地流转信息平台,以土地承包经营权流转所或者流转中心为主要形式的土地流转市场平台,健全管理机制,规范市场流转程序,不断完善流转服务体系。2019年4月,市级产权交易平台发布了《西安市稳步推进农村集体产权制度改革实施方案》(以下简称《方案》)。《方案》要求,从2017年开始,各区县和西咸新区、各开发区启动农村集体资产清产核资试点工作及农村集体产权制度改革试点工作;到2018年底前,完成清产核资工作任务;自2019年1月起,全面启动农村集体产权制度改革工作,有条件的地方要建立集体经济合作社或股份经济合作社,建立健全农村集体资产管理制度和监管机制。

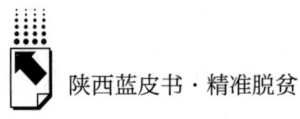

（二）农村产权流转交易市场前景广阔

中央和陕西省已出台大量指导农村土地流转的相关政策，地方上成立农村产权交易机构的积极性高涨。随着相关指导意见的逐步落实，建立产权流转交易服务平台的思路更加明晰，农村产权进场流转交易更加规范化、制度化。

1. 产权流转交易实践丰富，倒逼服务平台建设

地方上正开展的农村产权交易品种主要为土（林）地承包经营权，流转的形式以出租和转包为主，互换、转让、信托、入股等多种形式并存，流转形式多种多样，流转价格的形成以双方协商为主，亟须对产权流转交易服务平台及其流程进行规范化管理（见表2）。

表2　西安农村土地产权流转交易的主要方式

单位：万亩，%

流转方式	流转面积	占流转总面积百分比	流转对象
土地转包	13.52	27.71	❖专业大户 ❖家庭农场 ❖农民专业合作社
土地出租	23.64	48.44	❖农业园区 ❖工商企业 ❖农民专业合作社
土地转让	1.61	3.30	❖从事农业生产经营的农户
土地互换	4.4	9.09	❖同村农户
土地入股	1.82	3.73	❖"公司+农户"模式的股份公司或者合作社

资料来源：内部资料。

2. 中省政策引导明晰，农村产权流转交易迎来新机遇

中央和省上相继出台系列文件，引导农村产权规范有序流转，为西安市开展农村产权流转交易指明了方向（见表3、表4）。

表3 中央促进农村土地流转交易的相关政策

文件名称	发布单位	发文时间	主要内容
《农村土地经营权流转交易市场运行规范(试行)》	农业部	2016年6月	❖规定了农村土地经营权流转交易应具备的四大条件和四类交易品种; ❖规定了农村土地经营权流转交易市场主要包括:农村土地经营权流转服务中心、农村集体资产管理交易中心、农村产权交易中心(所)等; ❖规定了土地经营权进场交易的操作流程
《关于完善农村土地所有权承包权经营权分置办法的意见》	中共中央办公厅 国务院办公厅	2016年10月	❖逐步形成"三权分置"格局:始终坚持农村土地集体所有权的根本地位,严格保护农户承包权,加快放活土地经营权,逐步完善"三权"关系; ❖确保"三权分置"有序实施:扎实做好农村土地确权登记颁证工作,建立健全土地流转规范管理制度,构建新型经营主体政策扶持体系,完善"三权分置"法律法规
《关于稳步推进农村集体产权制度改革的意见》	中共中央 国务院	2016年12月	❖逐步构建归属清晰、权能完整、流转顺畅、保护严格的中国特色社会主义农村集体产权制度; ❖全面加强农村集体资产管理; ❖由点及面开展集体经营性资产产权制度改革; ❖因地制宜探索农村集体经济有效实现形式
《关于坚持农业农村优先发展做好"三农"工作的若干意见》	中共中央 国务院	2019年2月	❖巩固和完善农村基本经营制度:突出抓好家庭农场和农民合作社两类新型农业经营主体,落实扶持小农户和现代农业发展有机衔接的政策; ❖深化农村土地制度改革:完善落实集体所有权、稳定农户承包权、放活土地经营权的法律法规和政策体系,健全土地流转规范管理制度
《关于建立健全城乡融合发展体制机制和政策体系的意见》	中共中央 国务院	2019年4月	❖改革完善农村承包地制度; ❖稳慎改革农村宅基地制度; ❖建立集体经营性建设用地入市制度

表4　陕西省促进农村土地流转交易的相关政策

文件名称	发布单位	发文字号	主要内容
《关于引导农村产权流转交易市场健康发展的实施意见》	省政府办公厅	陕政办发〔2015〕73号	❖构建归属清晰、权责明确、保护严格、流转顺畅的现代农村产权制度； ❖建立以县（市、区）农村产权交易中心为重点，以乡镇农村产权交易服务站为补充的农村产权流转交易市场体系
《陕西省农村产权流转交易管理办法（暂行）》	省政府办公厅	陕农业发〔2016〕86号	❖提出全省农村产权流转交易市场实行分级管理、分级负责； ❖明确了可进行流转交易的九大类农村产权品种； ❖要求对农村产权实行分级分类流转交易
《关于推进农村一二三产业融合发展的实施意见》	省政府办公厅	陕政办发〔2017〕8号	❖稳步推进和逐步扩大农村产权流转交易试点，全面完成农村承包地确权登记颁证工作； ❖探索形成以农户承包土地经营权入股的股份合作社、股份合作制企业利润分配机制，切实保障土地经营权入股部分的收益
《关于稳步推进农村集体产权制度改革的实施意见》	中共陕西省委、陕西省人民政府	陕发〔2017〕5号	❖要求准确把握农村集体产权制度改革的内涵要义，把握好底线和节奏； ❖力争在2018年基本完成清产核资，2019年建立健全农村集体资产管理制度和监管机制； ❖进行产权股份改革试点：每个设区市选择1~2个重点县（区），107个县（市、区）选择2~3个不同类型的村开展试点； ❖全面开展农村集体资产清产核资

3. 农地资本化趋势明显，产权交易平台地位凸显

当前农业发展进入新的瓶颈期，外部挑战和内在矛盾相互交织，农地资本化是目前化解征地矛盾的有效机制。农地资本化有利于吸引龙头企业投资农业，是缩小城乡收入差距的重要途径，是发展农村金融、优化配置土地资本的基础条件。农村土地实现资本化需具备两个最为重要的基本条件，即流动性和增值功能，其有效实现途径是建设统一规范、标准化的产权交易服务平台。从全国农村产权交易市场的建设实践看，各地农村产权交易机构的运行模式略有不同，但都把集约利用土地放在重要位置，把还权赋能与通过市场化实现农地资本化作为开展农村土地流转工作的两条主线，凸显产权流转交易平台的地位和作用。

二 西安农村产权流转面临的主要困境

（一）产权交易市场基础能力建设滞后

西安市的农村产权流转交易市场发育相对较晚。从全国范围来看，成都市走在前列，于2008年10月正式成立了农村产权交易所，重庆农村土地交易所、武汉农村综合产权交易所、上海农业要素交易所等紧随其后投入运行。近几年，浙江、江苏、云南、天津、山东、广西、山西等多个地区，相继建立不同规模、不同性质的农村产权流转交易服务平台，注册资金规模最高达5500万元。截至2012年底，全国已有800多个县（市）、13000多个乡（镇）成立了土地流转服务中心，1200多家机构依托林业管理部门设立林权流转服务中心。[①] 西安农村产权交易平台建设起步相对较晚，2004年1月18日，陕西省在整合原陕西省产权交易中心和陕西技术产权交易所的基础上，成立了唯一的综合性产权交易服务机构——西部产权交易所，直到2017年，才正式开展农村产权交易市场建设运营。各区（县）虽建立了产权流转交易的机构和场所，但信息发布、交易服务、产权评估等功能还不完善，在一定程度上制约了西安市农业组织化、规模化和产业化发展的水平。

（二）产权交易市场的活跃度有待提升

从全国范围来看，目前各个农村产权交易市场可交易的产权品种多种多样，涉及的产权包括农村土地承包经营权、农村集体建设用地使用权、农村房屋产权、农村集体经济组织股权，以及农机具、渔业船舶等农业生

[①] 林远、周相吉：《土地流转市场将规范：农村产权交易指导意见将出》，《经济参考报》2015年1月6日。

产设施，甚至包括农业知识产权、农产品（活体畜禽）所有权、农产品期权，等等。从产权品种交易的半径来看，各大交易市场基本以服务本地为主，但在武汉和上海已出现既服务辖区又面向全国的农村产权流转交易。西安市目前开发了统一规范的农村产权交易服务平台，流转交易的产权品种有所拓宽，但各交易平台还处在初步发展阶段，不同区域、不同层级的交易平台发展差异较大，交易流程亟须进行规范化管理，交易市场的活跃度还有待进一步提升。

（三）产权交易服务平台的支撑力不够

产权流转交易服务机构依托政府职能部门设立，价格发现、资本对接等市场职能还体现得不够充分。各级各类平台目前开展的农村产权流转交易，主要依托政府职能部门推动，土地价格大多通过农户自行协商确定，且产权交易机构分为企业性质和事业单位性质，运行机制不同，市场定位不统一，发展差异很大。部分区（县）成立了土地流转服务中心，但流转信息和交易平台建设还有待完善，业主经营能力的资格审查和土地价值评估等准入机制尚未建立起来，缺少一个由下至上、网络化、多功能的标准化服务体系。产权流转交易的社会化服务亦有待完善。为产权流转交易提供服务的中介组织普遍发展滞后，存在一系列亟待破解的问题，如土地流转信息传播渠道不畅，供求信息流动受阻，信息辐射范围过于狭小，流转供需信息、交易价格很难及时有效对接等，增加了土地流转的成本，严重影响了土地流转的规模和效率。

（四）产权交易存在的法律缺陷亟待完善

目前，集体产权是否必须进场规范交易、农村产权交易机构的合法性、二次流转、长久不变等都缺乏相关法律依据。流转性和交易性是产权的一个重要特征，《土地承包法》《担保法》《物权法》等法律的限制性条款，都制约了农村产权的自由流动。此外，法律法规之间还存在相互冲突的现象，如"四荒"地和林权的承包期远高于《合同法》对租赁合同期限的规定。相关的金融支持也需要在创新中逐步完善。另外，农民和集体资产管理者作为参与农村产权交易的市场主体，普遍存在通过公开交易保护个人权益意识不强的问题，有的集体资产管理者缺乏自我约束和接受监督的意识。

（五）产权抵押融资贷款难问题亟须破解

融资难的问题已经成为土地流转加快推进的瓶颈。高陵区是全国农村产权流转交易市场建设的试点区县，是全国第二批农村改革试验区，目前正在按照要求开展试点，主要包括农村承包地经营权流转及抵押贷款、闲置农房及宅基地出租、集体经营性建设用地入市等方面的信息审核发布、组织交易、交易鉴证和评估业务。作为西安市农村产权流转交易市场建设的先行区，高陵目前也面临抵押担保基金和风险防范基金严重不足的困境。由于缺乏权威价值评估参考基准，农村土地承包经营权的价值难确认，变现处置难，金融机构为规避业主和大户还不起贷款带来的风险，就会降低放贷的积极性，导致产权抵押融资贷款难。

三　西安推进农村产权流转交易的对策建议

（一）借鉴典型市区产权流转交易的成功经验

全国农村产权流转交易市场建设实践丰富，涌现出了许多独具特色的典型案例，在促进农村资源要素合理流动、催生新型农业生产经营方式、带动农村发展和农民增收致富方面，形成了许多可供西安借鉴的经验和有效做法，值得参考。

1. 为现代农业服务，专门从事农村产权交易

20世纪80年代中后期，我国农村出现土地转包、土地出租、土地互换和转让等多种形式的农地流转鲜活案例。20世纪90年代初期，以土地承包经营权流转为主的农村产权交易开始萌芽，主要为当时的乡镇企业产权交易服务。2004年，福建省永安市在推进集体林权制度改革中，成立了全国第一家林业要素市场。2005年1月，农业部颁布《农村土地承包

经营权流转管理办法》，要求县级以上人民政府农业行政主管（或农村经营管理）部门依照同级人民政府规定的职责，负责本行政区域内的农村土地承包经营权流转及合同管理的指导。此后，全国各地陆续成立专门从事农村产权交易的实体机构。目前正在运行的各类农交所，普遍成立于2008年以后，都是以促进现代农业发展为目的的专门从事农村产权交易的服务机构。

2. 分企业和事业单位性质，呈现集团化运营趋势

农村产权流转服务机构建立之初，主要依托政府职能部门设立，投资方式主要分三类，即国有企业出资、政府与国有企业共同出资、政府部门出资。在交易所初创期，交易机构的主管部门不统一，定位比较模糊，政府在交易工作中的主导作用非常明显，政事不清、政企不清的问题非常突出。从中央到地方陆续出台系列指导意见，明确农村产权流转交易的相关事宜，农交所不断成长并发展壮大，内部治理结构逐步升级，朝着更加高效的企业化、集团化运营模式转变。从各地的实践来看，目前运行良好的农权交易服务机构普遍采用了"政企合作"的模式，其优势在于，既有利于发挥市场在资源配置中的决定性作用，又能更好地发挥政府职能，取得了多赢的实践效果。

3. 以服务本地为主，交易的品种不断拓展，半径不断延伸

从各类农交所产权品种交易的半径来看，各大交易市场基本以服务本地为主，但武汉和上海等城市，已出现了既服务于辖区又面向全国的农村产权流转交易，服务水平也朝着更加专业化的方向发展。农村产权交易的品种也在不断拓宽，从最初的土地承包经营权和林权，逐步拓展至涵盖农、林、牧、渔领域，法律允许范围内的各类市场主体的产股权及实物资产交易，包括水域、滩涂养殖权，农村集体经济组织成员股权，林地使用权、林木所有权和山林股权，农产品及其期权，农业设备所有权及租赁权转让，农业科技成果的转让和交易，农村房屋租赁权转让及其他创新形式的产权交易。

（二）推进农村产权流转交易规范有序发展

1. 以交易需求为出发点，合理控制交易市场规模

以农村产权所有者的实际交易需求为出发点，合理控制有形交易市场规模，科学规划交易机构办公场所、办公用品和办公人员数量，简化交易程序，提高交易机构效率。市和区（县）农业行政主管部门下属的农村土地承包经营权流转管理服务机构，要设立专门窗口，派员进驻，提供法律法规解答和服务指导，办理登记或备案手续，并收集管理农地承包经营权流转信息和流转项目。其他行政主管部门服务机构，按需设立专门窗口。同一集体经济组织内部，农户之间进行的农地互换、转让、转包、股份合作等，可以灵活采取场外交易的方式。受让方为农村集体经济组织之外的农业生产经营组织、企业和个人的，在交易机构内部依法完成转让、出租、转包和入股，既保证场内交易的数量，又兼顾场外交易的灵活性，形成有形交易市场和无形交易市场同步发展的格局，实现产权交易收益的最大化。

2. 以市场机制为主导，厘清政府与市场的边界

在农权交易市场发育初期，充分发挥政府的引导和扶持作用，以严格的制度保障、政策法律支撑、政策法律信息咨询、产权确权登记、资产评估、产权核实变更登记、产权抵押质押、纠纷处理和仲裁等，保证链条的完整和顺畅。市场发育成熟期，政策法律信息咨询、资产评估、产权抵押质押等逐步转由社会中介组织承担，政府继续承担政策法律支撑、产权变更登记、纠纷处理和仲裁等核心制度保障，让市场机制在资产评估、交易信息发布、价格发现、组织产权交易、签约、交付、执行等多个环节发挥主导作用，厘清政府、市场和中介组织之间的关系。

3. 以农民利益为根本，完善产权权能，显化产权价值

以广大农民的切身利益为出发点，加快推进集体土地所有权、宅基地使用权、集体建设用地使用权、林权、住房使用权证、水域滩涂养殖使用权等的确权登记工作，提高发证率，显化产权价值。充分尊重农民的土地情结，推进农村股份合作制改革。在近期土地不会被国家征用、农村劳动力就业比

较充分、群众基础好的区（县），在不改变土地用途的前提下，开展农村土地经营权股份合作制改革试点，引导农民把土地承包经营权转化为股权，委托合作社经营，根据股权从土地经营收益中获得一定比例分配的土地，开展合作经营。以农民的长远利益为根本，建立农村集体资产价值评估机制，审慎评价农村集体资产的潜在价值，避免过早入市交易伤害农民的利益。

4. 建立风险防范监控机制，推进农村产权进场交易

一是做好制度建设，建立多层级、协作联动的农村产权交易风险防控体系。市级农村综合产权交易服务平台负责拟订交易政策制度、监督交易活动和查处违规行为；区（县）农村产权交易（服务）中心承担农村产权转让中的主体合法性、行为合规性的形式审查，同时发挥集散交易信息、撮合交易和发现价格的市场职能；镇（街）农村产权交易服务站在交易双方之间开展产权交易的经纪业务，实行会员委托代理制。二是规范产权流转交易全过程，严格把好流程控制关、信息透明关、要件审核关、公平竞价关和合同审核关。三是实行动态风险防范。利用现代信息技术，对农村产权交易的信息采集、筛选、归类、推介、挂牌、举牌、询价、报价、竞价、统计、分析及预警机制等实行动态风险防控。

B.14 贫困山区村产业振兴研究

——以安康市瓦铺村为例

姜涛 刘源 周梅*

摘 要： 我国山区面积占全国总面积的2/3以上。由于交通不便、观念保守、信息闭塞和各种历史原因，山区成为农村贫困人口的高发区，也是我国脱贫攻坚的主战场。瓦铺村位于安康市汉滨区茨沟镇，地处秦巴山区腹地，被崇山峻岭所包围，属典型山地丘陵沟壑地貌，从产业结构看，传统种养殖业占据主导地位，由于自然条件差，经济基础弱，属于安康有代表性的一般贫困村，农民生活过去长期低水平徘徊。如何将自然的"绿水青山"变成农民的"金山银山"，既是瓦铺村，也是陕南乃至全国山区农村的一件大事和难事。经过研究分析，贫困山区村应从以提升农村基础设施建设水平为核心的硬件建设、以支持农村人才建设为核心的软件建设和改善营商环境、提高市场理念入手，打赢脱贫攻坚这场硬仗，为未来的产业振兴积累有利条件。

关键词： 贫困山区 脱贫攻坚 产业振兴 安康

---

* 姜涛，陕西省社会科学院经济研究所研究员，安康市瓦铺村扶贫工作队队长，研究方向为产业经济学；刘源，陕西省社会科学院中国马克思主义研究所副研究员，安康市瓦铺村驻村第一书记，研究方向为马克思主义法学、经济法学；周梅，陕西省社会科学院财务处副处长，安康市瓦铺村前任驻村第一书记。

党的十八大以来，以习近平同志为核心的党中央从全面建成小康社会全局出发，把扶贫开发工作摆在治国理政的突出位置，全面打响脱贫攻坚战。2019年，脱贫攻坚进入决战决胜阶段，乡村振兴的号角已经吹响，在这个承上启下的关键时期，需尽锐出击，付出百倍努力，打赢这场人类历史上前所未有的脱贫攻坚战，实现乡村产业振兴，让贫困人口和贫困地区同全国一道进入全面小康。陕南扶贫帮困和产业振兴的胜利推进，对全省经济社会民生等总体工作意义重大。本研究从扶贫一线科研人员的视角入手，以陕南贫困山区的瓦铺村为研究对象，解剖麻雀，设计对策，以期对全省脱贫攻坚及产业振兴发展提供借鉴。

一　瓦铺村概况

（一）自然、历史、人文

瓦铺村隶属安康市汉滨区，地处茨沟镇北部，属陕南秦巴山地丘陵沟壑区，南北长约10.5公里，东西最窄处不足数十米，形成"两山夹一川"的山区地貌类型。茨沟河由北向南从村中穿过，年降水量800毫米以上，60%的降水集中在7月、8月、9月三个月，年平均气温15℃，瓦铺村属亚热带大陆湿润性季风气候，无霜期达200天以上，瓦铺村适宜种植多种农作物和经济作物，天然中药材满山遍布，素有"北山七十二药"之誉。全区平均海拔700米，森林覆盖率超过80%，林地18000亩，耕地面积3200亩，其中水田165亩，皆为富硒土壤，是安康一级水源保护地，被誉为"天然氧吧""养生天堂"。瓦铺村距安康城区30公里，距西安170公里，交通便利。由于地处秦巴腹地，处于中国南北分水岭，四季分明，自古享有"红叶之乡""野菊花谷"美誉。

瓦铺村历史悠久，南北朝时期即有少量住户，明末清初形成村落规模，距今约400年。明末清初，"湖广填川陕"移民时期，湖北麻城等地大批人口迁居此地，形成现存村落的雏形。境内曾建有48座庙宇，被誉为说禅论道的圣地，因而得地名"寺沟"。古时，茨沟为金州（安康）通往长安最为便捷的盐丝古道，因古道沿线曾遍布瓦顶店铺，商贸繁荣，而得村名"瓦铺子"。由于地处交通要道，自古该地为兵家必争之地，匪患严重，村民为了自保，在村内东梁西岭之上建有9座山寨①，以避战乱，瓦铺村有"九寨寺沟"之称。村内不仅保存有500余间基本完好的秦巴山区传统民居——石板房，更有8处古迹②被认定为不可移动文物，瓦铺村被誉为"中国景观古村落"。

瓦铺村民风纯正，是秦巴山区极具代表性的典型传统村落。瓦铺村位于川陕文化、秦楚文化交汇融合之地，多元文化世代传承，形成丰富多彩的文化风俗。这里的富硒特产丰沛，清酒烤制、腊肉熏制、泡菜腌制、豆腐酿制、菜肴烹制等传统工艺极具地域风情，是非物质文化遗产不可或缺的重要内容。瓦铺崇尚教育为先理念。清嘉庆年间，乡贤王先文在村内板长沟口设立瓦铺私塾；民国时期，落第秀才张龙奎在村内老瓦铺子创办瓦铺私学，乡贤周安本在村内黄鞍庙创办黄鞍私学，20世纪50年代分别改为瓦铺学校和黄鞍学校。目前，瓦铺教学点还有11名二年级以下的学生，镇中心小学每年派2名教师坚持教学，年年村里都有考生考上省内外著名大学和高职院校。

瓦铺村是一个具有地域典型性、生物多样性、绿色生态性、文化代表性的传统村落，也是一个望得见山、看得见水、记得住乡愁、人与自然和谐共生的陕南山地传统村落。

（二）社会经济发展

瓦铺村的发展经历了三个重要阶段，其中，交通等基础设施的改善成为打开贫穷难题的"金钥匙"。

改革开放以前，瓦铺是陕南深度贫困村。瓦铺地处深山，坡地多平地

---

① 前梁寨、庙梁寨、碾塘寨、贺家寨、李家寨、宋家寨、曹家寨、龙王寨、东阳寨。
② 金龙山祖师庙、祖师庙舍利塔、龙王洞石窟、白云寺遗址、燕子崖窝崖居遗址、周家湾明墓、老屋场叶氏家族墓地、老屋场谭王氏墓。南北朝时期，初凿龙王山石窟，明成化年间扩建，道光四年重修。龙王洞石窟为安康地区第二大造像群，洞内神龙三泉久旱不枯、千年未竭；咸丰三年，始建金龙山祖师庙，光绪三十二年、民国二十三年重修。金龙山祖师庙享有"五龙捧圣"赞誉，蕴含着皇家气势和帝王遗风。清朝初年，为感念观音为民除害功绩，民众在村中集资修建观音庙以祀之，古庙现仍然香火不断。

少，山高谷深水急，交通极为不便，村民出行只能踩着河里的石头一蹦一跳，当地人戏称为"茨沟河，七十二道弯，脚不干"，百姓生活极为困难，吃饭、穿衣、住房、饮水、治病等基本生活都缺乏保障，本村女子多外嫁，村里男孩子娶不上媳妇，成为远近有名的光棍村。

改革开放以后，瓦铺村迎来快速发展时期。瓦铺村当地群众一直渴望走出大山，摆脱贫困。1983年，民众捐资投劳凿修人行道，全村告别"七十二道弯，脚不干"的历史，这条路被称为"茨沟第一路"。1993~1997年，村民发扬愚公移山精神，累计集资150余万元，历时5年，改扩人行道为硬化通村公路，瓦铺村从此告别无通村公路的历史。1999年，民众集资50万元，投工1000多个，架设高压电路9公里、低压电路20余公里，全村照明用电实现户户通。瓦铺村实现了走出大山的百年梦想。

2014年以来，瓦铺进入精准扶贫推动发展阶段。陕西省社会科学院扶贫工作队进驻村庄，5任第一书记前赴后继，推动瓦铺不断发展。2016年，瓦铺村盐丝古道历史文化研究课题获批国家社科基金项目，瓦铺村被评为"中国原生态清酒之乡"、"中国景观村落"和"安康市农村基层先进党组织"。2018年，瓦铺村入选陕西省美丽宜居示范村。2019年初，陕西省人大常委会副主任、安康市委书记郭青到瓦铺村调研基层党建和脱贫攻坚工作，四支力量强强合作，瓦铺迎来新发展机遇，走入发展的快车道。基础设施建设取得重大进展，现有硬化道路10.5公里、产业路2.5公里，实现电网、互联网、有线电视全覆盖，建有通信基站3处、人饮工程2处、灌溉水塔6处、金融便民服务站1处、扶贫超市1处。截至2019年9月，共投入541万元资金，用于基站、电网、酒厂、道路、教育、村服务中心等项目建设，村级基础设施建设取得突破性进展。按照户脱贫、村退出既定目标任务，"十三五"期间全村易地扶贫搬迁55户。除7户10人因残疾、无劳动力等不能如期实现脱贫，预计到2019年底，瓦铺村将有54户贫困户147人如期实现脱贫摘帽，贫困发生率将从2018年的18.4%降到1.2%，低于国家3%的贫困发生率标准，瓦铺村有望彻底摆脱贫困，走上产业振兴之路。

（三）产业发展

围绕玉米、油菜、水稻、辣椒、高粱、魔芋、马铃薯、大豆及经济林、中药材等富硒产品，猪、羊、土鸡、中华蜂蜜等绿色有机食品，瓦铺村传统种养殖业日趋成熟。以专业合作社为市场主体的清酒、香菇生产加工等第二产业蓬勃发展，越来越多经过专业培训的职业农民成为现代服务业的新生力量，成长为餐饮、康养等行业的领军人物。

1. 清酒产业

瓦铺清酒采用世代相传、拥有上千年历史的古法烤制工艺手工酿造，家家户户保留了原有的特色工艺及口感，清酒所需水源属于国家一级水源，酿造原材料来自本村富硒农作物甜杆和拐枣，本村拥有原生态的绿色农作物品种。自制的酒曲中含有18种当地自产的中草药，具有较高的养生功效。2016年，瓦铺村被授予"中国原生态清酒之乡"，"拐枣酒酿造技艺保护项目"被列为汉滨非物质文化遗产。目前，村里鼓励农户种植清酒所需原材料甜高粱600亩和拐枣上千亩，利用苏陕合作资金，投资500万元，在本村新建清酒深加工厂作为集体经济组织龙头企业，预计年产10万斤，收入500万元以上。

2. 种植业、养殖业

瓦铺村通过成立专业种植合作社发展香菇种植，从农户手中流转了15亩土地，共培育20万株菌棒，带动贫困户30户，为村民提供近百个就业工作岗位。土蜜蜂养殖是瓦铺村的传统产业，中华蜂蜜又称土蜂蜜，经济价值极高，历史上瓦铺村家家户户都产有中华蜂蜜。目前，瓦铺村共计放养蜜蜂150箱，实现产量2250斤，为村里农户增加13万元以上的收入。另外，村里养牛25头，养羊62头，养猪600头，养鸡5000只，畜禽养殖业稳定发展。

二 面临的突出问题

瓦铺村地处秦巴山区腹地，被崇山峻岭所包围，交通极为不便，人流、物流、信息流极为不发达，属于安康市有名的贫困村。瓦铺村耕地资源不足，且分布分散，给机械化生产和现代化管理带来极大困难。从农业产业结构看，传统种植业占据农业主导地位，但山区特殊地形导致水灾、泥石流、山体垮塌、野猪兽害等灾害频发，对农业生产影响巨大，农民生活水平长期在低水平徘徊。我国山区面积占全国总面积的2/3以上，而安康山地面积超过全区总面积的90%，如何将"绿水青山"变成"金山银山"，既是瓦铺村，也是陕南乃至全国山区农村的一件大事，意义重大。

（一）市场经济理念不足

瓦铺村地理上长期处于封闭状态，小农意识根深蒂固，自给自足的自然经济占主导地位，农业生产与市场需求脱节，村民思维被长期固化，对新经济、新理念、新模式的学习和认识不够，跟不上时代的步伐，观念保守、不愿花钱、怕担风险、没有创业精神成为主流。为了增加家庭收入，年轻人多选择外出务工，很多山区农村变成空心村，老弱病残幼成为村中常住人口，互联网等先进技术的普及非常困难。先进的思想进不来，传统保守观念必然大行其道。在驻村安康市委办的大力协助下，瓦铺村通信基本实现全覆盖，但受目前扶贫条件所限，通信保障资金缺口大，多数山区村庄还无法通信联网，硬件设施建设短板突出，这无形迟滞了信息沟通、观念更新的步伐。

（二）农村人才保障不足

基层党组织及集体经济组织人才传承与建设短板突出。当前，脱贫攻坚时间紧、任务重，村干部几乎成了全脱产干部，但工资薪酬与工作量不呈正比，村干部的薪酬待遇难以维持家庭开支。按照安康市现行的政策，村干部只有党政正职且工作时间超过15年、年龄超过60岁，才可领到60元的月生活补助。由于收入低、保障差，年轻人才、优秀能人、外部力量等新鲜血液不愿留村工作。当期发展集体经济，已不可能走过去"处处点火，村村冒烟"的老路，发展"一村一品""一县一业"、走"专精特新"道路成为必然选项，因此需要大量具有专业知识和技能的人才去担当重任，如果基层单位和集体经济所需各类人才不能及时补新补强，农村扶贫成果的巩固和产业振兴就成为一句空话。

（三）农村产业发展振兴难

各地农村由于规划设计所需人才、资金、技术条件所限，规划无法科学设计，发展产业只有短期目标，没有中长期规划，产业发展路径不清晰，缺乏有效的抓手，导致"三变"改革难以推动，产业发展滞后。硬实力方面，基础设施建设短板突出，唯一通村路仅3米多宽，且质量等级低。随着山区农村全域旅游的深入推进和清酒生产的发展，村里、社会车辆将日趋增加，会车难、掉头难、停车难、加油难、路灯少、桥面窄、油翻砂问题将更加突出。另外，服务、安监、通信、水电、环卫、防灾设施保障等，也离实际需求还有一段距离。软实力方面，乡村振兴所需的人才、配套资金、技术支持、文化教育、职业培训等，也呈现短板突出的问题。

三 贫困山区实现产业振兴的建议

如果说扶贫攻坚更多的是还旧账的外来"输血"过程，产业振兴就是通过理顺体制机制催生内生动力的"造血"过程。贫困山区农村要实现产业振兴，必须以问题为导向，破除传统落后的思想，尤其是贫困户"等靠要"的思想，引入现代市场经济理念，打破山区自给自足的小农经济意识，补齐人才、资金、技术、教育、基础设施、产业规划等短板。

（一）以思想大解放推动瓦铺大发展

马克思和恩格斯在《共产党宣言》中指出："人们的意识，随着人们的生活条件、人们的社会关系、人们的社会存在的改变而改变。"思想是行动的先导，前进路上，没有思想的破冰，就没有行动的突围。回顾改革开放40年的历程，我国在发展实践中取得的每一次重大突破，每一个重要进步，无不以解放思想为先导，这个过程是不断革除旧格局、创立新视野的过程，是摒弃旧观念、丰富新理念的过程。中国几千年的发展，积累了极其厚重的传统文化及思想观念。这些思想观念虽然包含一些优秀进步的因素，但总体

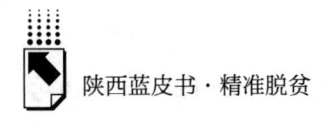

上是与利己定位的小农经济相适应，与利他出发的市场经济格格不入。2013年，党的十八届三中全会提出了"市场在资源配置中起决定性作用"和"更好发挥政府作用"的著名论断，给我们解放思想指明了方向，即转观念、改作风、勇于实践。

1. 政府角色和职能重新定位

政府方面，应重新定位自身角色和职能，学会当好店小二，将"要我服务"的理念转变为"我要服务"，制定法律法规，做好宣传保障，加大对农民职业教育投入，打造一流营商环境，建立公平竞争的市场秩序。同时要清醒认识到，由于市场机制作用具有一定的自发性、盲目性，市场主体为获得自身利益最大化，可能与社会利益发生冲突而出现市场失效，因此政府必须加强市场监管，维护市场秩序，解决市场外部性问题。

2. 提升基层组织力

基层组织方面，要明白打好脱贫攻坚战对2020年以后实现乡村产业振兴意义重大，明确这将为打造优良的市场环境奠定坚实保障。在脱贫攻坚的决胜阶段，基层组织应积极响应并落实上级指示，做好政策落地工作，并结合当地实际，找到接地气的服务本村市场经济的乡规村律，从增强适应市场需求变化的软、硬实力入手，打造一流的市场营商环境。

3. 增强农户主体意识

对农户个人而言，应转变思想观念，明确认识到自己是农村市场经济的主体，要有敢为天下先的胆识，须明白，"幸福都是奋斗出来的"。要勇于实践，要有在市场大风大浪里成长的远大志向，努力使自己成为善于从市场中学习、增长智慧的新型职业农民或双创型企业家，不断增强自身抵御市场风险的能力，激发干事创业的内生动力，逐步形成推动乡村振兴的磅礴之力。

（二）强力支持农村人才建设工程

1. 借用外脑，建立选派第一书记长效工作机制

2014年至今，陕西省社科院积极响应省委、省政府号召，建立"一把

手"负总责、分管领导主抓、牵头单位具体抓、科研院所联动的扶贫工作机制,出台驻村帮扶工作管理办法,选派业务水平高、政治素质强的干部下派一线,在职务晋升、职称评定方面给予最大倾斜。截至目前,已连续派出5任扶贫第一书记和驻村工作队到安康帮扶。下派干部与农民同吃同住同劳动,协调四支队伍,统筹多方力量,助力瓦铺脱贫攻坚和产业发展,实现了院村高标准对接。科研人员下派期间,以辛勤的脚步丈量瓦铺村的每一寸土地,以辛勤的汗水走遍家家户户,成功打造了"中国原生态清酒之乡""中国景观村落",使瓦铺成为安康扶贫一张亮丽名片。

陕西社科院在瓦铺村家喻户晓。第一书记孙昉被村民写血书挽留;作为社科院派出的第一位女书记,周梅巾帼不让须眉,得到瓦铺当地群众的一致好评。社科院历任领导对扶贫工作高度重视。前任院长任宗哲、现任院长司晓宏,多次带领团队到瓦铺村调研并指导工作。2019年,短短不到半年时间,院分管副院长杨辽3次奔赴瓦铺接送队员并开展调研,在评价5位第一书记的工作时,他形象地总结为:"王钊开疆破土,孙昉开枝散叶,宁锴枝繁叶茂,周梅硕果累累,刘源继往开来。"此外,还有大量的社科院专家和职工,为瓦铺村的发展献计献策、出钱出力,他们辛勤忘我、无私奉献的精神,受到当地村民一致好评。扶贫工作队队员杨建斌,放弃休假时间,义务给村民上门理发,被扶贫工作队队长王贤荣戏称为"让茨沟理发店断了财路"。两个老王(王保国、王宝坤老师)下雪天扛着200米长的水管上山,及时解决了贫困户唐章芝家断水的问题。院村紧密对接的扶贫方式,成为陕西精准扶贫精准脱贫的样本。

2. 加大政策支持力度,健全基层组织保障制度

要实现党对农业农村工作的坚强领导,基层党建十分重要。加强农村基层党组织建设,应发挥"关键少数"的带头作用。村支书是基层组织的"火车头",抓党建首先抓村支书选任,结合"2020年95%村支书和村主任一人担"的改革精神,建议制定从优秀基层干部中重点选拔县乡领导、优先考录公务员和招聘事业编制的机制及办法,增强一线干部干事创业的信心和动力。

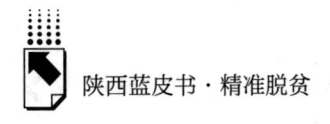

3. 加大支持力度，激励各类人才返乡创业

突破体制、机制障碍，树立"不求所有、但求所在、更求所用"的人才理念，打造特色鲜明的乡企文化。以高于同期城市中等以上收入50%左右的薪酬和企业年金计划，诚意聘请人才。为基层一线工作的同志，优先评聘职称，在职务提升上给予倾斜。对任职"双创"企业等关键岗位的，推出股权、期权激励计划，以优厚待遇吸引人，以优秀文化凝聚人，以创新创业成就人。

（三）探索农业产业振兴发展之路

1. 以"三变"改革为抓手，发挥集体经济组织在市场主体中的主导力量

农村"三变"改革一是让资源变资产，指村集体以集体土地、森林、草地、荒山等自然资源性资产和房屋、建设用地（物）、基础设施等可经营性资产的使用权，评估折价变为资产，通过合同或者协议方式，以资本的形式投资入股企业、合作社、家庭农场等经营主体。二是资金变股金，指包括财政资金变股金、村集体资金变股金及村民自有资金变股金。三是农民变股东，指农民自愿以自有耕地、林地的承包经营权、宅基地的使用权，以及资金（物）、技术等，通过合同或者协议方式，投资入股经营主体，享有股份权利。探索瓦铺乡村振兴之路，应以集体经济组织为龙头，带动当地农民持续增收，形成"公司+基地+农户"模式，利用当地各具特色的资源优势，健全财政投入机制，发挥财政资金导向功能，鼓励有条件的地方按市场化方式，设立乡村产业发展基金，拓展社会资金投入领域，形成产业振兴共振合力。

2. 以农业供给侧改革推进农业高质量发展

2019年上半年，陕西经济增速5.4%，不仅低于全国平均水平，更是创下2000年以来最低。近年，陕西省投资突出城市建设和工业领域，但经济增速越来越慢，表明传统领域投资拉动作用在衰退，据测算，已由2011年每元投资创造0.19元收益，下降到近几年的0.03元。政府应围绕农业供给侧改革，抓住农业产业振兴及乡村基础设施改造提升的机遇，实现腾笼换鸟，补齐水、电、路、气、网、卫和技术、职教、人才等短板，从单一从事种植、养殖的传统农业，向农林牧副渔五业并举的大农业发展，并进一步实现从农业单一的一产经济，向以加工业为主的二产经济和以生产、生活服务业为中心的三产经济转型升级。实现产业获得有效接续、新旧动能顺利转换、经济结构合理布局的农业高质量发展目标。

3. 与地区产业规划相衔接，因地制宜制订本村农业产业发展规划

制订"3+X"产业规划，分期分步实现产业振兴。短期，即基础打造阶段（到2020年），全面建成"四好农村路"，实施农村危房改造、电网升级、厕所革命、饮水安全、网络信息、金融支农和气化农村等工程，健全产业振兴制度框架和政策体系。培育农民职业技能，打造"一村一品"品牌，提升瓦铺清酒、富硒食品、腊肉制品等"名优特新"商品国内外知名度，将玉米、水稻、魔芋、油菜等打造为村级农业主导产业。中期，即一二产加速发展阶段（2025年），进一步夯实产业基础，壮大集体经济组织，实现户有能人、组有骨干、村有龙头的"一村一品"升级版，提高农业科技加工制造水平，促进农民持续增收，农村产业持续发展。长期，即一二三产融合发展阶段（2030年），打造现代农业，凸显生态经济、全域旅游、体验经济、康养产业、物流经济和现代服务等产业融合发展态势，实现农业高质量发展，实现村民家家有资本、户户成股东、村村有收入、年年有分红的目标，让农业成为有奔头的产业，让农民成为有吸引力的职业，基本实现农业现代化。

参考文献

中共中央文献研究室：《习近平关于社会主义经济建设论述摘编》，中央文献出版社，2017。
思力：《全面小康的底线任务和标志性指标》，求是网，2019年8月18日。
《陕西省安康市汉滨区茨沟镇瓦铺村》，中国古村落，2017年3月15日。
《以思想观念大解放推动事业大发展——六论扎实开展"大走访、大宣讲、大解放"活动》，《嘉兴日报》2018年8月14日。
秦川：《以"三变"改革促乡村振兴的浚县实践》，《河南日报》2019年7月15日。
高云才：《开启"三农"发展新征程》，《人民日报》2018年4月6日。

专 题 篇

Special Reports

B.15 陕西乡村振兴中农业产业整合发展面临的主要问题及对策*

陕西省社会科学院课题组**

摘　要： 整合农业产业，建立农户与现代农业的利益联结机制，是实现乡村振兴战略目标的关键举措。本文分析了陕西农业产业存在的主要问题，论述了进行农业产业整合的必要性。提出了农业产业整合的思路，包括整合的模式、机制以及空间布局，并建议改进农业合作社机制、建设区域公用品牌、制订乡村旅游规划、整合网络销售、完善大数据平台等。

关键词： 乡村振兴　产业整合　陕西

---

* 本文为2019年度陕西省社会科学院重大研究课题成果。
** 执笔：于宁锴，陕西省社会科学院农村发展研究所所长，副研究员，研究方向为农村贫困及发展；马建飞，陕西省社会科学院农村发展研究所副研究员，研究方向为农村贫困及发展。

陕西乡村振兴中农业产业整合发展面临的主要问题及对策

产业兴旺是促进农民收入长期稳定增长，完成脱贫攻坚、乡村振兴任务的根本措施。精准扶贫以来，在各级政府、社会各界、农民的共同努力下，农业品种不断丰富，产业规模不断壮大。但是，产品形成初级，生产组织模式落后，市场销售困难，经济效益较低的问题依然存在。通过农业产业进一步整合，提升产业链整体发展水平，是乡村振兴阶段的主要任务。2019年7月，课题组深入西安市10个涉农乡镇的田间地头、农业企业走访调研，召开镇（街道）政府职能部门座谈会。调研中省文件相关政策的落实情况，分析当前农业产业的薄弱环节及其根源，提出农业产业进一步整合的思路以及对策。

一　农业产业发展存在的问题

（一）产业整体发展水平较低

当前乡村产业发展仍然面临发展质量效益不高，产业要素活力不足，产业链条短，产业基础设施薄弱等困难和问题。多数乡村企业科技创新能力不强，特别是农产品加工创新能力不足，农村人才缺乏，科技、经营等各类人才服务乡村产业的激励保障机制尚不健全。产业融合层次低，乡村价值功能开发不充分，农户和企业间的利益联结还不紧密（见图1）。

1. 要素禀赋匮乏

陕西农业发展存在诸多的不利因素。一是基础条件差，五大连片贫困地区立地条件差。陕南秦巴山区受制于南水北调中线水源地环境保护要求，中药材、生猪养殖、渔业均处于限制状态。陕北土地平整条件差，只能发展小众农业。近年来能源化工产业发展较快，但由于产业封闭性较强，对于涉农产业的带动作用较弱。二是农村劳动力外流严重，从事农业生产的人员年龄偏大，学习新技术的能力差，人力资本不足。另一个重要的要素禀赋资源——企业家才能，更是匮乏。三是农村居民长期收入水平低，资本积累少，缺乏发展农业所需的资金。

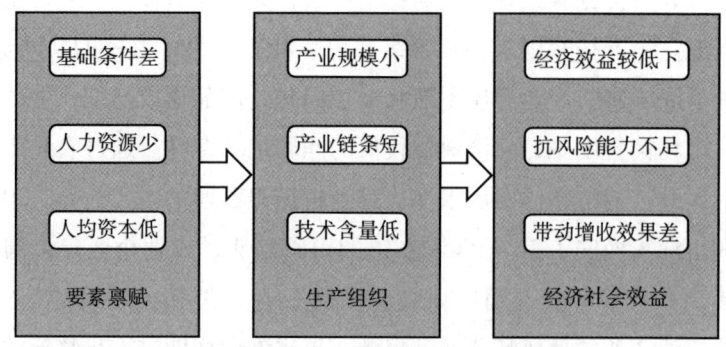

图1 当前陕西农业产业发展存在的问题

2. 组织化程度低

2019年2月21日,中共中央办公厅、国务院办公厅印发《关于促进小农户和现代农业发展有机衔接的意见》,2019年9月10日,陕西省农业农村厅和省扶贫办出台《关于强化主体带动促进产业扶贫精准脱贫的指导意见》,提出提高小农户组织化程度,促进小农户与现代农业发展有机衔接,加快推进农业农村现代化。但是,目前分散化小农户生产经营模式依然占据主要地位,经营规模小、产业链条短、产品附加值低现象较为普遍。

3. 经济效益较差

农业产业供给仍以初级产品为主,优质绿色农产品占比较低,休闲旅游普遍存在同质化现象,缺乏小众类、精准化、中高端产品和服务,品牌溢价有限。从一产到三产的产业链不完整,农产品精深加工不足,副产物综合利用程度低。整体产业链的发育程度较低,必然导致经济、社会效益较差。2018年陕西乡村常住人口为1618.02万人,第一产业增加值为1830.19亿元,人均仅有1.13万元。

(二)传统产业组织模式落后

1. 集贸市场

集贸市场是传统的交易模式,由消费者和农户面对面交易。这种模式的优点是农户可以较高的价格出售，缺点是小规模经营，效率较低。由于城市建设规划缺少集贸市场的布局设置，加之城市占道经营管理的日趋严格，城市的集贸市场日渐消失，目前以县城和乡镇的集贸市场为主（见图2）。

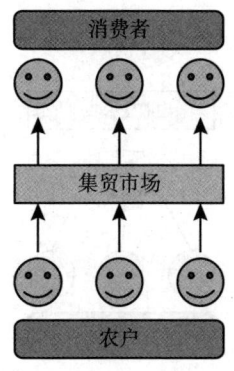

图2　集贸市场交易模式

2. 批发市场

批发市场是较为先进的交易模式。随着商品生产的发展，商品购销量逐渐增大，流通范围不断扩大，生产者和生产者之间、生产者和零售商之间常常难以进行直接的商品交换，或者他们之间直接进行买卖不如由中间商来作媒介对他们更为有利，由此而产生了专门向生产者直接购进商品，然后再转卖给其他生产者或零售商的批发商。目前农产品较为集中的产地，都建立了专业性的批发市场。这种模式属于被动型销售，受市场行情、供销信息、中间商实力等因素的影响，经常出现产品滞销的局面（见图3）。

3. 生产组织

为了实现生产的组织化、集约化，提高规模效应、技术水平，提高产品议价能力，带动农户收入水平稳步增长，近年来各级政府均在努力发展新型经营主体，建立利益联结机制，将农户嵌入现代经营体系中。但目前的薄弱点在于经营主体盈利能力不强，无法带动产业链上游的农业生产者收入水平提高（见图4）。

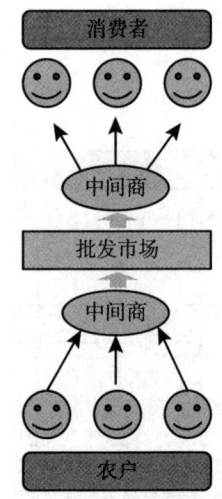

图3 批发市场交易模式

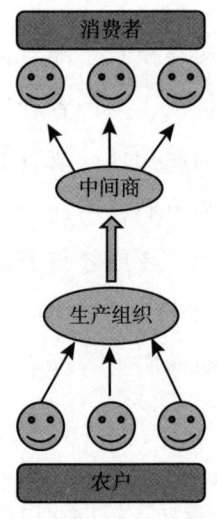

图4 生产组织模式

（三）发展政策环境日趋严格

1. 环境保护压力

截至2019年9月，秦岭生态整治工作取得显著进展。农家乐专项整治方面，拆除违建238户，关闭不合格农家乐528户，1112户整改合格后恢复经营，931户正在整治提升。陕西省已完成秦岭区域39个区县畜禽养殖禁养区划定，已关闭或搬迁的畜禽养殖场（小区）和养殖专业户数量777个，占比96%。秦岭北麓保留的14个矿权，13个均处于关停状态。秦岭保护区内的农民，发展生产面临较大的环保约束。

目前农村生产的环保压力，主要是畜禽排污。根据陕西省人民政府办公厅印发的《陕西省畜禽养殖废弃物资源化利用工作方案》，要求到2020年全省畜禽粪污综合利用率达到75%以上，规模养殖场粪污处理设施装备配套率达到95%以上。中小型养殖场由于环保不达标被关停案例较多。另外，《陕西省铁腕治霾打赢蓝天保卫战三年行动方案（2018~2020年）（修订版）》提出的煤改电、煤改气也增加了农业企业生产成本，甚至电、气供给能力不足影响了正常生产。

2. "大棚房"整治

2018年10月27日，按照国务院统一部署，陕西省人民政府办公厅印发了《陕西省开展"大棚房"问题专项清理整治行动坚决遏制农地非农化工作方案》（陕政办发〔2018〕58号），重点是排查别墅、商品住宅。但是实地调研发现，目前除15平方米以内的看护房外，休闲观光农业设施基本全部拆除。农业的种养、食宿、游玩一体化发展的田园综合体，由于用地问题难以获得合法发展空间。

3. 农村的空心化

农业人口老龄化严重，农村将面临劳动力短缺的风险。"十三五"时期大量发展的扶贫产业，如陕北地区的山地苹果种植业、陕南地区的茶叶产业、关中地区的水果业均是劳动密集型产业，未来几年对于农业劳动力的需求将出现快速增长。农业劳动力需求的增加和供给的减少，将导致出现较大的劳动力缺口。

二 农业产业整合的必要性

（一）带动农民增收的能力不足

2019年5月20日，按照巡视工作有关要求，陕西省委发布了《中共陕西省委关于脱贫攻坚专项巡视整改进展情况的通报》，针对"带动建档立卡贫困户脱贫过程中的利益联结不紧密、带贫效果不明显"等问题，提出143项具体整改措施。围绕"每个有劳动力的贫困户都有1~2个稳定增收产业项目，完善市场主体与贫困户利益联结和脱贫带贫机制，增强贫困户收益的持续性和稳定性"整改目标，排查1.4万户经营主体带贫情况，督促没有兑现分红、拖欠工资、不执行销售协议等问题的300多家企业进行整改。需要深入推进"三变"改革，进一步强化利益联结机制相关措施，真正把贫困户嵌入产业链。

（二）产业发展水平低的原因分析

1. 扶贫产业注重短平快

在脱贫攻坚的进度压力下，地方政府均选择短平快的农业产业作为发展重点，这蕴含较大的市场风险。陕南地区大量种植香菇、木耳，关中地区大量种植猕猴桃、苹果、葡萄，陕北地区大量发展山地苹果、肉羊，全省各地都在发展乡村旅游业。随着供给规模的快速增加，许多产品市场价格出现大幅下跌，不仅未能帮助贫困户脱贫，反而成为损害政府公信力、造成干群矛盾的原因。例如，陕南某县发现银杏叶盈利较好，鼓励农民发展密植银杏，但第二年收购价就从2~3元/斤跌至0.8元/斤。

2. 农业盈利空间较窄

"十二五"末，陕西农村土地流转率只有18.1%，单位土地规模较小导致大宗农产品经营收入较低。特色经济作物也存在品质不高，缺乏龙头企业扩大销售半径、产品利润率低下的问题。我国的粮食价格远高于国际市场，养殖产品价格却与世界接轨，大量欧洲、澳大利亚的牛肉、牛奶进入中国，导致国内养殖业普遍利润空间较窄。

3. 忽视利益共享机制

精准扶贫工作时间短、任务重，各级社会组织都将其作为重要的政治任务，在党组织主导下建立各类经营主体带动贫困户增收的利益联结机制。但是，各级经营主体作为经济组织，盈利是其根本诉求。现实扶贫工作中，一些扶贫模式强调企业的社会责任，而忽视了企业的盈利本质，违背了市场经济下合作共赢的规律。例如，陕北某县生猪养殖场，将贫困户的5万元扶贫贷款借入企业，按照26%的年利润率分红，远高于企业实际盈利能力。如果企业的盈利能力下降甚至亏损，这种企业扶贫模式也必将不可持续。

4. 扶贫企业的逆选择现象

各级政府对于参与扶贫的龙头企业都制定了不同额度的奖补政策。产业扶贫补贴数额较小，一般在几万元至几十万元。由于其为财政资金补贴，申报、考核的手续极为烦琐。盈利能力较好的大型企业，由于投入的精力较大而回报较低，缺乏参与的动力；有兴趣参与的企业，一般都是小型企业，盈利能力较弱，才会重视少量政策补贴收入。实地考察发现，参与扶贫的企业大多生产负荷较低，产品附加值不高，甚至处于停产半停产状态。需要警惕产业扶贫补贴政策可能产生的逆选择现象。

（三）产业发展是乡村振兴的根本措施

实现乡村振兴战略三个阶段的目标——制度框架和政策体系基本形成（2020年），农业农村现代化基本实现（2035年），农业强、农村美、农民富全面实现（2050年），发展农业产业是核心举措。乡村振兴的其他内容，无论是基础设施建设、公共服务设施建设，还是五保户、低保户的保障水平，均是国家财政投入为主，利用行政力量在短期内就可以取得成效。而产业发展是与市场对接，服从于市场机制，优胜劣汰，需要较长时间的培

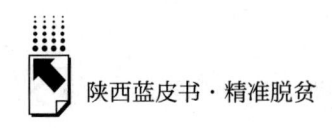

育和扶持，需要解决的问题类型也是复杂多样的，是乡村振兴最为难啃的"硬骨头"。

三 农业产业整合的思路

（一）产业整合的主要模式

按理论分析，农业产业的整合主要有四种模式。一是以产业链角度，可以分为横向整合和纵向整合。针对农业生产的横向整合和纵向整合，其缺点是系统性风险加大。需要通过农业保险对冲横向整合面临的自然灾害风险，通过扩大销售半径甚至融入国际市场对冲产业链整合面临的市场需求变化风险。二是以生产消费的角度，分为需求整合和供给整合（见表1）。

表1 产业整合的模式

整合模式	理论基础	主要形式
横向整合	规模经济	土地流转 农业合作社 集体经济组织
纵向整合	产业链理论 价值链理论	产业化联合体 订单式农业 三产融合 股权融合
需求整合	客户的需求开发	旅游度假村 田园综合体 经营产品多元化
供给整合	产出的潜能开发	稻虾养殖 林下养殖 循环经济 副产品功能开发

1. 横向整合

以规模经济理论为基础，对产业横向整合，实现规模化发展。一是基本农田种植的大宗农产品，通过土地流转，实现规模化经营，以利于水利灌溉、机械耕作、污染防治等投资。二是不涉及土地使用权流转，通过生产者的联合形成规模化。组建农业合作社，强化村集体经济，或者农户参股组成现代化农业经营企业，由政府引导或者农户自发形成大规模蔬菜、果业、养殖业等产业经营组织。

2. 纵向整合

以产业链（价值链）理论为基础，对产业链进行纵向整合，将分散的农户嵌入产业链，实现稳定生产经营和盈利。通过产业链的逆向带动，可以针对市场需求组织产业链上游生产，避免农业生产的盲目性，增强对冲市场价格波动的能力。产业链整合的主要模式包括龙头企业订单式收购，或者通过农户对于其他经营主体的股权投资，组建产业联合体等。

3. 需求整合

需求整合是企业经营中的水平型多样化发展战略，是指企业针对既有的客户潜在需求，发展新的产品形式，提供多样性的产品服务。这种模式包括整体建设的旅游村镇，提供周末游所需的吃、住、游、玩综合性服务。但在2018年9月，农业农村部、自然资源部印发《关于开展"大棚房"问题专项清理整治行动坚决遏制农地非农化的方案》的通知，揭开了力度空前的"大棚房"专项整治行动序幕，类似于田园综合体的实体均被拆除，这一农业组织形式目前基本停滞。

4. 供给整合

供给整合主要是从生产的角度出发，以既有投入资源的产出最大化为目标。主要形式包括目前已经成功实施的稻虾养殖、林下养殖、农产品混合种植，以及果畜沼一体化等循环经济模式。对于农产品加工企业，还包括废弃物的开发利用、变废为宝，开发具有更高附加值的产品用途。

（二）产业整合的机制建设

1. 完善产权交易市场

建立现代产权制度，是农业整合的前提基础。目前已经完成的"三变"

改革，完成了村集体资产的确权登记、林权证、土地使用证的颁发，确定了农村个体资产使用权益。农村的产权界定工作基本完成。目前的主要瓶颈在于农村产权交易市场建设滞后，产权的流动性不足，造成抵押融资、股份交易困难，阻碍了城市工商资本进入农村。应该以农业农村部为主导，建立全国统一的农村产权交易平台，给各个省、市、县留出接口，制定统一的数据标准，信息共享实现最大限度地拟合交易，同时审核、公示担保、融资等服务机构，确实提高农村产权交易效率（见图5）。

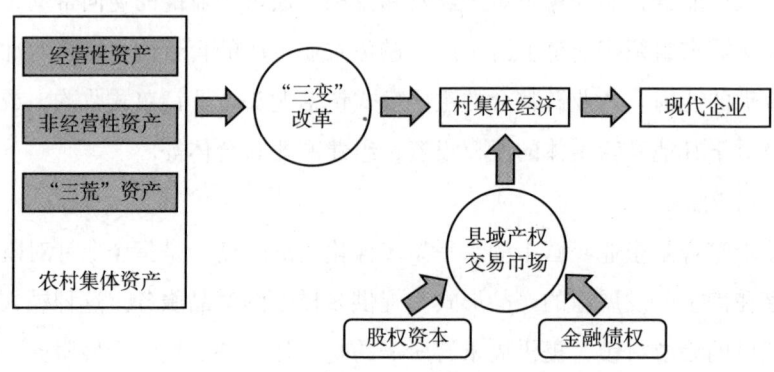

图5　农村产权交易的流程

2. 改变支持重点对象

"十三五"期间的精准扶贫政策，主要面向贫困户。在解决了绝对贫困问题之后，在乡村振兴阶段，重点是提高农民的发展能力，解决长久的可持续生计问题。而且，对于农户的产业扶持，缺乏市场引导，产品同质化、附加值低。乡村振兴阶段，需要转变支持重点，通过扶持产业链下游企业发展壮大，拉动产业链上游经营主体整合，使产销衔接、产品升级（见图6）。

（三）产业整合的空间布局

随着城市化发展以及农村的逐渐空心化，县、镇、村的功能定位需要进行调整。人口向乡镇集中，农村逐渐转变为"生产车间"，镇域成为居住生活社区。农民白天在田间劳动，晚上利用便捷的乡村道路和摩托车、汽车等

陕西乡村振兴中农业产业整合发展面临的主要问题及对策

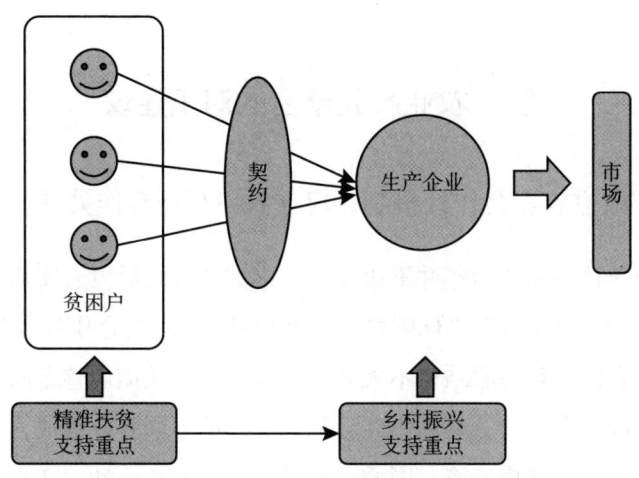

图6 乡村振兴的扶持政策转变

交通工具，回到镇域生活。相应的生活服务业和文化、卫生、教育等公共服务设施向乡镇集中。工业和服务业向县域集中，电力、污水处理、物流基地等基础设施在县域工业园区集中建设，农产品加工业及其配套产业，也有利于实现集群式发展，便于实现规模化、集约化发展。到"十三五"末，将实现所有县城通高速，与外界的物流、信息流、资金流的交互更为便捷，有利于农业加工企业的发展从而带动产业链上游发展（见图7）。

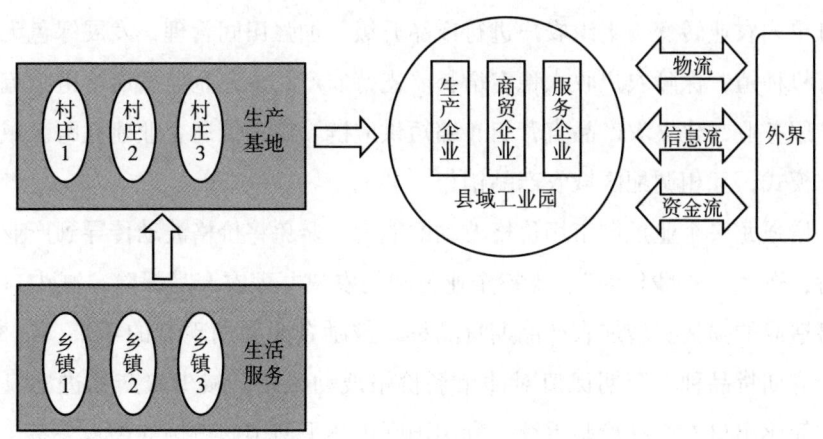

图7 农业产业的空间布局调整

199

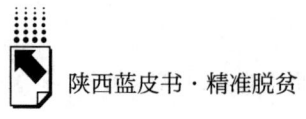
陕西蓝皮书·精准脱贫

四 农业产业整合的对策建议

（一）改进农业合作社机制，建立农户互利合作关系

农业合作社目前的运作并不乐观，大多数挂牌之后没有实质性的经营活动，仍有不少"空壳社""休眠社""僵尸社"，一些合作社的管理运行不太规范，与农民的利益联结也不太紧密。这就需要从横向整合向纵向整合改进。目前的产业合作社，均是由经营相同产品的不同农户组成，通过技术共享、市场共享达成规模经济。同质产品具有一定的竞争性，在当前产品销售压力较大的市场供求格局下，竞争关系成为主要关系。应更多地向产业链下游延伸，与农产品流通企业、加工企业形成紧密合作关系。同时建立各个参与主体共担成本的约束机制，避免其他农户的搭便车行为导致合作社的无效率合作。

（二）支持农业龙头企业发展，增强产业链抗风险能力

陕西省目前拥有37家农业产业化国家重点龙头企业，518家陕西省农业产业化经营重点龙头企业。支持农产品加工企业与农户从传统的收购模式向订单式农业转变，组织农户进行产品升级，加强田间管理，发展绿色无公害有机种植，保障农户收入稳定增长。支持农产品流通企业发展冷链物流等生产服务业，建立农产品直营店，缩短供应链。鼓励流通企业建立跨区域的合作模式，互相调配区域农产品销售。

增强龙头企业抵御市场价格波动的能力，避免将价格波动传导到产业链上游，造成"谷贱伤农"。支持企业为契约农户办理农产品保险，减少自然灾害造成的损失。增加农产品期货品种，鼓励企业利用现有的苹果、红枣、鸡蛋等期货品种，套期保值对冲市场价格波动风险。减少农产品进出口壁垒，简化出口农产品检验手续，利用国际市场平衡国内市场的供求关系，避免农产品价格大起大落。

（三）加快建设区域农业公用品牌，打响区域特色农产品

全面开展优质农产品区域公用品牌创建工程。陕西省目前已经成功申报68项国家地理标志产品。力争到"十四五"末，达到一定产量或者种植面积的区域特色农产品，全部完成地理标志产品认证。建立政府引导、行业协会主导、农业龙头企业参与的申报团队，共同打造农产品区域公共品牌。加大区域性主导产业和公共品牌优化整合力度，发挥品牌带动效应。

2018年5月31日，陕西省农业厅颁布了《关于开展陕西农产品"三年百市"品牌营销行动的意见》（陕农业发〔2018〕30号），利用三年时间，实施"个十百千万"工程。"个"，建设一个永不落幕的陕西特色农产品网络展示展览馆；"十"，培育数十个区域公用品牌、企业品牌和产品品牌；"百"，组织举办百场农产品展示宣传推介活动；"千"，以县区为主，创建和完善1000个品牌店、直营店、专卖店、体验店，进驻全国100个城市；"万"，以苹果为主，进入中石化万家销售网点。

构建政府、企业、社会组织等共同参与的农产品品牌宣传推介机制，借助中央媒体和省、市各类媒体，农产品博览会、展销会等渠道，以及新媒体等新兴媒介，加强品牌市场营销。加强农产品商标及地理标志商标的注册和保护，打击各种冒用、滥用公用品牌行为，建立区域公用品牌的授权使用机制以及品牌危机预警、风险规避和紧急事件应对机制。

（四）制订乡村旅游规划，建立智慧共享平台

目前的乡村旅游，都是各自为政、分散化营销，缺乏统筹发展。一是统筹旅游公路建设，打通山区的断头路，形成网状公路，便捷连通乡村旅游景点。对于规划的旅游公路实施改造，增加观景台、公厕、充电桩、餐饮点、小商店等服务设施。二是建立乡村旅游信息平台。目前的旅游信息，均是旅游景点信息，缺乏乡村农家乐、民宿、采摘农业等信息。集合以上数据，建立乡村旅游信息平台，并不断丰富功能。三是提升智能化水平。针对民宿分散化的特点，乡村旅游平台要实现三维预览、预定付费、结算退房等业务，

甚至实现床单被罩的自助更换、洗涤，利用支付宝等信用系统管理游客，实现民宿的无人值守。

（五）改进分散化销售模式，统筹小众产品营销

电商模式是近年来快速崛起的农产品销售模式。目前均是生产者直接在平台销售，分散化的营销模式成本高，品牌多样，知名度低，难以形成较大的销售规模。建议以陕西省供销社或者其他龙头企业为主体，对于全省的小众农产品进行整合，建立通用品牌，统一质量标准，由整合后企业统筹产品包装、电商平台营销、物流配送等。提升小众农产品的质量水平、盈利能力，使其真正成为富民产业（见图8）。

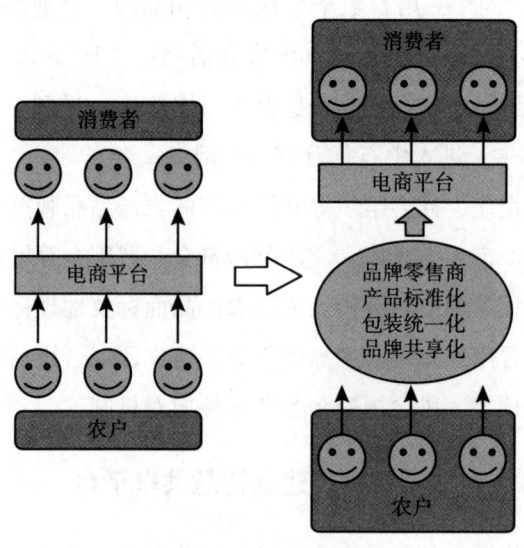

图8　电商销售模式整合

（六）完善B2B大数据平台，提高产销对接效率

大力拓展阿里巴巴、中国农业信息网等B2B（企业对企业）信息平台，在种养殖主体（合作社、农户等）与市场采购方之间提供农产品的线上交易撮合服务，鼓励企业将购销协议的签署节点向前延伸。由产出（成熟）

后寻找销路，签署购销合同，向投入（种植、养殖）之前即签署远期合约，并由履约担保公司进行背书转变。

参考文献

《西安市落实〈秦岭生态环境保护条例〉，关闭不合格农家乐528户》，https：//finance. sina. com. cn/roll/2019 – 09 – 06/doc – iicezzrq3919968. shtml。

《秦岭生态环境保护区内不再审批和新建小水电站》，http：//dy. 163. com/v2/article/detail/EA7BIDT505346978. html。

农业农村部、国家发展改革委、财政部等：《关于递补148家企业为农业产业化国家重点龙头企业的通知》，http：//www. moa. gov. cn/nybgb/2019/201901/201905/t20190503_ 6288220. htm。

《陕西省农业厅关于公布监测合格及递补省级农业产业化重点龙头企业名单的通知》，http：//nyt. shaanxi. gov. cn/www/snynctwj/20180119/9640723. html。

http：//www. cgi. gov. cn/Products/List/? 1 = 1&page = 1&Category = &Area = % E9% 99% 95% E8% A5% BF&key = .

B.16
陕西农村特色产业小镇发展研究

陕西省社会科学院课题组*

摘　要： 2018年以来，陕西启动农村特色产业小镇建设计划，共支持了24个特色产业小镇。农村特色产业小镇在构建长效扶贫产业、提高贫困群众收入、促进贫困地区全面发展等方面发挥着重要作用。陕西农村特色产业小镇呈现发展基础良好、运营模式多样、产业主题突出、文化资源丰富、农业功能多元等特点，但在思想认识、规划设计、产业融合、基础设施、要素投入等方面存在一定问题。为进一步发挥农村特色产业小镇巩固脱贫攻坚成果、促进乡村振兴的作用，需要合理布局、做强产业、完善功能、创新机制，力争做到规划建设有特色、产业发展有特色、功能融合有特色、体制机制有特色。

关键词： 乡村振兴　特色产业小镇　陕西

自2016年以来，国家先后出台了一系列文件支持特色小镇创建工作，陕西省委、省政府也把特色小镇建设列为重点工作之一，取得了明显成效。目前，陕西共有14个小镇被列入国家级特色小镇名单，在全国排名第11，

---

* 课题组组长：王建康，研究员，陕西省社会科学院，研究方向为县域经济、农村发展、乡村振兴。课题组成员：黄懿，陕西省社会科学院农村发展研究所助理研究员，博士，研究方向为可持续发展；张敏，陕西省社会科学院农村发展研究所助理研究员，博士，研究方向为农业经济管理；江小容，陕西省社会科学院农村发展研究所助理研究员，博士，研究方向为农村社会发展。

在西北地区位列第一。自 2018 年以来，陕西启动农村特色产业小镇建设计划，共支持了 24 个特色产业小镇。农村特色产业小镇作为特色小镇建设的一部分，是实现城乡融合、农村一二三产融合的重要支撑点，也是促进脱贫攻坚与乡村振兴战略统筹衔接的重要平台。

一 农村特色产业小镇的提出

自 2016 年以来，陕西各部门积极组织申报国家各部委特色小镇，14 个小镇先后入选国家级特色小镇目录名单，3 个小镇入选国家运动休闲特色小镇试点项目名单，木王国家森林公园入选国家森林特色小镇建设试点单位（见表1）。2018 年，陕西省委一号文件提出"加快特色小镇建设步伐""到 2020 年，培育 100 个特色小镇"等任务。2018 年 5 月，陕西省住建厅会同省发展改革委、省国土资源厅、省环保厅等部门联合印发《关于规范推进全省特色小镇和特色小城镇建设的意见》，对陕西特色小镇建设的内涵和重点任务做了安排部署。

表1 陕西各类国家级特色小镇名单

名称	授予/试点部门	名单
特色小镇 （14 个）	住建部	西安（1 个）：蓝田县汤峪镇。铜川（1 个）：耀州区照金镇。宝鸡（3 个）：扶风县法门镇、凤翔县柳林镇、眉县汤峪镇。咸阳（1 个）：长武县亭口镇。延安（2 个）：黄陵县店头镇、延川县文安驿镇。汉中（2 个）：宁强县青木川镇、勉县武侯镇。安康（1 个）：平利县长安镇。商洛（2 个）：山阳县漫川关镇、镇安县云盖寺镇。杨凌（1 个）：五泉镇
运动休闲特色小镇 （3 个）	国家体育总局	宝鸡市金台区运动休闲特色小镇、商洛市柞水县营盘运动休闲特色小镇、渭南市大荔县沙苑运动休闲特色小镇
森林特色小镇 （1 个）	国家林业局	木王国家森林公园

2017 年底，陕西省农业农村厅开展农村特色产业小镇建设计划，2 年共支持了 24 个特色产业小镇。其中，石泉、柞水、山阳、南郑、耀州为国家

扶贫开发工作重点县。① 农村特色产业小镇强调以特色农业产业为支撑，兼具现代农业发展、生态保护、休闲观光、农业科普、文化传承等功能，通过产业发展促进资金、技术、信息、市场等资源要素有效流向农村，尤其是贫困地区，带动了农村基础设施建设和公共服务水平的提升。

表2 陕西农村特色产业小镇基本情况

批次	小镇名称	备注
第一批（2018年）	西安高陵区通远创想小镇	省级旅游特色名镇/村
	宝鸡千阳县南寨苹果特色小镇	
	咸阳武功县武功镇千亩花海产业小镇	全国特色景观旅游名镇、省级文化旅游名镇/村
	铜川王益区黄堡镇秦人村落·桃产业特色小镇	省级重点示范镇
	渭南临渭区下邽镇葡萄产业休闲小镇	省级旅游特色名镇/村
	延安洛川县京兆苹果特色小镇	省级重点示范镇
	榆林榆阳区赵家峁杏园小镇	省级旅游特色名镇/村
	汉中留坝县火烧店休闲小镇	省级旅游特色名镇/村
	安康石泉县中坝作坊小镇	省级旅游特色名镇/村
	商洛柞水县下梁镇西川特色木耳小镇	省级旅游特色名镇/村
	韩城芝阳镇北京鸭特色产业小镇	省级旅游特色名镇/村
	杨凌示范区五泉农科特色产业小镇	国家级特色小镇、省级重点示范镇、省级旅游特色名镇/村
第二批（2019年）	榆林绥德县满堂川镇灵宝山地苹果特色产业小镇	
	西安高陵区张卜街道源田梦工场特色产业小镇	
	韩城芝阳镇花椒特色产业小镇	省级旅游特色名镇/村
	延安黄龙县瓦子街镇休闲农业特色产业小镇	省级旅游特色名镇/村
	安康镇坪县曙坪镇腊味特色产业小镇	省级旅游特色名镇/村
	咸阳彬州市太峪镇彬州梨特色产业小镇	全国特色景观旅游名镇
	渭南华州区瓜坡镇蔬菜特色产业小镇	
	商洛山阳县漫川关镇、南宽坪镇茶叶特色产业小镇	
	杨凌示范区揉谷镇葡萄特色产业小镇	省级旅游特色名镇/村
	汉中南郑区黎坪镇休闲农业特色产业小镇	
	铜川耀州区小丘镇现代农业特色产业小镇	
	宝鸡陇县温水镇香菇特色产业小镇	

① 千阳、留坝、绥德、镇坪、陇县已于2018年脱贫摘帽。

二 农村特色产业小镇成为巩固脱贫攻坚成果的重要载体

（一）构建了长效脱贫产业

产业扶贫是精准脱贫的根本途径，长效、稳定的产业体系才能巩固脱贫攻坚成果。陕西农村特色产业小镇建设要求"种植业面积应在5000亩以上。产业小镇建设面积在2平方千米，特色产业核心区在1平方千米左右"。特色产业小镇建设将现代经营理念、资本、人才、技术等引入贫困地区，能更加充分挖掘和利用地方特色自然资源、民俗文化、农业资源。通过打造种养加一体、三产融合等农业生产体系，促进了传统农户和大市场的对接，传统农业与现代农业的对接，有利于特色农产品的品牌建设，延伸产业链条，提高附加值，实现产业稳定持续发展，建立长效脱贫机制。第一批特色产业小镇建设中的石泉中坝作坊小镇，通过订单生产模式，辐射带动了中坝、柏桥、汉阴沟、长安、长兴等村约500户农户从事种养殖产业；赵家峁村从一个贫困村建成为远近闻名的休闲度假村，带动了古塔镇沿线村庄的休闲旅游业发展。

（二）提高了贫困群众的收入

农村特色产业小镇建设探索了多样化利益联结模式，促进贫困户与其他经济主体建立稳定的共赢合作关系。农村特色产业小镇建设为周边农户提供了新的就业机会，增加了群众工资性收入。如赵家峁杏园小镇建设，解决了村内及周边农村剩余劳动力的就业问题，每人每年打工收入可达3万余元。同时，通过"以镇带村、以村促镇、镇村融合"的共生共荣发展路径，在具有资源优势的贫困地区，形成政府、园区、科研机构、企业、合作社、农户/贫困户多方共赢的格局。通过"龙头企业/园区+合作社+农户"模式，贫困群众可以通过土地、扶贫产业资金等参股，获得利益分红，增加财产性收入;通过"政府+科研机构/企业/合作社+农户"模式,贫困户获得技能培训、专业化技术支持,提升就业技能,增加就业机会;通过"政府+园区+农户"模式,共建共享基础设施,改善贫困地区的生产条件,增加经营性收入。

(三)促进了贫困地区全面发展

农村特色产业小镇为城市优质资源下乡、乡村农产品进城提供了有效的联结渠道和承接平台。贫困地区往往交通闭塞、基础设施建设落后、公共服务相对匮乏。农村特色产业小镇建设通过城镇公共服务向贫困地区延伸,搭桥修路,疏水通电,有利于改善贫困群众生活条件;通过资源整合、创新发展,实现产、镇、人、文化和谐共融的可持续发展;通过前沿信息、知识理念的带入,有利于开阔贫困群众视野,更新陈旧落后的思想观念。

三 陕西农村特色产业小镇发展现状

(一)发展基础良好,发展规划清晰明确

陕西24个农业特色产业小镇覆盖了全省10个设区市以及杨凌和韩城。五泉镇被列入国家级特色小镇,太峪镇、武功镇被列入全国特色景观旅游名镇,黄堡等3个被列入省级重点示范镇,通远街道等12个镇被列入省级旅游特色名镇/村。特色产业小镇建设都遵循规划先行的原则,从特色产业发展、发展定位、布局结构及发展思路等方面制订了引导规划,如通远街道编制了《通远小城镇建设规划》,柞水县编制了《柞水县西川特色木耳小镇建设规划》,洛川县编制了《洛川县京兆苹果特色小镇规划方案》,火烧店镇编制了《留坝县火烧店镇旅游发展暨休闲农业核心区修建性详细规划》,五泉镇在原有《五泉镇总体规划(2011~2020年)》的基础上对总体规划进行了修编。

(二)运营模式多样,政策导向作用显著

从运营模式来看,以"政府+企业+各类经营主体(合作社、园区、家庭农场、农户等)"共同参与推动为主,政府在小镇发展中起到了引导作用,企业在带动特色产业发展、农户增收方面发挥着关键作用。从投资规模来看,2018年,用于支持第一批农村特色产业小镇建设的财政资金共计3800万元,带动12个农村特色产业小镇自筹资金共计2.8亿多元,较好地发挥了政策导向作用,吸引社会资本参与,助推特色产业小镇加快发展。

(三)产业主题突出,类型齐全,特色鲜明

一是依托优质农产品生产基地的生产型特色小镇,如南寨苹果特色小镇、孟姜塬·桃产业特色小镇、下邽镇葡萄产业休闲小镇、京兆苹果特色小镇、西川特色木耳小镇、芝阳花椒小镇、太峪镇彬州梨小镇、陇县温水香菇小镇。其中,下邽镇葡萄种植面积达6.8万亩,在栽植面积和管理技术方面积累了很多经验,已成为"陕西红提葡萄第一镇";京兆区域内果园面积1.96万亩,所在县洛川是全国苹果外销基地和陕西省苹果生产甲级基地县,也是全国唯一整县通过国家绿色食品(苹果)原材料生产认证基地;千阳南寨镇苹果种植面积达1万亩,依托海升集团建设的现代农业园被评为国家矮砧苹果综合标准化示范区,也是中国—哈萨克斯坦国际苹果友谊园。对于生产型特色小镇来说,把增加绿色优质农产品供给作为首要任务,是加快推进农业供给侧结构性改革的重要内容,也是提升农民群众幸福水平、全面建成小康社会的重要内容。

二是依托农村生产生活参与体验的休闲型特色小镇,如通远创想小镇和火烧店休闲小镇、黄龙县瓦子街休闲小镇、南郑区黎坪休闲小镇、五泉农科小镇等。通远街道办以农产品专业合作社、农业生态观光园和高陵场畔农耕体验园为引领,大力发展现代都市农业和休闲农业,每年约有20万名游客前往通远旅游、踏青、体验农家生活。火烧店休闲小镇先后打造"青少年自然成长营""金秋板栗采摘节""大鲵科普观光园"等旅游项目,初步形

成了养生养老家园和亲子游体验基地。五泉镇依托农科教优势，强化"农科"特色，积极发展新技术、新品种，打造科技农业新体验。

三是依托独特自然环境和农业景观的观光型特色小镇，如武功镇千亩花海产业小镇、赵家峁杏园小镇、杨凌区揉谷镇葡萄小镇等。其中，赵家峁村是农业部命名的"中国美丽田园——榆阳区杏花景观"沿线重要景观点，依托这一地域资源优势建设了杏树文化观光区，形成了"农业+旅游+文化"的休闲农业发展模式。优美的自然生态环境和独特的农业观赏景观是发展休闲农业和乡村旅游的重要资源，观光型特色小镇不仅能满足城乡居民日益增长的物质文化需求，同时也进一步增加了农民收入。

四是依托民俗风情的民俗文化型特色小镇，如中坝作坊小镇、镇坪曙坪腊味小镇。中坝作坊小镇所在地后柳镇，建成了"后柳水乡""中坝大峡谷"两个国家4A级景区，是陕、川、渝、鄂、甘重要的旅游目的地。作坊小镇利用区位优势，以中坝河两岸5000亩现代农业产业园为依托，挖掘整理了具有浓郁陕南地方特色、能唤起历史记忆的各类传统手工制作作坊，形成了以72个传统手工作坊为核心的特色产业集群。

（四）文化资源丰富，开发利用成效初显

农村特色产业小镇通过村史馆、农耕博物馆、农耕文化体验区等的建设，展示传统农业生产方式、当地农民生活方式、农村风貌及民俗文化，成为小镇建设的"软实力"支撑。如南寨镇在闫家村建设了刺绣传习所，集中展示全县25个手工艺品合作社的发展历程和刺绣产业成就，以及国家非物质文化遗产继承人先进事迹；下邽镇牒吴农耕文化博物苑围绕新石器时代到20世纪70年代关中农村居民生产生活的点点滴滴，展示了千年中华农耕文明的历史巨变，还原了原汁原味的关中味道和关中模样；黄堡镇孟姜塬村是中国古代传说"孟姜女"故里，孟姜女传说被列为省级非物质文化遗产保护项目，为弘扬孟姜女文化，扩大相关文化产业的影响，孟家塬村已经举办了十届桃花节和两届桃王大赛；京兆村史馆通过甘罗故里、精神家园、民族基因、农业文明等内容全方位展示了村庄的历史文化和发展变迁。

（五）农业功能多元，三产融合加快推进

特色产业小镇是实现生产、生活、生态"三生融合"的重要载体，也是全面提升贫困地区生产生活条件的重要途径。如以高陵场畔为主的农耕文化体验园"五一""十一"期间接待游客分别达到21.43万人次、63.9万人次；西川木耳小镇开发了"赏木耳景、看木耳戏、听木耳歌、吃木耳宴、品木耳情"系列产品，全链条形成可参与、可体验、可观光、可休闲、可采购的农旅文创综合业态，成为集生态农业示范园、观光农业旅游园、绿色农业生产园、现代农业科普园和一二三产融合发展示范区。

四　陕西农村特色产业小镇发展存在的问题

（一）建设热情高，但思想认识有待深化

对特色产业小镇理解存在偏差，普遍未形成较为完整、系统的认识，容易把产业园区、旅游景区、田园综合体当成特色产业小镇。侧重发展产业，对社区建设、环境营造和生活配套重视不够，生产、生活等功能融合不足，建设存在"重生产、轻生活"问题，缺乏产业发展、小镇生活功能提升同步实现的思考。同时，对于产业、旅游、文化、社区融合考虑不到位，仍以旅游度假区、产业集聚区的思维进行谋划，部分小镇空间布局相对疏散，带休闲观光功能的种养加工产业区和居民生活区相距几公里，未形成以产促镇、以镇带产的良好格局，为产业的不可持续发展、小镇的萧条埋下了风险。

（二）普遍有规划，但设计有待精细化

特色产业小镇建设形态特色不够鲜明。目前特色产业小镇建设中，为产业发展、吸引游客配套了科研、文化展示、休闲娱乐等设施及景观，部分新建了仿古式建筑用于文化体验、民宿体验，但同质化问题较突出，忽略了在挖掘自身特色基础上对原有社区形态的提升，在建设成本增加的同时未能凸

显自身建设的比较优势。从建设运营主体来看，特色产业小镇建设主要由镇政府和当地文旅公司推动，并主要由基层干部推动实施。因行政事务繁多、观念等因素，在小镇的规划、建设等方面，还存在点状开发、粗放经营、不成体系、缺乏美学素养的问题。部分特色产业小镇存在政府"包办"现象，如一些创意设计和特色产业发展主要是根据领导的偏好来进行建设规划，忽视了市场经济规律，不利于特色产业小镇可持续发展。

（三）产业有基础，但融合度有待提升

从全省情况来看，农业特色产业小镇以"传统农业+其他产业"为主。传统农业主要有洛川苹果、千阳苹果、临渭葡萄、王益桃、留坝西洋参和土蜂蜜、镇安木耳、芝阳花椒等，产业基础相对较好，也有一定的市场知名度和占有度。其他产业主要是休闲观光、文化、旅游等，如石泉七十二作坊、武功千亩花海、赵家峁休闲娱乐、镇安木耳博物馆、高陵区源田梦工场等。这些特色产业小镇暂未完全覆盖国家、陕西提出的农业发展重点方向。国家提出了利用"互联网+"等新兴手段，推动产业链向研发、营销延伸；提出了种养加一体；陕西提出了"3+X"的现代特色农业发展目标。目前特色产业小镇建设缺乏利用物联网的传统农业升级、设施农业等方向。

从小镇自身发展来看，特色产业影响力、竞争力不够。一是传统农业转型升级不够。除苹果、葡萄等陕西传统优势特色农产品外，小镇特色农业总量不大，存在布局分散、粗放发展的现象，且产业链条较短，附加值不高，上规模的龙头企业较少，以初级产品销售为主，产业组织化程度不高，抵抗市场风险能力不强，未形成品牌效应和辐射带动效应。二是休闲观光、文化、旅游等产业发展还有很大提升空间。目前，特色产业小镇存在产业简单模仿、粗放经营等问题，体验、游玩等短平快项目多，吃、住等配套能力较弱；容易被周边区域复制，难以持续、稳定集聚人流量，未能充分发掘特色产业小镇建设潜在的增值效益。同时，周期性问题较突出，旺季时间较短，大多只有一个种植季节（一季度或者半年），淡季无人维护、撂荒现象比较普遍。三是一二三产融合效应还未充分发挥。因农产品产量不大、厂房及设

备成本过高、未带动周边区域相关农业产业形成规模等因素，特色产业小镇普遍缺少效益较好的农产品加工企业。从农业衍生的休闲、旅游产品形式也偏单一，主要是采摘等农事体验，且农家乐服务水平和接待能力不高，产业融合仍处于初级阶段。

（四）基础设施不够完善，小镇功能有待强化

一是特色产业与社区功能融合不足。特色产业小镇已有的文化功能、生态功能侧重于为短期休闲旅游产业服务，未能充分考虑健康医疗、养老养生、度假等长期服务功能，不仅不能满足当地居民日益增长的美好生活需求，对城市消费者和人才引进的吸引力也不够。二是基础设施及配套建设有待加强。特色产业小镇大多处于规划阶段、建设初期，注重形象建设、产业发展，但公共服务设施简陋，只具备基本功能。尤其是道路等基础设施建设滞后，小镇外联道路等级较低，在旺季难以承载过多人流量；网络设施仍需优化，网络信号不稳定，影响游客体验和电子商务等新业态的发展，信息技术发展对贫困地区产业发展的促进作用体现不多。三是旅游服务功能较弱。导引、宣传等标识缺乏；停车场、厕所、餐饮点、住宿设施等存在短期规划、规模不足等问题，旺季承载力不够的隐患较普遍。合理规划接待规模，创新旅游服务功能供给模式，实现"旺季不堵，淡季不闲置"，是特色产业小镇面临的重大挑战。

（五）资金、人才等严重短缺，建设管理机制有待创新

资金、土地、人才三大要素中，资金和人才最为紧缺。多数特色产业小镇得益于国家、省级重点镇建设的政策支持，得益于基层政府整合资源的大力支持，建设过程基本不存在用地约束。融资渠道单一。项目开发、基础设施建设、公共服务配置、产业导入等各个环节，资金需求量大，持续稳定的资金流是特色产业小镇发展的关键。目前，大多数特色产业小镇过度依赖财政资金。部分小镇商业模式不够成熟，后续盈利能力堪忧。普遍面临"缺人"难题。特别是运用现代设计理念，深度发掘传统文化资源、农业资源，

强化农业景观化、生态化功能的规划设计人才；运用现代信息技术和社群网络，强化品牌建设、营销渠道、客源拓展的运营管理人才；运用现代融资渠道、金融工具的金融人才，都严重短缺。同时，部分休闲观光小镇的运营，对项目管理人、基层干部的人脉圈依赖性较强，持续、稳定经营能力偏低。

五 加快陕西农村特色产业小镇建设的基本路径

（一）统筹规划，合理布局，打造可持续发展的小镇

一是制订省级农村特色产业小镇发展总体规划，科学统筹，因地制宜，有序推进全省特色产业小镇建设。二是试点先行，分步推进。第一阶段，整合资源，做响样板，选取产业基础强、区位优势好的小镇开展试点，加大财政扶持和政策支持的力度，做精做强，集中力量打造陕西农村特色产业小镇样板；第二阶段，总结经验，适时推广，对具有产业发展潜力、区位优势一般的小镇，通过财政扶持、经验借鉴，全面打造陕西农村特色产业小镇，助推乡村振兴、脱贫攻坚。三是组建专家服务团队，提供规划、产业定位及选择、电子商务、宣传、营销等咨询服务，形成具有操作性的指导意见，提升农村特色产业小镇建设质量。

（二）因地制宜，做强产业，打造产镇互促的小镇

特色产业小镇的扶持和支持对象，应符合全国现代农业体系建设导向、全省产业布局和发展导向，符合主体功能区规划的区域空间布局，符合农业专项规划、"3+X"特色农业发展的产业布局。同时，积极引导各特色产业小镇形成方向明确、错位发展的特色产业集群，带动周边区域形成乡村振兴的新经济动力，巩固脱贫成果的长效脱贫产业。大力搭建平台，利用信息技术弥补贫困地区交通落后、地处偏远的区位劣势，发展新业态，实现贫困地区经济新增长。

（三）加强配套，完善功能，打造"三生"融合的小镇

积极推动各级财政加大对农村公共服务、基础设施的投入力度。加快智能电网改造，提升电力供应和保障能力；提升互联网普及率，大力发展电商和农村物流、仓储等配套行业；新建、改建公路，提高路网通达性和承载力。加快推进垃圾、污水处理等设施建设和服务延伸，逐步实现垃圾收集处理全覆盖，提高环境质量；新建、改建文化体育卫生设施，提高公共文化、体育锻炼普及度，提高卫生院服务水平。

（四）创新机制，强化扶持，打造有序共享的小镇

一是建立协调机制。建立"省－市－县"三级农村特色产业小镇建设体系，统筹推进小镇建设。统一认识，引导相关建设运营主体科学理解特色产业小镇内涵。二是发挥财政资金的撬动作用。设立农村特色产业小镇专项发展基金，引导社会资本参与特色产业小镇的产业发展、基础设施建设、配套工程建设。积极调动金融机构资金的参与积极性，鼓励政策性银行针对特色产业小镇建设的具体资金需求开发新的金融产品、新的信贷渠道。三是保障用地需求。省级建设用地计划优先安排农村特色产业小镇建设，积极盘活低丘缓坡、滩涂、工矿废弃地等土地资源。结合农村产权制度改革，鼓励充分利用增减挂钩、农村集体建设用地和宅基地租赁、入股、入市等方式盘活土地资源。四是强化动态监管。建立陕西农村特色产业小镇建设的地方标准。申报阶段，有侧重地支持发展较好的项目，对已开工建设并取得一定成效的项目及时给予资金等奖励，对仅处于概念阶段的项目不支持。实施阶段，对获得财政项目支持的特色产业小镇，按照评价指标体系，突出对小镇产业、文化、社区等功能融合程度的考评，实行定期评估考核制度。对优秀特色产业小镇，应持续支持做大做强，打造陕西农村特色产业小镇样板。制定完善不合格小镇退出机制。五是完善人才培养机制。充分发挥省级部门的协调和桥梁作用，定期组织交流活动，为基层人员提供更多的学习和参观机会。

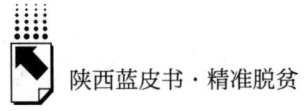
陕西蓝皮书·精准脱贫

六 加快陕西农村特色产业小镇建设的建议

(一)规划建设有特色

严格按照国土资源规划、主体功能区划推进特色产业小镇建设。统筹短期建设规划和长期运营管理规划。规模适度,空间集中,合理划定特色产业小镇生产、生活、生态空间布局,创造"宜居、宜业、宜游"的新空间载体。全面梳理和优化提升特色产业小镇的功能定位、分布、产业发展方向,打造特色产业小镇建筑风格、功能设计、配套设施、文化特色、管理服务。同时,强化特色产业小镇规划建设的文化创意。充分挖掘地方传统特色文化、资源,充分展现产业空间、小镇形态的美学理念,活用现代设计,打造产业景观、社区景观。

(二)产业发展有特色

顺势而为,分类进行产业定位和产业选择。坚持与国家、省、市各级政府的产业主导方向一致,与现代消费需求发展一致。发掘优势,充分利用自然历史资源、产业基础和开发资源等产业发展条件,形成差异化产业布局,做大做强特色产业。实现规模化生产、产业化经营。按照"生产+加工+休闲+科技+品牌+营销"一体化发展模式,凸显规模化生产优势,提升特色农产品的附加值,增加农民收入。同时,充分发挥村集体经济组织在特色产业发展中的作用,引导特色产业小镇所在地区的农民和农村集体经济组织参与建设。

(三)功能融合有特色

发掘文化功能,把文化融入小镇建设全过程,形成小镇特色文化。完善旅游功能,除了传统的景区旅游外,围绕农业生产、体验和服务,不断完善小镇休闲、体验、研学、健康等旅游功能。夯实社区功能,提供公共服务 App，推进数字化管理全覆盖，完善医疗、教育和休闲设施。

（四）体制机制有特色

处理好政府和市场主体的关系，建立长期良性互动的体制机制。特色产业小镇建设是一项长期工程，基层政府不能将小镇作为争取各类财政资金的手段，而忽视对建设内容、运营方式的引导和监督。建设初期，政府牵头提供基础公共设施服务，充分发挥财政资金的引导作用；建设中后期，通过引入企业，提升特色产业小镇的生产功能和生活服务功能。基层政府应侧重于基础设施、公共服务、社会治理、农村劳动力转移等内容，企业侧重于产业发展、资本引入、经验管理等方面。有序开展农村集体产权制度改革，通过土地或资金入股等方式，建立长期有效的开发收益分享机制，不断提升小镇及周边居民的获得感和参与感。全面落实责任。基层政府要加强对特色产业小镇规划、申报、建设工作的指导和服务，结合地方实际，研究出台配套政策，加大对特色产业小镇的支持力度。提升小镇人口集聚力。完善医疗卫生、交通等设施，健全承包地、宅基地及房屋租赁等政策，提供优质的养老、养生服务，吸引市民下乡。健全人才引进、培养的长效体制机制，积极引导有技能的本土能人、外出务工返乡人才、大学生创业创新，为小镇发展注入新活力。

参考文献

熊金凤、葛春林：《精准扶贫视域下运动休闲特色小镇建设路径研究》，《体育文化导刊》2018 年第 8 期。

王建康：《把特色产业小镇打造成乡村振兴的重要抓手》，《西部大开发》2019 年第 7 期。

吴碧波：《国内外经验对广西特色小镇脱贫攻坚的启示》，《世界农业》2018 年第 10 期。

杨靖三、何建敏：《精准扶贫与特色小镇建设的对接研究》，《云南社会科学》2019 年第 3 期。

B.17 陕西电商扶贫效果评估及巩固提升对策研究*

智　敏**

摘　要： 电商扶贫是一项复杂长期的系统工程，需要政府、社会和贫困主体持续发力，构建长效机制，巩固和提升扶贫成果，实现真脱贫、脱真贫。近几年，陕西农村电商快速发展，产生了良好的经济社会效益。交易规模快速增长，对国民经济影响逐年扩大；促进优势产业集聚，创业和就业带动效应明显；社会影响力不断增强，物流基础设施改善明显；服务内容不断丰富，农民生产生活便利性、获得感有所提升。2020年实现全面脱贫后，巩固提升扶贫成效面临着失去政策倾斜后人力、财力、物力等要素短缺，产业基础不够扎实，基础设施建设仍相对薄弱，农民巩固提升扶贫成果的内生动力不足等问题。强化顶层设计统筹规划，夯实乡村振兴的产业基础，持续完善农村基础设施，激发农民巩固提升电商扶贫效果的内生动力，是阻止返贫、全面巩固提升电商扶贫成果的有效途径。

关键词： 电商扶贫　效果评估　陕西

---

* 本文系2019年陕西省社会科学院青年课题（编号为19QN03）阶段成果。
** 智敏，陕西省社会科学院农村发展研究所助理研究员，硕士，研究方向为农业经济管理。

随着互联网的大力普及，农村电子商务快速发展，农村网络购物和农产品新零售等线上交易大幅增长，"互联网+扶贫"成为我国精准扶贫的重要组成部分。自2014年底国家提出实施电商扶贫工程以来，陕西积极响应，先后出台了一系列有关电商扶贫的文件和鼓励优惠政策，明确了电商扶贫的重点任务和实施路径，形成了政府引导与社会参与的有效推进机制，农村电商快速发展。2017年陕西农村网络零售额增长51.5%，实现129.13亿元；农产品网络零售额增长80.3%，达到53.95亿元。2018年前11个月，陕西农村网络零售额增长60.1%，突破200亿元，实现204.3亿元。农村电商发展与农村电商扶贫息息相关，农村电商发展会自觉地带动贫困地区发展和贫困人口增收减贫、脱贫。随着陕西农村电商的发展，电商对贫困地区产业和经济发展、贫困主体创业和就业增收的带动作用越来越明显。2019年陕西已经实现电子商务进农村综合示范项目在56个贫困县的全覆盖，已建成2946个贫困村电商服务站，覆盖率达到59%。2018年，电商带动2.96万户贫困户增收，累计2536户贫困农户实现电商创业。2020年，我国将实现现行标准下农村贫困人口全面脱贫。那么，实现全面脱贫后如何巩固脱贫成果，有效阻止返贫现象的发生，实现与乡村振兴的有机衔接，具有重要的实践意义和现实紧迫性。

一 陕西电商减贫脱贫效应分析

（一）评估指标体系

电商扶贫主要通过增收、节支和赋能三个渠道发挥作用，通过促进贫困地区电子商务的发展，有效地改善信息不对称，贫困主体或直接参与电子商务的创业就业，或得益于电商带动的经济社会发展，实现减贫和脱贫。因此，贫困地区电子商务的发展、电商对当地产业和经济的带动、电商社会效应的发挥是电商扶贫要解决的主要问题，也是评价电商减贫脱贫效应的主要方面。基于电商扶贫的作用机理和数据的可获得性，建立一级、二级指标，一级指标主要为分类指标，二级指标反映具体调查的内容，具体指标体系如表1所示。

表1　电商扶贫效果评估指标体系

序号	一级指标	二级指标
一	交易规模	(1)农村网络零售额
		(2)农产品网络零售额
二	对国民经济影响	(3)对GDP的贡献
		(4)农村网络零售额占社会消费品零售总额的比重
三	人力资源	(5)农村电子商务直接从业人员数
		(6)农村电子商务间接从业人员数
		(7)电子商务培训人次
四	社会影响	(8)道路通达深度
		(9)农村地区物流成本(首重)

(二)效应评估

1.农村电商交易规模快速增长，对国民经济影响逐年扩大

随着网络在农村地区逐步普及，农村消费不断升级，陕西农村电商发展迅速，其扶贫减贫能力也不断提升。2018年前11个月，陕西省农村网络零售额实现204.3亿元，同比增长60.1%。2017年，陕西电商成长指数在全国排位第六，发展指数位列全国第十。

农村电子商务对国民经济的贡献度用α表示，全省农村网络零售额用D表示，GDP增速用G表示，将农村电子商务对国民经济的贡献度定义为：$\alpha = D/G$。2017年全省农村网络零售额实现129.13亿元，同比增长51.49%，2017年陕西GDP为21899亿元，增速为8%。由此计算2017年农村电子商务对国民经济的影响力为：$\alpha = 51.49\%/8\% = 6.44$。2018年1~11月全省农村网络零售额实现204.3亿元，同比增长60.1%，2018年陕西GDP为24438.32亿元，增速为8.3%。由此计算2018年农村电子商务对国民经济的影响力为：α＝60.1%/8.3%＝7.24。年投入越多，农村电子商务对经济的影响越大。

表2 2017～2018年农村电子商务对国民经济的影响

项目	2017年	2018年
GDP(亿元)	21899	24438.32
GDP增速(%)	8	8.3
农村网络零售额(亿元)	129.13	204.3(1～11月)
农村网络零售额增速(%)	51.49	60.1
农村电子商务对国民经济的贡献度	6.44	7.24

资料来源：陕西省统计局网站数据库，http://www.shaanxitj.gov.cn。

2016年陕西农村网络零售额实现85.24亿元，社会消费品零售总额为7302.57亿元，农村网络零售额占社会消费品零售总额的1.17%；2017年陕西农村网络零售额实现129.13亿元，社会消费品零售总额为8236.37亿元，农村网络零售额占社会消费品零售总额的1.57%；2018年1～11月陕西农村网络零售额实现204.3亿元，社会消费品零售总额为8938.27亿元，农村网络零售额占社会消费品零售总额的2.29%；农村网络零售额在全社会消费品零售总额中占的比重越来越大，对消费的促进作用逐步加强。

表3 2016～2018年农村网络零售额及在全社会消费品零售总额中占比

单位：亿元，%

项目	2016年	2017年	2018年(1～11月)
农村网络零售额	85.24	129.13	204.3
社会消费品零售总额	7302.57	8236.37	8938.27
农村网络零售额占社会消费品零售总额比重	1.17	1.57	2.29

资料来源：陕西省统计局网站数据库，http://www.shaanxitj.gov.cn。

2.电商发展促进优势产业集聚，创业和就业带动效应明显

贫困地区农产品网销规模的不断扩大，通过增加就业和收入，对贫困户的带动能力不断提升。自电商精准扶贫开展以来，全省各地积极探索，依托

贫困地区资源禀赋，加强培育和推广特色农产品品牌，大力推广"电商＋农业企业（农业合作社）＋贫困户"和"电商＋贫困户"模式，以技术指导、包销产品、土地流转、临时用工等方式带动贫困户增收，2017年带动贫困户超过2.5万户，2018年带动贫困户4万户左右。截至2017年底，全省建成县级以上电子商务专业园区23家，聚集效应明显。全省98个有扶贫任务的县（区、市）中共有79个县建成电子商务服务中心，7944个行政村建成电商服务站。快递企业超过450家，城乡各类服务网点5752个，乡镇快递网点覆盖率达到99%。县、镇、村三级电商和物流服务体系初步建立，培训、营销、产品包装等业务陆续开展。

3. 电商扶贫社会影响力不断增强，物流基础设施改善明显

农村电商要发展，农村电商环境的改善是前提也是必然结果。电商环境主要是指基础环境，包括网络设施和物流通道等基础设施。随着近年来从中央到地方各级政府对农村地区网络通信和道路交通的投入力度不断加大，以及物流企业的业务不断向农村地区扩展，农村地区的网络设施、道路交通和物流都有了大幅改善。

农村道路通达深度和通畅程度逐步提高。农村公路是农村地区尤其是贫困地区最主要甚至是唯一的运输和出行方式，是发展农村经济、改善农民生活的重要基础设施。截至2017年底，全省农村公路总里程实现15.7万公里，所有的县（市、区）通二级公路、所有的乡镇和行政村通沥青（水泥）路。2018年底，实现100%建制村通畅，全面完成全省交通脱贫保底性任务。到2020年，实现深度贫困村集中居住30户以上自然村组通沥青（水泥）路，重点镇通二级公路。农村地区的道路基础设施逐步改善，农民安全便捷的出行能力明显得到提升。

农村物流条件有所改善。农村电商的发展离不开方便快捷的物流，由于地理位置和基础设施等因素的制约，农村地区尤其是偏远地区的"最后一公里"问题比较突出。为了解决农村物资双向流通的问题，2015年陕西启动道路货运试点工作，积极探索农村物流和快递、供销、电商等行业融合发展的新模式，通过实践，总结出大荔"县中心、乡镇站、村网点"三级服

务模式经验,并在全省范围内复制推广。目前27%的贫困村建有物流配送站点,初步建成了县、镇、村三级电商和物流服务体系。充分发挥了农村物流惠农、富农的服务保障作用。

4. 农村电商服务内容不断丰富,农民生产生活便利性、获得感有所提升

农村电商快速发展,并围绕农业农村发展的热点领域,其服务的内涵和外延在实践过程中不断延伸,从最初的农产品销售发展到现在的网上农贸市场、数字农家乐、特色旅游、特色经济和招商引资等内容,农村电商在农村经济社会各领域发挥着积极作用,农民的生产、生活方式和文化都随之发生变化。电商的发展有效促进了交易成本的降低、交易效率的提升与信息获取、反馈的加速,使农民更好地与大市场对接,生产和生活的便利性大大改善。农民通过网络打破地理区位的限制,能够获得更多更好的购买选择,不需要支出差旅费就能买到和城市居民一样的消费品,间接地实现了生产生活成本的降低。农村电商的发展也激发了农户对接大市场、参与市场竞争的积极性。电子商务赋予了农民新的发展能力,网销和策划等技术能力得到提升,而且通过参与市场竞争,提高了信息获取和处理能力,实现了整体发展能力的提升。

二 巩固提升扶贫效果面临的问题

(一)失去政策倾斜后人力、财力、物力等要素短缺

贫困户致贫的原因有因病、因灾、因学、缺土地、缺资金、缺技术和劳力等,而且建档立卡贫困户中,普遍存在劳动力、技术和发展资金的短缺现象,在精准扶贫过程中,针对贫困户制定的帮扶政策,也大多是因人而异为贫困对象提供发展要素和资源,从而提高扶贫的质量和效果。脱贫摘帽以后,随着这些优惠政策的逐渐取消,贫困户面临持续发展的挑战和返贫的风险。

发展资金是影响脱贫农户巩固脱贫效果、有效防止返贫的重要因素之

一。农民从事生产经营活动的资金来源主要有自身积累、政府扶持和银行贷款。对于刚刚脱贫的贫困户而言，自身的资金积累基本没有。而政府优惠政策在脱贫和巩固期后也会慢慢退出，农民进行农业生产经营的资金来源则集中在银行贷款上。尽管国家和地方政府近年来一直鼓励金融机构下乡，金融机构也不断创新金融产品，村镇银行、农村资金互助社等新型金融组织应运而生并发挥相应的作用，为农民提供小额信贷。但由于农民尤其是贫困户低收益、低偿债能力和低抗风险能力的特点，金融机构在提供贷款时面临较大的风险，从而产生"惜贷"现象。

在脱贫攻坚过程中，人才是带动贫困地区脱贫致富的重要前提，通过对口扶贫和定点扶贫等工作的推进，第一书记、驻村工作队等专业人才聚集在贫困地区，通过培育扶持特色优势产业、完善基础设施、丰富文化生活等，对提高贫困户收入、改善生产生活条件发挥了重要的作用。但随着驻村干部的慢慢退出，在农村内部培养建立起一支"懂农业、爱农民、护农村"的人才队伍，是有效巩固扶贫效果和阻止返贫的重要任务。

2017年底陕西出台了《陕西省贫困退出工作实施细则》，明确提出："贫困户、贫困村、贫困县退出后，在一定时期内，中央和省级原有扶持政策保持不变，留出'缓冲期'，确保实现稳定脱贫。"但由于贫困户本身拥有的资源有限，其生产经营的边际效益较低。而且受自身素质的影响，在生产生活条件没有得到根本性改善的情况下，贫困户实现自身持续发展的难度很大。

（二）有效防止返贫和新贫困发生的产业基础不够扎实

产业扶贫是实现精准扶贫的核心动力，既是短期内提高贫困户收入的现实基础，也是长期巩固脱贫效果、实现乡村振兴的根本保障和路径。只有产业发展起来，才能实现扶贫效果的巩固和长效。目前，农村电商的产业基础不够扎实，农产品上行通道不够畅通，是全国农村电商扶贫发展的共性问题。

首先表现为农产品标准化生产程度低，实现网上交易、获得网络消费者的认可难度大，影响了小农户与大市场的有效对接。电子商务作为一种营销手段，是需要有力的产业支撑的。农产品标准化、网货化和品牌化是顺利进入上行通道，实现大规模网上销售，并不断开拓市场的重要前提。随着生活水平的提高，消费者更加注重农产品的品质，对农产品的标准化、品牌化和安全等方面的要求逐渐提高。但由于我国农村地区生产经营活动以家庭为单位，农村地区尤其是贫困地区的农产品基本上属于初级产品，标准化生产及溯源等现代化生产方式实现程度较低。已有的而且已经在执行的生产性标准，也大多从生产角度出发，并没有按照市场需求与电商的要求进行修订和衔接。同时，由于农产品自身的特点和属性，很难实现规模效益，再加上贫困地区延长产业链条进行深加工能力的不足，都影响了农产品的商品化率，这也直接影响了农产品的上行。

其次表现为农产品上行难度较大。电商扶贫最直接的实现途径就是为贫困户提供增收和创业的平台，通过提高小农户与大市场对接过程中的讨价还价和博弈能力，而实现农产品上行是最重要的前提和保障。农产品上行通道不畅，上行难，使农户在通过网络与市场对接时处于被动状态，增产不增收现象时有发生，也成为影响电商扶贫效果的重要制约因素。

（三）巩固脱贫成果的基础设施建设仍相对薄弱

交通、物流等基础设施仍然是制约农村电商发展的重要因素，尤其是贫困地区的生产要素和农产品进入生产、消费和供应链的成本较高。农村地区居住分散，即使在设有快递乡村网点的地区，由于地理和交通条件，返程空载严重，配送难度较大，一般也无法实现送货和取货上门，农户需自行到取货点交纳费用取、寄快递，导致物流成本增加。据调查，相同重量的农产品从陕西农村到上海的物流费用是从上海到陕西的两倍多。同时，由于农产品的产品特性，对保鲜要求较高，冷链仓储等基础设施不完善，会对农产品的市场销售带来很大影响。目前，农村网络已经基本普及，但是部分农村地区的网络信号较差、速度较慢，难以满足开展农村电商的需求。

（四）农民巩固扶贫成果的内生动力不足

激发贫困户的内在潜能，发挥自身的主体价值，主动参与，是巩固扶贫效果实现长效脱贫的核心动力。政府引导、社会参与，构建社会扶贫大格局，是我国精准扶贫的成功经验，也是重要特征。在我国的扶贫实践过程中，不断通过体制机制创新，实现扶贫方式从"输血式"扶贫向"造血式"扶贫的转化，贫困户的主体意识不断增强。但仍有部分贫困户"等靠要"的思想严重，把贫困当作一种"福利"，"蹲着墙根晒太阳，等着别人送小康"的现象还存在，有的贫困户甚至想方设法隐瞒收入，出现脱贫不退贫、脱贫不摘帽的现象，对政府和社会的帮扶行为产生依赖，把脱贫致富、改善生活的希望寄托在扶贫行动上，自我脱贫、自我发展的主动意识不够，一定程度上增加了返贫风险。当然，受制于农户尤其是贫困户的个人综合素质，他们接受新事物的能力和学习能力有限，不具备自我脱贫的能力，也是贫困户在扶贫过程中处于被动接受地位的重要原因。因此，激发贫困户的内生动力，提高其生产经营能力，是脱贫攻坚和巩固脱贫效果的重要任务。

三　巩固提升电商扶贫效果的对策建议

（一）强化顶层设计，统筹规划

1. 在巩固期内保持现有扶贫政策的稳定性，与乡村振兴有效对接

保持扶贫政策的相对稳定，将脱贫攻坚过程中形成的工作机制、组织机制和市场机制等有效机制，包括财政、金融等多元资金资源，第一书记、驻村工作队、对口帮扶等人才支持政策转化为长期机制，并与巩固提升扶贫效果和乡村振兴战略规划有机结合，"扶上马，送一程"，确保脱贫攻坚成果的巩固和提升。运用系统思维的理念，继续出台和运用好电商扶贫的系列政策。通过统筹规划和法规体系的建设和出台，做好顶层设计，补齐电商扶贫在发展环境和基础设施等方面的短板。

2. 建立返贫风险防控机制

习近平总书记曾强调,"防止返贫和继续攻坚同样重要,已经摘帽的贫困县、贫困村、贫困户,要继续巩固"。建立返贫预警监测、防控和保障帮扶机制,有效防止已经脱贫的农民因病、因灾和因学等返贫,长期巩固提升脱贫成效。一是根据贫困户现有的家庭收支状况、劳动力就业状况、有可能导致返贫的原因和扶贫干部平时对其综合情况的了解,对贫困户进行返贫风险评估分级,重点关注存在返贫风险的脱贫农户。二是民政、卫计和人社等部门加强协作配合,对脱贫农户的数据实行动态化管理,重点关注返贫风险高的农户的生产生活状况,依据预判的风险点制定相应的风险预案。三是财政兜底与保险相结合,完善救助帮扶机制。对于遭遇灾难、生病的困难群众进行及时救助,对于无法通过产业、就业帮扶的特困户实行政策性保障兜底。对于无力供养子女上学的特困家庭,免除学费或办理低息助学贷款。探索建立完善针对贫困户的农业保险,减少自然灾害和意外对农业生产生活带来的影响,充分发挥保险在长期巩固扶贫成果过程中的作用。

(二)夯实乡村振兴的产业基础

1. 推动农业生产现代化

依托资源禀赋,大力发展区域主导特色产业,是促进贫困地区发展、长期增加贫困户收入的有效途径。同时特色农业的发展能够有效激活贫困主体的内生动力,阻断贫困发生的动因,是扶贫成效长期巩固提升的有效保障。遵循市场经济规律,因地制宜,顺应电商要求,与市场有效对接,推动特色农产品生产的规模化、标准化和品牌化,提高农产品附加值,推动传统产业发展的转型升级,为巩固电商扶贫成效打下坚实的产业支撑。

2. 加快推动全产业链发展

运用生态产业链管理思维,促进农村一二三产业融合发展,充分利用产业关联发展带来的正向外部性,不断延伸农村电商产业链,向加工、销售、物流以及其他农村电商配套产业延伸,从农产品的生产、加工一直延伸到餐桌,实现上连生产、下连消费的全产业链发展,助力实现全产业链升值,增强农村电商在增收、节支和赋能方面作用的发挥。

3. 强化上行通道建设

充分利用电商渠道下沉的市场机遇，积极对接网络营销平台，利用平台的运营经验和行业资源，发布农业特色产品信息，提高市场知名度、占有率和影响力。鼓励本地龙头企业与有实力的电商企业合作，挖掘当地农业特色产品，集中上行销售。依托电商、农业行业协会等组织的信息资源优势，搭建交流平台，促进农户与大市场的对接，实现线上线下交易的实现。整合现有资源，在贫困地区依托当地小卖店、合作社、村部等建立农村电子商务服务站点，在信息服务、商务服务、便民服务等方面为农村居民提供服务。鼓励能人大户、涉农企业利用微信、微博、QQ和直播等网络技术进行社交网络分销，借助社交圈的资源和老顾客的口碑，推广当地土特产品，通过信任感和线下体验实现购买。

（三）持续完善农村基础设施

1. 重点完善农村电商物流体系

目前，农村地区的物流基础设施仍然较弱，"最后一公里"或"最初一公里"问题是影响农产品上行和工业品下行效率的重要因素，因此，依托现有农村网点资源，建立并且不断完善适应农村发展的物流体系，是优化电商增收、减支、赋能作用发挥的重要保障。一是依托邮政"乡乡设所，村村通邮"的网点资源、投递配送力量和普惠金融服务平台等优势，整合农户、农资企业等社会资源，促进城市工业品与农产品的双向流通。二是依托村委会、小卖部或商店等人群密集的场所设立村级电商服务站点，扩大贫困村电商服务站点的覆盖点和辐射区，并不断丰富、拓展电商服务点和代办点在代购代销、信息和金融方面的功能，为农民提供电商服务等各类便民服务。三是加快农村地区信息、网络、道路和仓储等基础设施建设，提高物流配送能力。鼓励和引导大型生鲜电商企业与第三方物流建立农产品冷链物流农村节点和物流配送中心，为贫困地区提供低成本、系统和高效的物流服务。

2. 建立农村地区基础设施长效管护机制

在扶贫攻坚过程中，建立完善了农村地区尤其是贫困地区的基础设施，农村生产生活条件改善明显，农民生活便利性有所提升。但很多农村地区也出现了重建设轻管理，基础设施后续管理不够，基础设施闲置和损坏的现象。建立基础设施长效管护机制，按相关规定明确管护主体，加强对农村基础设施的使用、后续管理和维护，确保已经建成的基础设施正常运转并持续长效地发挥作用，让农民长久地受益于基础设施的改善。

（四）激发农民巩固提升扶贫效果的内生动力

1. 大力倡导乡风文明新风尚

通过制定村民公约、送文化下乡、文明村民评比、农民夜校等多样的活动和方式，培育践行社会主义核心价值观，用文化潜移默化引领时代新风尚，进一步强化思想教育，引导村民摒弃"等靠要"的思想，树立自力更生、巩固提升脱贫成效的好风气，充分激发农民的内生动力，实现物质富裕与精神富有的同步发展。

2. 重点强化电商创业就业技能培训

一是整合商务部门、共青团、扶贫办以及社会企业开展的电商培训，针对不同人群和需求，开展有针对性的电商知识技能培训，建立信息化和专业化兼具的电商人才队伍，全面普及农村电商知识，提高农民运用电商创业、就业和增收的能力和水平。充分利用网络，积极对接或搭建网络教育培训平台，运用网络远程视频和手机 App 等培训形式，也可以将教育培训与具体项目结合，让参与项目的农民在干中学，提升培训的针对性和有效性。二是继续支持农村电商创业，因地制宜地制定电商创业政策，提供培训、场地和补贴等优惠政策，吸引有经验和能力的电商从业者创业，带动农户参与分享溢出效应。不断提高农民尤其是刚刚脱贫农户的自我发展能力，促进和保障农民主体的长期获得感，实现扶贫效果的持续性。三是引导支持网销农户逐步完善终端信息的收集和处理，推动社交网络分销，提高农民的信息获取、接收和处理能力，及时地对消费者的市场反馈做出

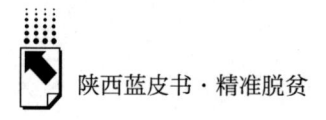

反应，不断改进农副产品，满足大市场和消费者的需求，提高小农户与大市场的对接效率。

参考文献

《陕西贫困县电商扶贫实现全覆盖》，http：//www.xinhuanet.com/local/2019-03/07/c_1124204991.htm。

《陕西省出台贫困退出工作实施细则 脱贫后政策留有"缓冲期"》，http：//news.xiancity.cn/system/2017/11/19/030509745.shtml。

汪向东：《电商扶贫的长效机制与贫困主体的获得感——兼论电商扶贫的"PPPS模型"》，《农业网络信息》2017年第9期。

汪向东、王昕天：《电子商务与信息扶贫：互联网时代扶贫工作的新特点》，《西北农林科技大学学报（社会科学版）》2015年第4期。

林广毅：《农村电商扶贫的作用机理及脱贫促进机制研究》，中国社会科学院博士学位论文，2016。

《陕西深入推进电商扶贫工作》，http：//finance.jrj.com.cn/2018/03/12082024224964.shtml。

《搭建电商扶贫平台主力帮扶脱贫攻坚》，http：//news.xiancity.cn/system/2017/06/27/030279640.shtml。

魏延安：《乡村振兴时代农村电商发展六问》，《新西部》2018年第13期。

B.18 乡村振兴背景下陕西公路旅游发展对策研究[*]

魏雯[**]

摘　要： 公路旅游是带动村镇产业发展的有效路径、促进城乡融合的重要举措、增加农民收入的新渠道。陕西省公路旅游近年来在交通道路、旅游热度、配套产业等方面已初步建立基础，具备进一步发展的优势条件，对乡村振兴战略落地实施和脱贫攻坚具有重要意义。但如果以面向国际和国内市场的标准来看，陕西省公路旅游仍存在发展不充分的问题，亟须制订公路旅游发展规划、完善协同发展体制机制、加强公路旅游特色化设计及资本投入。因此，本文以振兴乡村经济、提高农民收入、建设宜居家园为目标，提出从省级层面编制公路旅游总体规划，做好顶层设计；加强组织领导，建立高效务实的协同发展机制；精心打造公路旅游示范工程与设施，强化特色服务；积极引进旅游企业，鼓励民间资本投资公路旅游行业等对策建议，努力打造经济、社会、文化、生态效益统一的欠发达地区公路旅游发展范本，使之成为优化全省旅游格局、调整产业结构、改善民生环境的新的抓手。

关键词： 乡村振兴　公路旅游　陕西

---

[*] 本文系国家社科基金项目(编号为17CJY043)的阶段性成果。
[**] 魏雯，陕西省社会科学院农村发展研究所助理研究员，硕士。

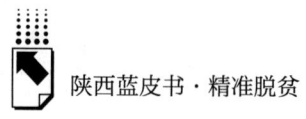

一 引言

在我国尚未进入汽车社会之前,道路作为交通通道与运输纽带,承载的是客流、物流的流通,主要作为经济社会发展的工具。但2000年以后,全国私人汽车保有量持续增长,特别是2008年之后迅猛增长。截至2018年,全国民用轿车保有量达13451万辆,其中私人轿车为12589万辆,比2008年私人轿车1947万辆增加近5.5倍。汽车普及带来的是生活方式的改变,自驾游开始成为一种新的休闲方式,道路也成为一种经济资源。2000年之前,我国建设旅游公路主要以景区为目的地,为了更便捷地输送旅客。随着近20年的汽车社会的快速发展,旅游公路正在向"公路旅游"转变。公路旅游是建立在公路文化基础上的,通过挖掘与其相关的自然资源、人文资源、产业资源等,多种要素综合配套的特殊旅游方式,正在成为吸引国内大批自驾游旅客的新的消费方式。

陕西省正在逐步完善路网衔接,具备了公路由单纯交通基础设施向复合型经济社会服务体转变的条件,应结合新时代乡村振兴战略实施,参考国外公路旅游与产业发展的经验,加快推进公路与旅游、扶贫的结合,探索以公路行业为先导的多元化发展路径,以带动陕西省沿线农村地区发展、彰显地区特色经济、重塑乡村发展活力,实现陕西省城乡统筹发展。

二 公路旅游发展对乡村振兴战略实施的重要意义

2018年陕西省制定出台《关于实施乡村振兴战略的实施意见》,各级党委、政府统筹谋划乡村振兴战略与脱贫攻坚的抓手。经过近些年发展,陕西省公路旅游在交通道路、旅游热度、配套产业等方面已初步建立基础,具备进一步发展的优势条件,对乡村振兴战略落地实施和脱贫攻坚具有重要意义。

（一）公路旅游是带动村镇产业发展的有效路径

陕西是"一带一路"旅游带的资源聚集区和关键节点，不仅在全国旅游资源布局中具有连接东西、承接南北的区位优势，还是全国特色农产品优势区，包括黄土高原苹果适生区产业带，沿秦岭猕猴桃产业带，绿茶、茯茶陕茶品牌以及秦岭以南富硒食品产业等。但是陕西省农村产业发展短板仍然普遍存在，传统产业初级化特征明显，特色优势主导产业培育缺乏动能，新产业、新业态发展亟待提升。因此，借助近年来陕西旅游业规模不断壮大，旅游人次和收入快速攀升，自驾游正在成为旅游业新增长极的热度，由公路旅游切入产业发展，公路旅游带来的人流、信息流是激活沿线村镇产业发展、经济增长的有效抓手。由公路旅游业发展引领带动村镇产业联动发展，将推进沿线区域经济向更高水平递进。

（二）公路旅游是促进城乡融合的重要举措

陕西省实施乡村振兴战略亟须在农村基础设施建设和公共服务供给方面补齐短板，公路旅游发展将是促进城乡融合发展的重要举措。陕西省城乡发展不平衡、不充分的主要表现之一就是资金、技术、人才等要素缺乏双向流动。公路旅游的优势特征之一就是打破传统，旅游人群不再以"点"聚集，而是以"线"为延伸，扩展到"面"上，对更宽地域范围的基础设施建设和公共服务提出更高需求。因此，公路旅游的发展必将带动农村民居改造、饮水工程、上下水设施、垃圾污水处理、物流网络建设、医疗服务等基础设施和公共服务的极大提升，缩小农村发展差距，加快城乡融合速度。

（三）公路旅游是增加农民收入的新渠道

就业创业是农民增收的主要渠道，公路旅游作为一种新业态，提供就业创业的新机会，必将拉动农民增收的新增长极。公路旅游不同于传统旅游业态，是消费升级和个性出行的一种全新旅游产品。因此，户外营地、房车旅游、徒步、自行车慢道游、汽车旅馆等新业态的需求正在快速增加，新需求刺激新业态，新业态提供新的就业和创业。目前，陕西省公路旅游的新业态还在起步阶段，随着公路系统和旅游产业的融合度提升，公路规划建设与沿线旅游资源的联动发展，将使公路旅游成为沿线村镇农民增收、助力扶贫开发的双赢抓手。

三 国内外公路旅游的典型经验

公路旅游从20世纪30年代在美国逐步兴起。20世纪30年代美国大萧条背景下，罗斯福政府放弃自由放任经济政策，转向凯恩斯理论，运用政府这只"看得见的手"积极投资基础设施建设，以工代赈，扩大内需。其中，重要的一项举措就是国家公园东扩，推动了国家公园内部公路旅游的兴起和发展。我国国内最著名的公路旅游线路就是318国道川藏线，被称为"中国人的景观大道"。公路正在成为一种经济动能盘活乡村资源，吸取国内外公路旅游的有益经验，形成陕西推进乡村振兴的新亮点，加快脱贫攻坚的新抓手。

（一）自然景观型公路旅游

欧美国家乡村景观道路的建设相对成熟。比如，美国蓝岭公园大道结合自然魅力和乡村趣味，是世界游客自驾游著名胜地。蓝岭公园建设之初路线涉及3个州，造成了路权之争，最后，作为一个国家项目，联邦政府统筹协调，专家论证，在坚持公路旅游风景性第一的原则下，选择了地理位置多变和风景观赏性最强的一条路线，将最好的景点串联起来，路线布设在山脊以及山顶海拔较高位置，为游客提供了更多样的体验乐趣，成为美国最受欢迎的公园大道。

（二）文化景观型公路旅游

挪威特罗斯蒂戈（Trollstigen）国家旅游路线通过融入现代设计风格建筑，使公路旅游更具吸引力。特罗斯蒂戈路线位于挪威西南部的特罗斯蒂戈高原，从峡谷开始爬行到达山峰，路线有11处急转弯，曲折惊险，挪威考虑这条线路沿途虽有群山景色和斯蒂格佛森瀑布，但优势并不明显。因此，政府通过与建筑设计结合加强特色，设计具有现代感的观景平台、徒步长廊和现代建筑，对于自然景观优势不突出的区域，通过增强建筑文化特色以发展公路旅游提供借鉴。20世纪50年代德国开始打造位于南部350公里的一条旅游路线，这条路线被称为"浪漫之路"，以文化景观著称。主要特色是沿途串联一系列古建筑，包括古堡、中世纪老城、乡村教堂、皇宫、小镇等，是一条历史气息浓郁、保留原貌的旅游路线，对于发展文化景观公路旅游有借鉴意义。

（三）产业集群型公路旅游

德国的莱茵兰-普法尔茨州的葡萄酒之路，建设于20世纪30年代，贯穿德国第二大葡萄酒产区普法尔茨。这条葡萄酒之路不仅有中世纪城堡、百年修道院等历史古迹和乡村风景，更将各个酒庄、葡萄酒博物馆、欧洲最老的葡萄园、葡萄酒水疗度假村等景点连接起来，构成德国西南部的葡萄酒产业集群带。每年3月到10月，这条路线举行众多露天葡萄酒节，各个葡萄酒生产商和酒馆为旅游者提供住宿和餐饮服务以及各种葡萄酒体验活动。葡萄酒之路通过公路旅游加强旅行者对葡萄酒的体验，促进旅游和产业深度融合发展，充分发挥了产业集聚效应。

综上所述，国内外发展较好的公路旅游路线具有如下几个特征：一是统筹规划和设计，尽可能多地串联起自然文化景观和其他资源，整体设计，科学规划，避免单打独斗、低水平地开发；二是精心打造，强化特色，深入挖掘自然景观和文化景观的独特性；三是和其他产业深度融合，以公路旅游促产业发展，以产业发展吸引公路旅游；四是政府顶层设计，民间资本积极参与，以旅行者需求为导向提供多样性旅游体验。

四 打造陕西公路旅游的大主题路线及存在的问题

陕西境内三大区域——关中平原地区、陕南秦巴山地区、陕北高原地区，把陕西分割成三大地理地貌具有显著差异的自然区域，伴随各自不同的文化，具有发展公路旅游得天独厚的自然和文化条件。陕西省居民收入持续增加，全省经济发展呈现总体平稳、活力增强、质效提升的良好发展态势，为发展公路旅游奠定了良好经济基础。近几年全省持续开展"寻找最美乡村路"活动，加上沿黄公路全线贯通，同时借助乡村振兴战略实施的重大机遇，近几年成为发展公路旅游的最佳历史时期。

（一）打造陕西公路旅游的大主题路线

1. 黄河文化自然景观路——沿黄公路旅游线

沿黄公路于2017年8月通车，串联陕西榆林市、延安市、铜川市和渭南市4市12县50多个景点。沿黄公路全长800多公里，与9条高速公路、13条国省干线公路和80多条县乡农村公路连接，北起榆林市府谷县，南至渭南市华山脚下，沿途景点包括西岳华山、壶口瀑布、黄河蛇曲国家地质公园、乾坤湾、司马迁祠、韩城古城等，涵盖陕蒙文化、陕晋文化，沿途构成一条水域风光、地文景观、历史名胜、革命旧址、民俗风情相融的南北旅游路线。同时，沿黄公路对4市12县沿路超过200万人口直接辐射，因此，沿黄公路除了是一条公路旅游路，还是一条促进关中地区和陕北地区资源流动的"经济路"，对于促进陕西新型城镇化建设、贫困地区脱贫攻坚和产业联动发展具有重要意义。

2. 山岳生态观光路——G210、G108秦岭南麓公路旅游线

G210国道秦岭段横切秦岭主峰，北起秦岭沣峪口，经宁陕县、石泉县到达汉江，以山岳风光著称。途中分水岭已经是骑行爱好者攀爬秦岭的挑战目的地，同时吸引了大批自驾游旅行者，秋季是这一旅游路线旺季。G108国道秦岭段在山谷中以道路险峻、拐弯较多闻名，途经黑河国家森林公园，周至金丝猴自然保护区、佛坪大熊猫自然保护区、洋县朱鹮自然保护区，是秦岭具有珍稀自然资源的生态观光路线。

3. 产业集聚观光路——S107秦岭北麓公路旅游线

省道S107又称关中环线，经渭南、西安、宝鸡、咸阳，全长480公里，

以西安为核心,将关中平原大部环绕在内,是关中平原城镇群连接的重要环线公路。其中,S107蓝田—长安—户县—周至—眉县线位于秦岭北麓,贯穿关中平原重要的特色农业经济作物带。S107沿线除了优美的自然风光,春季长安区的草莓季,初夏白鹿塬的樱桃,夏季长安区黄杏、桃子,秋季户县葡萄、眉县猕猴桃,形成了农业采摘时期较长的产业带。这一路线还背靠庞大的关中平原城市群,近3000万人口,是以产业观光、体验为特色的最佳公路旅游路线。

(二)陕西公路旅游存在的问题与不足

上述公路旅游路线虽然在交通道路上初步成形,但是在旅游项目、配套产业方面发展仍然滞后,如果以面向国际和国内市场的标准,仍存在发展不充分的问题,需要从整体上促进公路旅游行业的提质增效和转型升级。

1. 亟须制订公路旅游发展规划

公路旅游涉及交通行业、文化旅游行业以及地方政府等,需要顶层设计、各方参与。目前,公路建设由省交通厅主管,文化旅游工作由省文旅厅管理,省发改委主管产业,省商务厅主管投资和商贸服务业发展,各地方政府具体落实,牵涉面较广,没有规划系统性推进全省公路旅游发展工作,应尽快对陕西省公路旅游的路线空间布局、产业发展、市场发展等进行科学规划。

2. 协同发展体制机制有待完善

首先,全省推动公路旅游发展的意识不强。由于公路旅游尚处于起步阶段,全省各地推进公路旅游发展的意识不强,缺少共享发展的理念。虽然全域旅游和关中城市群在不同城市间有不同程度的区域合作机制,但是在公路旅游方面仍然属于空白。其次,公路旅游由于需要综合配套各种资源要素,尤其是在沿路城镇发展差距较大的情况下,在基础设施建设、旅游产品开发等,需要专业设计公路旅游线路和产品,但是目前陕西省公路旅游仍然以各地方自主发展为主,缺少科学地设计和营销推广活动,各相关部门在政策对接、职责分工、目标任务和工作时间表等方面未形成合力。

3. 公路旅游综合设计特色化不足

首先，公路旅游以公路文化为主题，因此，道路建设标准、路线设计一定要凸显特色。但是，陕西省目前几条具有发展潜力的公路，例如，沿黄路、S107、G210等，公路建设还是以普通的行业公路建设标准为主，没有全省统一的、专门的旅游公路建设标准，因此，在"路"的设计和建设上仍有待精心打造。其次，公路旅游路线沿途景观非常重要，道路两边的绿化景观设计、路线和山岳、河流的感官融合，与城镇、村镇风貌建设的结合等，都需要充分利用，但是目前陕西省公路旅游在路线景观设计方面，仍然处于较低开发水平，路域整体视觉景观没有科学设计规划。最后，公路旅游以自驾游为主，就对沿线吃住行游购娱各个方面提出了更高的个性化要求，但是沿路村镇停车休息、住宿、餐饮、娱乐设施水平普遍较低，以农家乐为主，旅行者的多样化需求得不到满足。

4. 资本投入未形成规模

陕西省现有具有发展潜力的公路旅游路线，主要由政府在交通道路方面投入基础设施建设，旅游企业特别是龙头企业在公路旅游的发展上仍然缺位。民营资本投入少，旅游产品层次低，产业综合服务能力较弱，管理发展滞后，是不能形成公路旅游规模化发展的重要因素。撬动民营资本投入公路旅游行业发展，是激活这一新兴业态的重要动能。这就需要宽松的投资政策吸引，例如，对民宿经济发展的鼓励、沿线旅游产业招商引资优惠、公路沿线旅游项目的用地审批等，多方位激活民营资本加入公路旅游产业发展，高效益产品和新业态才会进一步发展，旅游管理水平才能进一步提高，才能向旅行者提供多样化产品，激活公路旅游市场活力。

五 陕西省公路旅游发展的总体思路

（一）发展理念

发展陕西省公路旅游要以振兴乡村经济、提高农民收入、建设宜居家园为目标,以村镇资源综合利用为路径,通过政策、体制机制创新破解城乡资源流动不畅的难题,建设对全省村镇经济发展具有综合带动提升功能的重点旅游工程,努力打造经济、社会、文化、生态效益统一的欠发达地区公路旅游发展范本,使之成为优化全省旅游格局、调整产业结构、改善民生环境的新的抓手。

(二)发展目标

陕西省发展公路旅游事业应该对全省村镇经济形成重要影响,其目标和功能预期如下。

通过发展公路旅游,催生乡村新产业新业态,带动农村一二三产融合发展,延伸农业产业链,拓展农业功能,扩大农民持续增收渠道。

通过发展公路旅游,以寻根溯源的人文情怀和乡村情结为起点,建成彰显优秀农耕文明的旅游路线,焕发乡风文明新气象,推动乡村文化振兴。

通过发展公路旅游,建成在全国具有代表性的公路旅游景观和集文化、生态、产业于一体的国家级公路旅游产业集群带,使其成为城乡融合发展的展示窗口和平台。

六 对策建议

随着自驾游成为散客旅游的重要旅行方式,意味着公路的功能将不仅仅局限于良好的通达性和便捷性,公路更多地将作为旅游的主要平台,以撬动产业发展、群众就业。因此,如何围绕"路"做好旅游这篇大文章,跳出以前仅满足出行功能的旧思路,公路旅游将成为陕西省实施乡村振兴战略的一条新路径,创造欠发达地区公路旅游的"陕西范本"。

(一)从省级层面编制公路旅游总体规划,做好顶层设计

根据省内具备条件的公路旅游大主题线路,建立陕北、关中、陕南三条公路旅游带状路线,并以此为基础,发展区域旅游产业一体化网络。从目前

来看，建议规划三条主题线路：一是以黄河文化自然景观为主的沿黄路；二是以山岳生态自然风光为主的 G210、G108 秦岭南麓公路旅游线；三是产业集聚程度高的 S107 秦岭北麓公路旅游线。三条公路旅游路线在交通上已经初步具备条件，辐射从北至南陕西省核心区域，构成"一横两纵"十字形公路旅游带状路线。建议按照这一思路，从省级层面编制公路旅游总体规划，明确总体发展思路，优化整体空间布局，确定推动公路旅游发展的政策、路径和抓手。在总规划指导下，沿线城市修编完善各自公路旅游发展规划，做到相互借鉴和衔接。

（二）加强组织领导，建立高效务实的协同发展机制

一是建议省发改委为发展公路旅游工作的牵头部门，省文旅厅、省交通厅、省商务厅为小组成员，建立陕西省公路旅游发展工作领导小组，负责研究解决政策衔接、部门对接、统筹协调、检查督促等事项，明确沿线各市定位和阶段任务，确定三年行动工作方案。二是建立全省公路旅游发展企业联盟，由省内外具有影响力的龙头企业牵头组建，邀请大型旅行社、自驾游联盟、民宿业、酒店业、餐饮业、户外活动企业等参与，建立旅游投资、运营管理、人才培养等领域的市场合作机制。三是建立陕西省公路旅游专家咨询小组，邀请全国和省内外在公路旅游规划、实践方面有丰富经验的专家学者，参与为陕西省发展建言献策的机制，提供强有力的智力支持。

（三）精心打造公路旅游示范工程与设施，强化特色服务

一是建议尽快出台全省旅游公路建设规划和工程建设技术标准。线形设计应根据公路旅游特点，增强道路驾驶体验性，在具备条件路段适当增加车道和停车带，结合地域环境和需求设置步行道、自行车道等慢行系统以及采用原木护栏等自然式方法合理设置安全设施，统一全省旅游公路标识、标牌和旅游景点标识设置。二是公路沿线景观绿化工程邀请有丰富经验的高等级设计资质公司，充分融合利用原有的优质景观资源，结合路域视野范围内植被景观、村镇风貌等条件，设计丰富多样的景观，精心打造公路沿线整体视觉景观。三是建设乡村公路旅游驿站。"乡村公路旅游驿站"是整合农村公路、文旅资源和乡村产业资源的复合型经济社会服务体，以激活乡村内生资源、重塑乡村发展活力为目标，承担休憩服务、旅游导引、特色经济展示与销售以及公共服务等职能。驿站除了为农村公路旅行者提供舒适安全的休息环境，还可以提供覆盖乡村的旅游指引和路线设计等服务，提供体验乡村资源的交流活动，是当地特色产品展示销售的平台。不同于传统休息区、服务区的概念，乡村公路旅游驿站是所在区域经济特色展示、生产和生活活化的节点。

（四）积极引进旅游企业，鼓励民间资本投资公路旅游行业

一是壮大公路旅游企业队伍，积极引进国内外大型旅游集团投资公路旅游项目，鼓励支持陕旅集团、陕文投、曲文投、西旅集团等本土旅游企业在公路旅游项目上的创新，培育带动民间资本进入公路旅游行业。二是建立重点项目库，对运用 PPP 模式新建和改建陕西省公路旅游基础设施投入较大的民营资本项目列入省、市重点工程，挂牌督办优惠政策的落实和项目审批进度，建立动态跟踪管理机制。三是直接通过税费减免和低息贷款等方式，鼓励民间资本在公路旅游沿线建设旅游驿站、民宿、户外营地等旅游项目，形成有规模的公路旅游产业廊道，融合沿线旅游资源和产业发展，激活社会力量，助推公路旅游发展壮大。

参考文献

任国才：《对陕西沿黄公路旅游带的旅游发展思考与建议》，《中国旅游报》2017 年 12 月 12 日第 3 版。

王成平：《公路交通与旅游融合发展的理性思考》，《科学咨询（科技·管理）》2017 年第 9 期。

鲁宜苓、孙根年：《公路何以成为旅游资源》，《公路》2017 年第 3 期。

孙沈宁：《国外旅行公路发展及启示》，《养护与管理》2016 年第 3 期。

B.19 收入水平略高于建档立卡贫困户的健康扶贫政策支持研究[*]

李巾 聂翔[**]

摘　要： 习近平总书记在2019年中央经济工作会议上强调，各级要针对突出问题，研究解决收入水平略高于建档立卡贫困户的群体缺乏政策支持等新问题。本研究从健康扶贫政策支持的角度，分析了陕西"略高于"群体健康扶贫政策执行的情况及存在的标准不一、人数众多、返贫和新生贫困主要产生于初步跨过贫困线的已脱贫农户和处于边缘地带的"略高于"非贫困户等问题。在此基础上提出攻坚冲刺期巩固脱贫成果，提出"略高于"群体健康扶贫政策支持的对策建议。

关键词： 贫困户　健康扶贫　政策支持　陕西

一　研究背景

"精准扶贫"政策实施以来，陕西建档立卡贫困户数量持续下降，农村贫困人口不断减少，贫困村退出60%左右。2018年陕西全省已脱贫贫困户

---

[*] 本研究为2019年陕西省社会科学院重点课题"收入水平略高于建档立卡贫困户的健康扶贫政策支持"（编号为19ZD08）项目研究成果。
[**] 李巾，陕西省社会科学院社会学所助理研究员，研究方向为人口与社会政策；聂翔，陕西省社会科学院助理研究员，研究方向为社会政策。特别感谢陕西省卫生健康委员会、陕西健康脱贫办公室给予本研究的大力支持。

31.6万户104.47万人。健康扶贫助推贫困退出取得良好成效。2019年全省建档立卡农村贫困人口已全部参加城乡居民医保等各类基本医疗保险。1921个拟退出贫困村，已建成标准化村卫生室1855个，其余66个正在加紧建设，确保按期建成并投入使用。分类救治扎实推进。截至7月底，全省累计救治贫困人口患者60.6万人，个人自付比例为10.84%。25种大病专项救治确诊病例30227例，已救治29818人，救治率为98.6%。贫困人口慢病签约服务规范有序推进。在脱贫攻坚最后冲刺阶段，为全面实现2020年农村贫困人口脱贫、贫困县全部摘帽的目标，脱贫攻坚工作，既要巩固精准脱贫的成效，又要减少和防止贫困人口返贫。

2019年中央经济工作会议上习近平总书记强调，各级要针对突出问题，研究解决收入水平略高于建档立卡贫困户的群体缺乏政策支持等新问题。部分建档立卡户在政策扶持、联络人帮扶下，收入已超过贫困线，但由于各方面因素如产业基础薄弱，融入市场能力差，病残等，脱贫基础不牢，容易再度返贫；部分收入水平略高于建档立卡贫困户的群体，基本生活状况处于贫困边缘，由于缺乏精准扶贫相关政策支持发展缓慢，极易成为新增贫困人口。截至2018年底，陕西建档立卡贫困人口有33.79万户77.55万人，其中因病致贫返贫6.37万户，占贫困户总数的18.86%；因残致贫8.58万人，占贫困户总数的25.41%。这些患者都是条件较差、病情较重、贫困程度较深的群众。防止返贫，巩固精准脱贫成效，跨过贫困线的已脱贫农户和未纳入建档立卡的"略高于"农户，是返贫和新生贫困户需要重点关注的群体，未来扶贫政策要向人数众多的"边缘"群体适当扩展，健康扶贫任务艰巨。

二 "略高于"群体健康扶贫政策情况及存在的问题

为充分了解收入水平略高于现有贫困户群众健康扶贫政策支持问题，陕西省卫健委组织课题组在陕北榆林、绥德等地进行实地调研。榆林市位于陕西省最北部，地处陕、甘、宁、蒙、晋五省区交叉地带，黄土高原与内蒙古高原的过渡区，土壤瘠薄，生态脆弱，以长城为界，榆林北部为毛乌素沙漠风沙草滩区，南部为黄土高原沟壑区，土地资源贫乏严重制约了农业发展与农民增收。2014年，榆林全市共有建档立卡贫困户15.35万户41.56万人。至2018年全市贫困户还有2.69万户，其中因病返贫7263户，占比26.99%；因残返贫7963户，占比29.6%。绥德县是榆林市因病致贫比例较高的县区。绥德县现有人口36万人，2014年认定的建档立卡贫困人口为69000人。其中22000余人在2014年、2015年脱贫，目前为稳定脱贫人口。自2014年以来，全县共有47000人享受贫困人口政策，目前全县仍有建档立卡贫困人口2148户，约4000人，其中因病致贫和因残致贫占比约为60%。综合调查结果以及实地调研中的各方意见，对"略高于"群体存在的问题总结如下。

（一）"略高于"群体标准不一，难以界定

收入水平略高于现有贫困户的群众，主要包含两部分群体，一是在政策帮扶下超过贫困线已经脱贫的农户，二是收入略高于贫困县的非贫困户。但对于"略高于"的界定标准不一，边界模糊等问题非常突出。

1. 标准不统一

扶贫工作经历了精准识别、精准扶贫，现已进入脱贫攻坚阶段，部分地区为了减少返贫的风险，提高了贫困户的收入水平。例如，榆林市绥德县按照3080元的标准界定贫困户，但是有的乡镇达到3500元，有的经济状况好的城镇标准已达到4000元，导致现有贫困户中其实包含了一部分收入水平略高于现有贫困户的群体。

2. 收入核算不准确

在脱贫攻坚过程中纳入贫困户，国家有多种政策支持，所以个人在收入统计方面存在瞒报漏报现象，部分现有贫困户的收入事实上高于贫困线标准；另外，当地村干部在认定贫困户的过程中可能发挥个人作用，使部分高于贫困线的人口被纳入贫困户。

3. 收入差别界限模糊

大部分地区农村人口收入水平相差不大，以绥德县为例，同村村民收入

大多集中在每年4000~5000元。实际核算中在村民中界定贫困与非贫困之间的界限不明晰。调查中有干部形象地说,有农户可能由于多养了一只羊,成为部分"略高于"群体,而没有被纳入贫困户,因而享受不到政策扶持,但其实个体在生活中也存在很大困难。目前对于"略高于"群体各地都还没有明确的界定标准。

(二)"略高于"群体的新生贫困主要产生于大病就医

健康扶贫的医疗救助在脱贫攻坚战中发挥了关键的效用。贫困人口的医疗费用报销比例达到总费用的90%左右,个人支付比例很低。即使到三级医院就诊,个人所花费用只需要支付医疗总费用的10%。但是,非贫困人口在就医就诊等方面,合规费用报销比例在80%,而不合规费用无法报销,尤其是一些重大疾病花费巨大,使非贫困人口尤其是收入水平略高于贫困户的群众很容易因为大病致贫。调查中基层干部反映的一个案例是:一位贫困户大病需要自己支付40多万元,如果不是医疗救助、报销政府补贴了绝大部分,这已经远远超出其支付能力。一位边缘户2019年2月,因孩子在咸阳市工作,在咸阳三级医院住院,花费6166.40元,起付线3000元,报销962元,个人负担5204.40元,报销比例40%。如果是贫困户,按照榆林市政策个人支付616.64元,差距为8倍多,大病实际报销在贫困户与非贫困户中间比例悬殊。而且由于贫困户报销比例高,个人支付少,部分贫困户存在过度医疗现象。在乡镇卫生院调查中,住院比例中贫困户占到60%~70%,贫困户和贫困人口在总人口中的比例较小,但住院比例较大,虽然很多贫困户确实是因为身体残疾和因病致贫需要更多的医疗资源,但也存在个别贫困户为增加报销比例,强行住院的过度医疗现象。

(三)"略高于"群体人数众多,政策支持压力较大

很多地区脱贫摘帽后,大批贫困人口变为边缘人口,导致边缘户体量进一步增加,按照"两不愁三保障"的要求,依据"摘帽不摘政策,摘帽不摘帮扶,摘帽不摘监管,摘帽不摘责任"的要求,巩固群众脱贫能力面临

挑战主要表现在：其一，已经脱贫三年的稳定脱贫人口，不再享受基本医疗、基本养老、个人费用代缴等扶贫政策，与帮扶责任人脱钩，其中贫困边缘人口难以避免产生"政策断崖"现象，特别希望"脱贫不脱政策"能够继续覆盖这部分群体；其二，目前政策焦点在集中力量帮扶建档立卡贫困户，"略高于"群体政策支持研究工作虽然已经提上工作议程，但还处于调研摸索过程中，还没有出台相应的政策。而且"略高于"群体人数众多，政策压力较大。以绥德县为例，全县36万多人口，农村人口29万多，当地农村大多人均年收入在4000~5000元，略高于先行贫困人口收入界定标准，但体量是贫困人口的数倍。绥德为了支付农村贫困户医疗报销费用已经出现财政和医保资金亏负。由于中央财政扶持力度有限，基层政府主要是市、县两级的负担还会继续增加。以绥德县合作医疗为例，绥德县医院为贫困户垫资2000多万元，榆林市医院垫资2亿元。目前补助贫困人口100%参合的资金压力就已很大，如果政策补助范围扩展到边缘人口，财政资金压力较大。针对边缘人口制定扶持政策时，一定要考虑财政支持能力，确保政策的可持续性。

（四）贫困户与"略高于"农户人口之间形成政策利益矛盾

由于存在较大的经济利益，贫困户和非贫困户人口由于界定标准，很难避免相互之间比较，并可能导致矛盾。一是在贫困户的界定中，可能部分村干部存在优待亲友的现象，界定不公，导致群众存在较大意见；二是贫困户和收入水平略高于现有贫困户群众之间本身的收入水平差距不大，但是在医疗报销、就业（公益岗位安置）、住房、教育、产业扶助、金融贷款等方面享受的政策差距巨大，这是产生矛盾重点所在，个别非贫困户存在强行索要扶贫物资的现象；三是村干部和乡镇政府实地工作为缓和矛盾，采取多种形式给予化解，比如对边缘贫困家庭，给予低保或者大病报销的补偿形式，但一定程度上导致与非贫困户之间享受政策的不公平；四是由于缺少政策支持，收入水平略高于现有贫困户的群众面对重大疾病，即使有相关救助，但是个人所负担的医疗费用让边缘户难以承担；加之贫困户系统更新滞后,造成非贫困户在遭遇重大疾病冲击之后,不能立即享受贫困户的政策待遇,高额的医疗费用立刻使家庭陷入贫困境地,容易挫伤其生产生活积极性。

三 加强"略高于"群体健康扶贫的政策支持

脱贫攻坚冲击期既要按照目标全力减少存量,并完成2020年贫困人口清零工作,又要巩固提升脱贫成果,竭力降低动态增量。初步越过贫困线的已脱贫农户和处于边缘地带的"略高于"非贫困户,是脱贫攻坚中返贫和新生贫困的重点,在确保贫困户获得健康扶贫政策支持以外,应该积极对收入水平略高于现有贫困户的群众进行健康扶贫,因户精准施策。

(一)加大大病医疗扶贫保障力度,精准支持"略高于"群体

"略高于"群众在脱贫攻坚中容易滑入贫困,是需要重点关注的对象。建议各地综合家庭收入与支出作为参考依据,合理确定"略高于"群体的界定标准、识别方法与程序,比如设定在建档立卡标准线3%~5%浮动,不简单地划定统一的标准线。强化普惠政策,延伸特惠政策支持扶助"略高于"群体。将这部分群体纳入财政代缴医疗保险个人缴费的对象,加大大病医疗扶贫保障力度,适当增加医保的报销比例,以减轻边缘非贫困户就医的经济压力,缩小贫困户和非贫困户之间医疗报销比例差距,缓解因报销可能产生的社会不公平和矛盾。

以榆林市为例,2017年榆林市政府为了有效解决"因病致贫、因病返贫"问题,缩小全市非贫困人口和贫困人口之间的医疗费用报销差距并化解矛盾,在城乡居民基本医疗保险、大病保险的基础上,市、县两级财政再投入人均35元,用于没有享受健康扶贫倾斜政策的非贫困城乡居民的大病保障,实行《榆林市城乡居民大病保障办法》,根据各县情况,有市县按照7∶3或者8∶2的比例配套资金。对于新农合患者的补助,其合规费用在原有新农合大病保险的基础上提高20%,符合大病保险的患者实行分段按比例

报销；对于城镇居民患者补助，合规费用在原大病医保报费基础上，起付线由3万元降至1万元，报销比例提高10%，实行分段按比例报销。这样，使平均补充比例达到80%以上，这样既缩小了非贫困人口和贫困人口之间医疗费用报销差距，也化解了矛盾，减少了"因病致贫、因病返贫"现象发生。

（二）精准施策，缓解健康扶贫帮扶需求

在"八个一批"帮扶需求中，健康扶贫帮扶需求最高，2018年全省贫困人口健康扶贫帮扶需求占比71.6%，榆林市贫困人口健康扶贫帮扶需求占比高达80.9%。从"略高于"群体贫困发生的情况看，在就医、教育等方面的大额支出也是导致贫困的主要增长点，应科学确定"略高于"群体报销比例。慢性病在贫困户与"略高于"群体中，占据较大比重。全省贫困人口中慢性病人13.6万，占比17.57%，榆林市2018年贫困人口中慢性病人10856人，占比20.99%。收入水平略高的新生贫困群体中，绝大部分是患慢性病的中老年人，患慢性病的比例比较高，治疗周期长，持续经济负担较重；在慢性病保障上，应对收入水平略高于现有贫困户的群众给予一定的政策倾斜，可考虑按照阶梯式比例进行报销。

（三）健康防线前移，着力在健康细胞建设上取得新突破

健康扶贫的任务在织密医疗兜底网后，更重要的是健康防线的前移，预防少生病是关键。健康扶贫发展到现阶段应创新健康扶贫的定位，将健康预防的关口前移，防微杜渐，强化事中干预、事前健康教育与预防。结合健康村庄、社区、家庭等健康细胞创建，坚持精准施策、精准服务，努力提升贫困人口的健康素养，让收入水平略高于现有贫困户的群体少生病，少得大病，从源头上有效控制"因病返贫"现象的发生。同时加大"贫困边缘户"签约服务力度。对于收入水平略高于现有贫困户的群众，在家庭医生签约服务次数、质量、规范上，给予倾斜，参照贫困户相关标准，实行体检免费与自费相结合的办法，防止和减少大病风险发生。

（四）及时动态调整贫困人口信息库

建立健全健康扶贫机制，对收入水平略高于现有贫困户的人群的健康状况进行精准识别、帮扶和管理。坚持实地调研，发现政策制定与执行过程中存在的问题与偏差，及时调整相关的帮扶政策；积极与财政、医保等部门协调，进行相关可行性分析，形成政府"一盘棋"，确保出台的政策与经济社会发展阶段相适应，确保健康扶贫的尽快覆盖"略高于"群体。对因病、因残返贫的人口，要及时纳入贫困人口的相关政策，特别是及时调整大病报销政策，让"略高于"群体尽快享受贫困户特别医疗扶助政策，做到当年大病当年纳入。

健康是长期、系统的工程，健康扶贫在不同的阶段有不同的关注点，当前，需要将收入水平略高于建档立卡贫困户的群体的政策支持作为健康脱贫工作的组成部分，防止已脱贫人口和"略高于"边缘群体因病返贫，巩固脱贫成果，实现稳定可持续脱贫。

参考文献

李春亭、颜明：《云南健康扶贫的现状分析、实施困境与路径完善》，《云南民族大学学报（哲学社会科学版）》2018年第5期。

谢毛毛等：《健康扶贫的潜在风险问题及对策分析》，《中国卫生经济》2018年第8期。

李巾：《健康扶贫面临的挑战与突破路径》，《中国人口报》2019年8月15日。

王琳：《医疗卫生行业健康扶贫与精准扶贫》，《经济纵横》2017年第8期。

B.20
陕西农民增收的问题与对策研究*

冯煜雯**

摘　要： 促进农民持续增收，是解决"三农"问题的根本，也是推动农业农村优先、高质量发展，加快实现乡村全面振兴的关键。陕西省采取了一系列强农惠农富农的政策措施，取得了显著成效，但经济增速放缓，农业生产效率偏低，农村人口素质能力偏低，城镇化质量不高，农村改革红利未充分释放等因素制约了农民持续增收。由此本文提出五点建议，确保陕西省农民收入快速持续稳定增长。

关键词： 农民增收　乡村振兴　陕西

进入新时代，我国社会主要矛盾已经转化为人民日益增长的美好生活需要和不平衡不充分的发展之间的矛盾。党的十九大报告指出，支持和鼓励农民就业创业，拓宽增收渠道。同时中央农村工作会议提出，要挖掘农业内部潜力，促进一二三产业融合发展，用好农村资源资产资金，多渠道增加农民收入，为当前做好农民增收工作提出了思路、指明了方向。目前，城乡居民收入偏低问题已成为陕西省加快富民强省、全面建成小康社会的最大短板。近年来，陕西省采取了一系列强农惠农富农的政策措施，取得了显著成效，

---

* 本文系陕西省社会科学基金项目（编号为2016D027）阶段性成果，陕西省社会科学院青年课题（编号为19QN07）阶段性成果，陕西省交通运输厅交通科研项目（为17-44R）阶段性成果。
** 冯煜雯，陕西省社会科学院农村发展研究所助理研究员，博士，研究方向为管理科学与工程。

农民收入有了较快增长。但同时也要看到，人均GDP增速放缓，农业现代化水平滞后，农业农村经济发展的内外部环境都发生了巨大变化，农民持续快速增收的步伐有所减缓，保持农民收入较快增长，并进一步缩小城乡收入差距，成为当前乃至今后一段时间最大挑战。

一 陕西农民增收的现状

（一）农民收入持续较快增长

近年来，陕西省委、省政府坚持农业农村优先发展，农民收入快速增长，增速均保持在8%以上。2013年陕西农民人均可支配收入为7092元，2018年农民人均可支配收入达到11213元，比2013年提高4121元，比2017年提高948元，增长9.2%，高于GDP增速0.9个百分点，增速排在全国第8位；2019年上半年，农民人均收入达到6184元，同比增长9.7%，高于GDP增速4.3个百分点，增速排在全国第7位（见图1）。

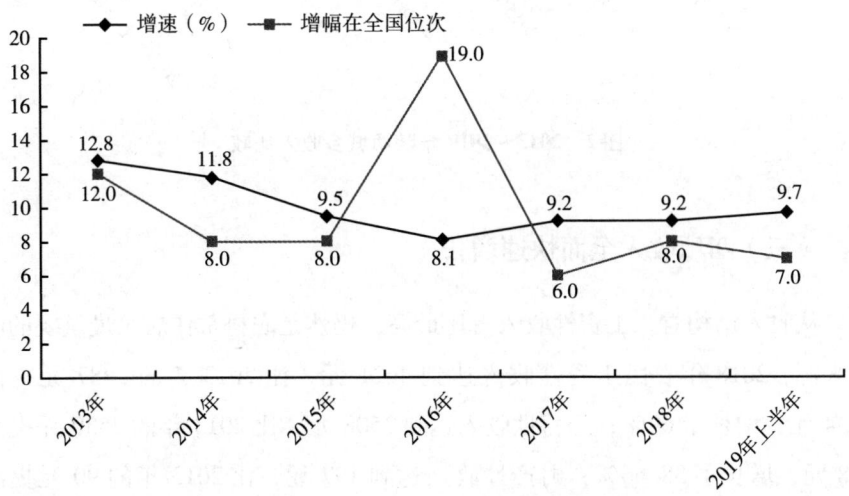

图1 2013~2019年陕西农民收入增长情况

（二）城乡收入差距持续缩小

陕西城乡居民收入相对差距呈现明显缩小的良好发展势头。2013年陕西城乡收入分别为22346元和7092元，差距为15254元，城乡收入比为3.15；2018年城乡收入分别为33319元和11213元，城乡收入比首次降到3以下，比2013年缩小0.18，2019年上半年城乡收入比大幅下降到1.98（见图2）。

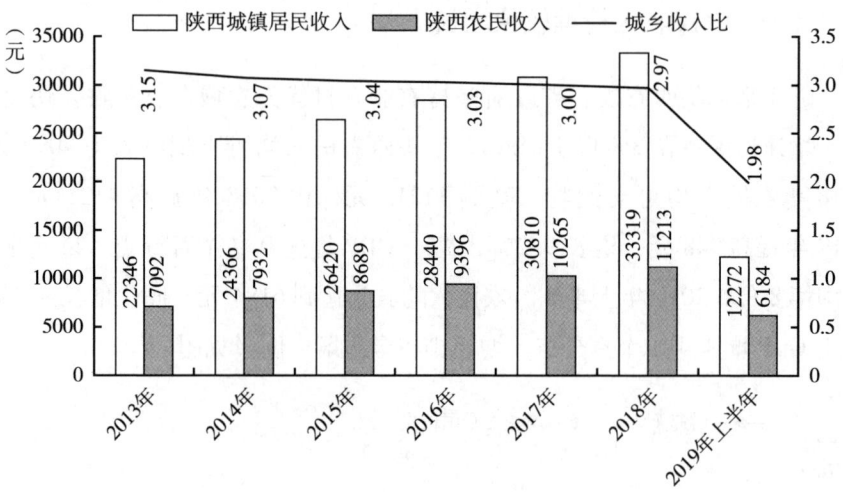

图2　2013~2019年陕西城乡收入比较

（三）四项收入全面快速增长

从收入结构看，工资性收入占比最高，仍然是农村常住居民最重要的收入来源，2018年农民工资性收入达到4621元，比2013年的2887元提高1734元，增长了60%；经营性收入达到3508元，比2013年的2530元提高978元，增长了38.66%；财产性收入达到197元，比2013年的90元提高107元，增长了近1.2倍；转移性收入达到2887元，比2013年的1585元提高1302元，增长了82.1%（见图3）。

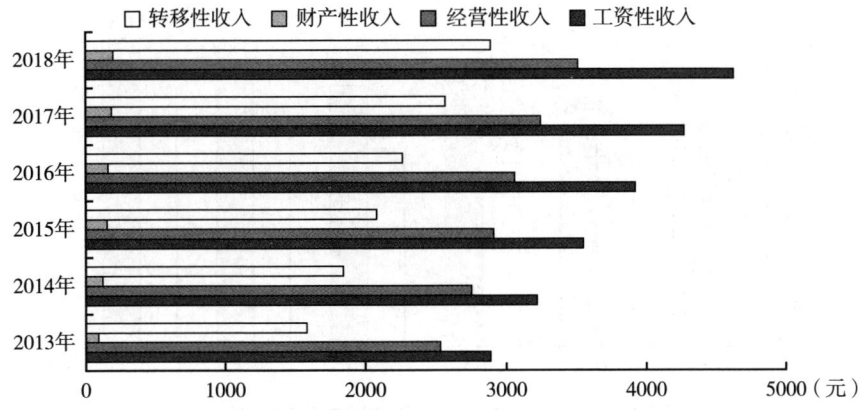

图3 2013~2018年农民四项收入增长情况

二 陕西农民增收的问题

虽然陕西省农民收入持续增长,但与全国平均水平仍存在一定差距,不平衡不充分等问题突出。

(一)农民收入总体偏低

尽管近年来陕西农民收入增速较高,在全国排名较为靠前,但基础较差,收入水平一直低于全国平均水平,收入绝对值差距不断增大,且相对收入差距并没有明显缩小趋势。2013年,陕西农民收入与全国平均水平差距为2338元,陕西低于全国平均水平24.8%;2015年陕西与全国平均水平差距为2733元,陕西低于全国平均水平23.9%;2018年陕西与全国平均水平差距为3404元,陕西低于全国平均水平23.3%。居民收入与经济发展不同步,农民收入水平滞后于经济发展水平。2018年,陕西省人均GDP水平居全国12位,但农民收入水平仅为全国26位(见图4)。

图4 2013~2018年陕西与全国农民收入对比

（二）收入不平衡不充分

城乡收入差距较大，陕西城乡居民收入比一直高于全国平均水平。陕南地区城乡居民收入整体偏低，关中地区渭南地区农民收入较低。低收入和中低收入群体比重偏高，约占40%，连续多年变化不大（见图5）。

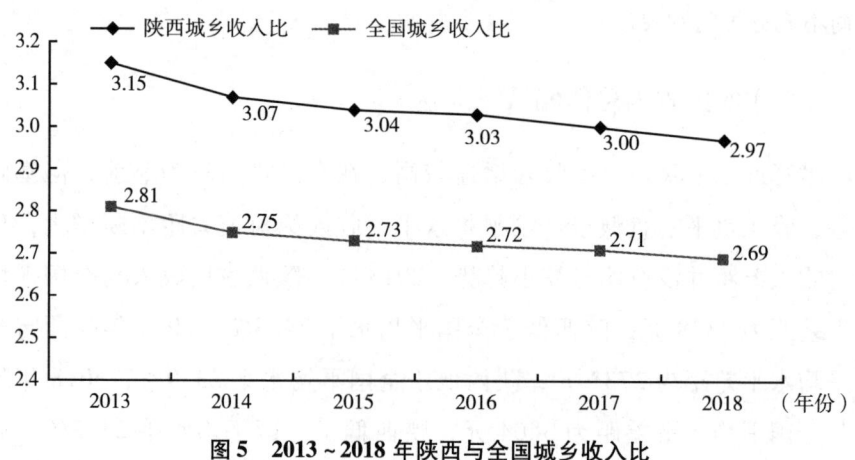

图5 2013~2018年陕西与全国城乡收入比

（三）收入结构不尽合理

一是工资性收入增长缓慢。工资性收入是城乡居民最主要收入来源。

254

2018年农村居民人均工资性收入同比增加349元，增长8.2%，对可支配收入增长贡献最为突出，达36.8%，成为农村居民增收最重要的拉动力量，拉动收入增长3.4%。但是工资性持续增收存在困难，随着城镇化水平的提高，留在农村的高素质劳动力明显减少，不利于农民增收。

二是陕西农民经营性收入偏低，低于全国平均水平，且呈下降趋势。2018年同比增加266元，增长8.2%，对收入增长贡献28.1%，拉动收入增长2.6%。

三是财产性收入占比最低，同比增加12元，增长6.5%，对收入增长贡献率为1.27%，拉动收入增长0.12%，农民财产性收入没有被激发出来。

四是转移性收入提升空间有限。农村居民转移收入与全国水平相当，转移性收入增长速度较快，2018年同比增加321元，增长12.5%，对收入增长贡献33.86%，拉动收入增长3.1%（见表1）。近年来，陕西省脱贫攻坚投入力度持续加大，对农村发展、农业生产和农民增收都起到了较大的促进作用。但随着全面脱贫的到来，依靠政府转移支付所带来的增收效果会逐步递减，提升空间有限。

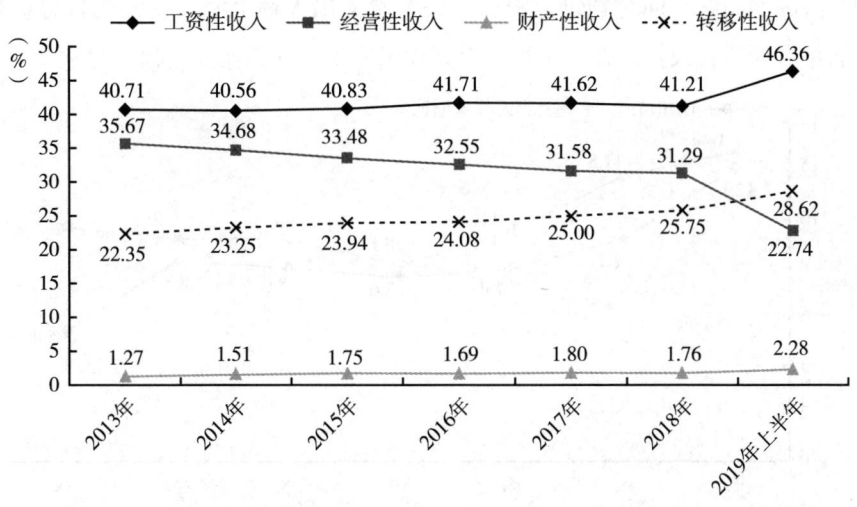

图6 2013~2019年农民四项收入占比变化情况

表1 2018年陕西农村居民可支配收入情况

单位：元，%

类型	2017年	2018年	增幅	贡献率	拉动收入
农民人均可支配收入	10265	11213	9.2	—	—
工资性收入	4272	4621	8.2	36.8	3.4
经营性收入	3242	3508	8.2	28.1	2.6
财产性收入	185	197	6.5	1.27	0.12
转移性收入	2566	2887	12.5	33.86	3.1

三 陕西农民增收的影响因素

（一）经济增速放缓间接影响农民增收

经济增长是城乡居民收入稳定增长的根本动力。2013～2018年，陕西农民收入增速与GDP增速趋势基本保持一致，略高于GDP增速。陕西省经济发展由高速度向高质量转变，经济增速逐渐下滑，2019年上半年经济增速仅为5.4%（见图7）。虽然农民收入在增速上跑赢GDP，但也在一定程度上间接受到经济因素制约。同时物价上涨、农民消费支出大幅上涨，在文化教育娱乐和居住方面增长较快，在一定程度上减少了农民收入的实际增幅（见表2）。

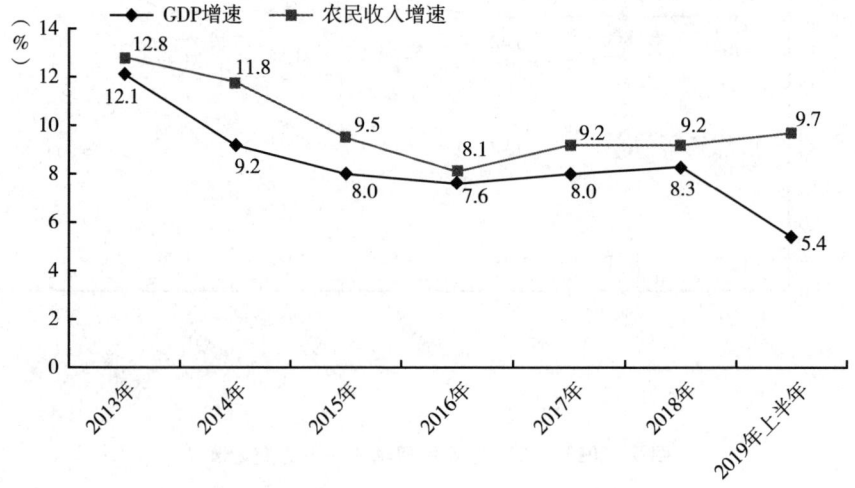

图7 2013～2019年陕西农民增速与GDP增速

表2 2017~2018年陕西农民消费支出情况

单位：元，%

指标	2018年	2017年	增幅
生活消费支出	10071	9306	8.2
（一）食品烟酒	2577	2417	6.6
（二）衣着	526	531	-1.0
（三）居住	2431	2145	13.4
（四）生活用品及服务	635	577	10.0
（五）交通通信	1223	1115	9.7
（六）教育文化娱乐	1253	1083	15.7
（七）医疗保健	1241	1260	-1.5
（八）其他用品和服务	185	178	4.1

（二）农业生产率低直接影响农民收入

提升农业现代化水平、调整农业结构是提高农业生产效率，实现农民增收的关键。由于土地流转限制和地理条件等自然因素等限制，陕西现代农业发展水平不高，集约化规模化程度低，农业生产效率偏低。农民专业合作社市场主体地位薄弱，管理不规范，覆盖范围小，入社率仅占农户的1/3，且与农户的利益联结机制不完善，难以有效带动农民增收。家庭农场发展缓慢，仅1万多家，且面临资金、技术、人才、服务等一系列瓶颈问题。具有全国性影响的大型龙头企业甚少，在2018年底农业农村部公布的第八次监测合格农业产业化国家重点龙头企业名单中，陕西仅有35家企业上榜。农业产业链短，三次产业融合程度低，农户难以从中受益。

（三）人力资源结构问题制约农民增收

通过对农户的调查发现，一是农村劳动力数量明显下降，青壮年劳动力大多外出务工，人口老龄化程度加剧，乡村空心化问题突出。二是受调查农户普遍学历和能力偏低，以初高中学历为主，且缺乏相关职业技能，从事的职业大多是建筑、搬卸、采掘、服务临时工等，呈现就业岗位层次低、工资收入低的"双低"局面，劳动者总体素质能力的低下严重制约其收入的提高。三是陕西省人力资源优势并未得到充分发挥。陕西省是科教大省，有各类科研机构1171家、高等院校115所、国家级重点学科126个、科技活动人员27.5万人，却难以将优质人力资源引入农村地区和农业领域，难以将科教优势有效转化为经济优势带动农民增收。四是陕西省贫困范围广，贫困程度深，贫困农户持续增收困难，贫困人口中因病、因残等丧失劳动能力的占近四成，需要政府兜底保障，这部分人口收入会影响全省农民收入水平。

（四）城镇化质量不高影响城乡收入差距

截至2018年，陕西省城镇化率达到58.13%，但是农村人口转移，户口、土地等资源配置以及政府公共服务不能同步跟进的问题，使"身体已进城，权益没进城"的现象不断出现，影响农民收入的提高。城镇体系不完善，陕西省小城市发展滞后，县级市数量太少，全省仅有5个县级市，且多集中在关中，进城的农民普遍进入大城市，而大城市住房、教育、医疗等生活成本偏高，严重影响了农民实际收入的增长。县域经济薄弱，2018年县域经济全国百强县，全省仅有神木市一家，县域基础设施、产业发展水平都较为落后，对农民非农就业吸纳能力弱，也影响农民收入的增长。

（五）农村改革红利未充分释放限制增收

当前陕西省土地资源利用效率低，进城农民的承包地、宅基地撂荒闲置现象严重，农用地、宅基地"三权分置"改革尚处起步阶段，耕地、农村建设用地、农民宅基地及自建房屋等资本沉淀难以带来经济效益，农民财产性收入占总收入比重基本不足2%，对收入增长贡献率为1.27%，拉动收入增长0.12%。农村集体经济普遍薄弱，"空壳村"占比较高，特别是秦巴山区、吕梁山区、白于山区、渭北边远地区等区域，经济底子薄，贫困人口多，农民收入低。乡村集体经济来源多为租赁和物业，优良的经营性资产较为匮乏，难以形成稳定可靠的收入来源，再加上缺少经营主体带动产业发展，集体资产很难盘活并发挥应有的作用，对集体经济组织成员来说尚未产生改革红利。融资难的问题没有得到有效解决，农村金融机构少，农村信用社业务发展滞后，农业保险产品品种单一，难以满足农户贷款资金需求。农民的集体产权、宅基地使用权、农地承包经营权、林权以及农民在耕地上的农业附属设施、生产用房等，受产权改革滞后影响，亦无法做资本认定，无权抵押融资，致使农民手中的权力难以被激活和实现其应有价值。

四 陕西农民增收的对策建议

（一）实施乡村振兴战略，加快推动现代农业促增收

深入推进农业供给侧结构性改革，实施农业特色产业"3＋X"工程，按照渭北陕北苹果、陕北肉羊、关中奶畜、陕南生猪、秦巴山区茶叶等五大特色产业带，培育区域特色产业，着力打造陕西苹果、猕猴桃等特色农产品驰名品牌。打造秦岭北麓及秦巴浅山区猕猴桃板块、渭南设施瓜菜农业板块、宝鸡高效果菜农业板块、渭北大樱桃产业板块、黄河沿岸土石山区红枣产业板块等。充分发挥杨凌示范区辐射带动周边乃至全省的现代农业跨越式发展的作用。积极培育优质农产品品牌，大力发展农村电子商务，建立综合型农产品市场信息平台和农产品大数据平台，发展订单农业，推广"农超对接、农企对接、农社对接、农校对接"，建立农产品稳定的销售渠道。通过发展各种形式农业社会化服务，实现小农户与现代农业发展有机衔接。坚持生态优先、绿色发展，利用自然、生态、文化等资源，在农业生产之外开展多样化经营，深度挖掘农业旅游、休闲、文化等多种功能，培育壮大新产业、新业态，以延伸产业链、拓展农业功能为重点，推进农业与旅游、文化、生态、健康养老等产业深度融合，加快形成农村一二三产业融合发展的现代产业体系。

加大对农民专业合作社、家庭农场和龙头企业等新型经营主体扶持力度。完善农户与新型经营主体紧密合作的利益联结机制，探索农户以土地，

包括资金、劳动等要素入股,让农民在龙头企业中拥有股份,形成"资金共筹、利益均沾、积累共有、风险共担"的经济利益共同体,充分调动双方积极性,通过股份合作、订单帮扶、生产托管等方式,推动农户与经营主体建立稳定、互惠互利的利益联结关系,采取党支部、基地、合作社、"企业+农户"等多种形式,带动农户发展产业。加大对农业尤其是农业基础设施建设的投入力度,特别是水利设施建设、农业资源污染治理、生态公益林建设、土地整理和耕地改良、改善农业生产条件和投资环境;增加农业生产标准化投入、农业科技投入、农业优势产业深加工特别是精深加工的引导性投入。

(二)改善农村人力资本结构,提高农民能力素质

加强技能培训。实施新型职业农民培育工程,优化农业从业者结构。加大新技术、新品种引进、示范推广,开展种植养殖、电子商务、家政服务等实用技术和劳动技能培训。对大专以下学历的农民工开展就业技能培训。鼓励新型职业农民通过弹性学制、半农半读等方式,就地就近接受中高等农业职业教育。制定政策,鼓励农民专业合作社、专业技术协会、龙头企业等主体通过订单、定向和定岗等方式承担培训。

提升农户素质。借鉴旬阳县"三新扶志",镇安县推行"一约四会红十条"等经验,普遍开展以"诚、孝、俭、勤、和"为主要内容的新民风建设,设立"道德讲堂""红黑榜""善行义举榜",开展移风易俗,培育文明新风。完善正向激励机制,实行"多干多支持",采取生产奖补、劳务补助、以工代赈等方式,激发农民的内生动力。

实施高层次人才激励政策。全面实施农技推广服务特聘计划,引进或培养一批农业科技型人才。培养一批带动能力强、有一技之长的"土专家"或"田秀才",引进一批高素质具有经营管理能力的农业职业经理人、经纪人,扶持一批扎根农村且技艺精湛的乡村工匠、文化能人和非遗传承人。加大奖励和激励机制,引导农技人员各类农业经营主体等提供技术承包、转让、咨询等有偿服务,鼓励农业科研人员到各类经营主体或村集体任职,完

善知识产权入股、分红等机制，给予农村优秀人才更多的关怀、帮助和支持，对有突出贡献和重大创新者给予精神激励和物质奖励。

建立合理的工资增长机制。根据地区经济社会发展、物价消费水平等差异，适当参考企业中职务相当人员工资水平，将规范后的工作性津贴和生活性补贴纳入地区附加津贴，实现同城同待遇。健全以工资拖欠快速处置、信用惩戒等为核心的工资支付保障机制，保障劳动者合法权益。

（三）发展县域经济扶持就业，吸纳农村富余劳动力

加快县域发展是吸纳农村富余劳动力的重要渠道。加快推动撤县设市、撤县设区、撤乡并镇，加快培育杨凌、韩城、兴平、彬州等中小城市和县域城市增长极，打造一批特色产业小镇，推动"一村一品"。加大扩权强县力度，赋予县级更多管理权限，积极推进省直管县改革试点，增强县域自主发展新活力，培育县域发展新动能，吸引更多农村富余劳动力在县域就业，从而带动农民增收。

发展非公有制经济。出台切实措施，引导民营企业通过技术改造、改扩建等方式加快转型升级，推动民间资本向高端制造、新兴产业、生产性服务业等领域聚集，激发民营经济活力。大力发展乡村特色产业，培育一批手工作坊、家庭工场、乡村车间，吸纳乡村劳动力就业。抓住陕西承接东中部产业转移的机遇，加快改善营商环境，加大招商引资力度，引导资金、技术、人才、管理等要素向县域流动，增强县域经济发展活力。

推进就业创业富民。大力开展全方位公共就业服务，加强转移就业培训、就业对接服务，推动农村劳动力向外转移，让农民外出务工时有一技之长。借鉴紫阳县建立贫困劳动力输入与输出两地协作机制，建立跨区域劳动力供求信息采集和发布制度，实现人力资源信息共享，打通两地务工就业直通车。加快建设村级服务平台，推进乡村公共就业服务全程信息化，就业服务全覆盖。建立社区工厂，发展"订单"模式，借鉴安康市建设集群化毛绒玩具产业重要加工基地，让1672名贫困人口实现就近就业。针对无法离乡、无业可扶、无力脱贫的"三无"贫困劳动力，建立"三无人员＋公益

性岗位"安置就业模式。支持和鼓励各行业能人、大学生、返乡农民工自主创业，发扬企业家创业精神，兴办企业带动增收致富。

（四）推进农村关键领域改革，多渠道增加农民收入

深化农村改革，赋予农民更多财产权利，让农民拥有更多财产性收入。深化集体资产产权制度改革。积极推进股份合作制改革，把集体资产折股量化到户，逐步提高股份分红比例，探索民宿经济、乡村旅游、异地置业等依法盘活农村资源的新型商业模式，完善县（区）、镇农村集体产权交易服务平台建设，激发农村资源资产要素活力。以村为单位，推动分散在农户的土地量化折股，成立土地股份合作社，再把土地成规模地流转给企业、合作社等主体。推进集体经济与龙头企业、合作社与家庭农场等其他主体开展多种形式的合作与联合，实现农民收入租金、薪金、奖金、股金的四次分配，提高农民经营性、财产性收益。

深化农村土地制度改革。加快土地流转，搭建土地流转市场和平台，设立土地流转服务站或服务中心，建设土地流转信息网络，公开披露交易信息、交易程序和收费标准等。加快推动农村"三块地"改革，深入落实"三权分置"，完善农民闲置宅基地和闲置农房政策，探索宅基地所有权、资格权、使用权"三权分置"，落实宅基地集体所有权，保障宅基地农户资格权和农民房屋财产权，适度放活宅基地和农民房屋使用权。健全农地抵押贷款制度，允许农村集体土地使用权或承包经营权进行抵押融资，扩大土地经营权抵押担保试点范围，探索设施设备、生产基地的地面附着物、产品订单、农产品评估折价等作为抵押担保，探索农民土地承包经营权、宅基地住房、集体经营性建设用地、集体产权等进行抵押、转让、变现的方式和途径，增加农民财产性收入。

深化农村金融制度改革。支持发展农户小额贷款、新型农业经营主体贷款、种养业贷款、农业产业链贷款、林权抵押贷款等，加快推进农村承包土地经营权、包括宅基地在内的住房财产权、集体经营性建设用地使用权等的抵押贷款试点。探索利用农村集体资产股份进行融资的方式方法，支持农村

融资租赁业务发展。建立农户及各类经营主体的信贷评级制度,合理确定信用评级标准,探索形成完善的信贷管理政策。创新农业保险产品和服务,建立健全农业保险保障体系,在巩固农业保险基础性风险保障功能的同时,加快推广收入型、价格型险种,稳定农业生产预期。

(五)提升公共服务惠民水平,减少农民公共消费支出

提升社会保障水平。积极推进进城农民工社会保障制度建设,出台相关政策措施,解决乡村人口转移、户口、土地等资源配置以及政府公共服务同步跟进的问题。完善城乡居民基本养老保险制度,建立基础养老金标准正常调整机制,调整提高养老金补助标准,扩大覆盖面,加快构建农村社区养老服务体系。推进被征地农民养老保险政策,为征地拆迁做好民生保障。推动城乡医疗并轨、分级诊疗制度改革,完善医疗服务价格调整长效机制,下调大病医疗救助门槛,扩大救助覆盖面,完善重大疾病保障和救助制度。加强农村最低生活保障的规范管理,将符合"三无"条件的城乡老年人、残疾人、未成年人纳入特困人员救助供养范围,提高保障标准和补助水平。

提升教育文化等公共服务水平。布局一批社区幼儿园、社区小学、街办中学、社区医院,实现幼儿园社区全覆盖、中学不出街办,缩小农村中小学生就学半径。推出一批新改革举措,减轻家庭教育额外支出,推动重点学校医院向全社会开放,实现基础教育优质均衡,扩大技能高等教育覆盖面。积极保护和开发有地方特色和民族特色的优秀传统文化,积极开展群众喜闻乐见、寓教于乐的文化活动,满足农民群众的精神文化需求。

加快农村基础设施建设。针对空心村的问题,进行村庄撤并,加快村镇改革,积极开展大村并小村试点,建设"新功能、新形态、新布局、新居民"的"四新"村(社区),推动人口向中心村(社区)集中。加快农村人居环境整治和"厕所革命",建设美丽宜居乡村。积极开展农村公共服务标准化试点,加快实施"互联网+社区",推进农村社区公共服务综合信息平台建设,加快完善乡村便民服务体系。引导社会各界力量积极参与农村基础设施建设。

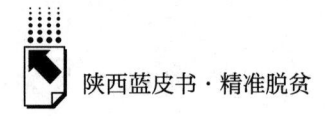

参考文献

《陕西省统计年鉴2019》。

国家统计局陕西调查总队:《陕西农村居民人均收支水平》,2019年3月。

杜军:《解决城乡收入差距问题的关键》,《经济研究参考》2017年第6期。

陕西省政府研究室:《陕西省城乡居民收入情况研究报告》,2019年8月。

闫福山:《从收入构成思考农民增收》,《北方经贸》2010年第2期。

李春琦、张杰平:《农村居民消费需求与收入构成的关系研究——基于面板数据的分析》,《农业经济研究》2012年第5期。

社会科学文献出版社

皮 书

智库报告的主要形式
同一主题智库报告的聚合

❖ 皮书定义 ❖

皮书是对中国与世界发展状况和热点问题进行年度监测,以专业的角度、专家的视野和实证研究方法,针对某一领域或区域现状与发展态势展开分析和预测,具备前沿性、原创性、实证性、连续性、时效性等特点的公开出版物,由一系列权威研究报告组成。

❖ 皮书作者 ❖

皮书系列报告作者以国内外一流研究机构、知名高校等重点智库的研究人员为主,多为相关领域一流专家学者,他们的观点代表了当下学界对中国与世界的现实和未来最高水平的解读与分析。截至2020年,皮书研创机构有近千家,报告作者累计超过7万人。

❖ 皮书荣誉 ❖

皮书系列已成为社会科学文献出版社的著名图书品牌和中国社会科学院的知名学术品牌。2016年皮书系列正式列入"十三五"国家重点出版规划项目;2013~2020年,重点皮书列入中国社会科学院承担的国家哲学社会科学创新工程项目。

中国皮书网

（网址：www.pishu.cn）

发布皮书研创资讯，传播皮书精彩内容
引领皮书出版潮流，打造皮书服务平台

栏目设置

◆ 关于皮书

何谓皮书、皮书分类、皮书大事记、
皮书荣誉、皮书出版第一人、皮书编辑部

◆ 最新资讯

通知公告、新闻动态、媒体聚焦、
网站专题、视频直播、下载专区

◆ 皮书研创

皮书规范、皮书选题、皮书出版、
皮书研究、研创团队

◆ 皮书评奖评价

指标体系、皮书评价、皮书评奖

◆ 互动专区

皮书说、社科数托邦、皮书微博、留言板

所获荣誉

◆ 2008年、2011年、2014年，中国皮书网均在全国新闻出版业网站荣誉评选中获得"最具商业价值网站"称号；

◆ 2012年，获得"出版业网站百强"称号。

网库合一

2014年，中国皮书网与皮书数据库端口合一，实现资源共享。

权威报告·一手数据·特色资源

皮书数据库
ANNUAL REPORT(YEARBOOK) DATABASE

分析解读当下中国发展变迁的高端智库平台

所获荣誉

- 2019年，入围国家新闻出版署数字出版精品遴选推荐计划项目
- 2016年，入选"'十三五'国家重点电子出版物出版规划骨干工程"
- 2015年，荣获"搜索中国正能量 点赞2015""创新中国科技创新奖"
- 2013年，荣获"中国出版政府奖·网络出版物奖"提名奖
- 连续多年荣获中国数字出版博览会"数字出版·优秀品牌"奖

成为会员

通过网址www.pishu.com.cn访问皮书数据库网站或下载皮书数据库APP，进行手机号码验证或邮箱验证即可成为皮书数据库会员。

会员福利

- 已注册用户购书后可免费获赠100元皮书数据库充值卡。刮开充值卡涂层获取充值密码，登录并进入"会员中心"—"在线充值"—"充值卡充值"，充值成功即可购买和查看数据库内容。
- 会员福利最终解释权归社会科学文献出版社所有。

数据库服务热线：400-008-6695
数据库服务QQ：2475522410
数据库服务邮箱：database@ssap.cn
图书销售热线：010-59367070/7028
图书服务QQ：1265056568
图书服务邮箱：duzhe@ssap.cn

卡号：295852884388
密码：

S 基本子库
SUB DATABASE

中国社会发展数据库（下设12个子库）

整合国内外中国社会发展研究成果，汇聚独家统计数据、深度分析报告，涉及社会、人口、政治、教育、法律等12个领域，为了解中国社会发展动态、跟踪社会核心热点、分析社会发展趋势提供一站式资源搜索和数据服务。

中国经济发展数据库（下设12个子库）

围绕国内外中国经济发展主题研究报告、学术资讯、基础数据等资料构建，内容涵盖宏观经济、农业经济、工业经济、产业经济等12个重点经济领域，为实时掌控经济运行态势、把握经济发展规律、洞察经济形势、进行经济决策提供参考和依据。

中国行业发展数据库（下设17个子库）

以中国国民经济行业分类为依据，覆盖金融业、旅游、医疗卫生、交通运输、能源矿产等100多个行业，跟踪分析国民经济相关行业市场运行状况和政策导向，汇集行业发展前沿资讯，为投资、从业及各种经济决策提供理论基础和实践指导。

中国区域发展数据库（下设6个子库）

对中国特定区域内的经济、社会、文化等领域现状与发展情况进行深度分析和预测，研究层级至县及县以下行政区，涉及地区、区域经济体、城市、农村等不同维度，为地方经济社会宏观态势研究、发展经验研究、案例分析提供数据服务。

中国文化传媒数据库（下设18个子库）

汇聚文化传媒领域专家观点、热点资讯，梳理国内外中国文化发展相关学术研究成果、一手统计数据，涵盖文化产业、新闻传播、电影娱乐、文学艺术、群众文化等18个重点研究领域。为文化传媒研究提供相关数据、研究报告和综合分析服务。

世界经济与国际关系数据库（下设6个子库）

立足"皮书系列"世界经济、国际关系相关学术资源，整合世界经济、国际政治、世界文化与科技、全球性问题、国际组织与国际法、区域研究6大领域研究成果，为世界经济与国际关系研究提供全方位数据分析，为决策和形势研判提供参考。

法律声明

"皮书系列"(含蓝皮书、绿皮书、黄皮书)之品牌由社会科学文献出版社最早使用并持续至今,现已被中国图书市场所熟知。"皮书系列"的相关商标已在中华人民共和国国家工商行政管理总局商标局注册,如LOGO( )、皮书、Pishu、经济蓝皮书、社会蓝皮书等。"皮书系列"图书的注册商标专用权及封面设计、版式设计的著作权均为社会科学文献出版社所有。未经社会科学文献出版社书面授权许可,任何使用与"皮书系列"图书注册商标、封面设计、版式设计相同或者近似的文字、图形或其组合的行为均系侵权行为。

经作者授权,本书的专有出版权及信息网络传播权等为社会科学文献出版社享有。未经社会科学文献出版社书面授权许可,任何就本书内容的复制、发行或以数字形式进行网络传播的行为均系侵权行为。

社会科学文献出版社将通过法律途径追究上述侵权行为的法律责任,维护自身合法权益。

欢迎社会各界人士对侵犯社会科学文献出版社上述权利的侵权行为进行举报。电话:010-59367121,电子邮箱:fawubu@ssap.cn。

社会科学文献出版社